Claude Pompidou,
l'incomprise

Aude Terray

Claude Pompidou,
l'incomprise

éditions du
Toucan

ISBN : 978-2-81000-380-8
Tirage N° 1 –

à Pauline et Gabrielle

« J'aime la légèreté de ceux qui se montrent détachés, sans toutefois être indifférents. J'y vois une grande force pour avancer dans la vie, sans se laisser alourdir par des ressentiments ou des regrets, vains et stériles »

(Claude Pompidou, *L'élan du cœur*)

« L'homme vit souvent avec lui-même, et il a besoin de vertu ; il vit avec les autres, et il a besoin d'honneur »

(Chamfort, *Maximes, pensées et anecdotes*)

Avant-propos

Qui était Claude Pompidou, la grande dame encensée à sa mort en juillet 2007 ? Pudique, se méfiant du voyeurisme et des étiquettes, elle a toujours refusé de se dévoiler et de raconter les années passées sous les ors de la République. D'elle, le grand public garde l'image consensuelle de la présidente de la Fondation qui porte son nom et de la protectrice de l'art contemporain, mais sait en fait bien peu de choses. Malgré la distance amusée et la parfaite maîtrise de soi dont elle s'arme au cours de ses rares interviews, on perçoit une personnalité originale, complexe et entière. Claude Pompidou paraît tour à tour sophistiquée et énigmatique, spontanée et impertinente. Elle intrigue.

Entreprendre sa biographie, de surcroît la première qui lui soit consacrée, a de quoi séduire l'historien. Dans son sillage, on tourne les pages de l'histoire. Épouse d'un homme politique de premier plan devenu président de la République, elle a été le témoin privilégié de tous les événements marquants à partir de 1945 et elle a côtoyé les grandes figures de son époque. Quelle a été son influence auprès de Georges Pompidou ? Comment a-t-elle vécu ce destin hors norme ? Qui était-elle vraiment ? On découvre une curieuse insatiable, une passionnée éclectique et l'intime des plus grands artistes du XXe siècle, mais aussi une femme ambivalente tiraillée entre des aspirations contradictoires. Qui connaît son rôle et son influence déterminante dans le domaine culturel ? Qui sait la place inédite qu'elle a occupée plus de trente ans au sein de la République comme veuve de président ?

Les années Pompidou

Avec Claude Pompidou, on replonge avec une douce nostalgie dans les années de progrès, de bonheur et d'optimisme des Trente glorieuses, une période jamais égalée d'expansion et d'élévation du niveau de vie. La parenthèse enchantée est aussi une période de bouillonnement, de contestation et d'émancipation notamment chez les jeunes et les femmes qui aspirent à un autre avenir. Se souvient-on qu'en juin 1969, le credo de Georges Pompidou en arrivant à l'Élysée est la modernisation accélérée de la France ? Aussi bien sur le plan industriel et économique que sur celui des mentalités. Qu'à cette époque, la droite se transforme en abordant un tournant libéral, européen et tourné vers les États-Unis ? Que Georges Pompidou, humaniste et marqué par mai 1968, amorce un nouveau mode de gouvernance plus proche des Français ? Que sous sa présidence, de 1969 à 1974, la France s'industrialise et affiche le taux de croissance le plus fort d'Europe avec 6 % par an tandis que le niveau de vie des Français augmente de 25 % et que le SMIG est revalorisé de 28 % ?

Sait-on l'influence majeure de Claude Pompidou dans le domaine culturel et artistique, l'une des cibles privilégiées du volontarisme modernisateur du président ? Son rôle déterminant pour créer la rupture avec le passé après l'austérité guindée du ménage de Gaulle, et insuffler à l'Élysée, un vent de modernité et de jeunesse ? Les Pompidou sont les représentants d'une génération qui aspire à plus de liberté, moins de formalisme, qui rejette les carcans et veut oublier les années de guerre, rattraper le temps perdu. Se souvient-on à quel point, à l'époque, une grande partie de la société française est conservatrice, bloquée, frileuse et que les Pompidou, en avance sur leur temps sur bien des points, n'ont pas toujours été compris ?

Fait inédit dans la politique française, les Pompidou, vrai couple dans la vie, ont imposé l'image d'un couple présidentiel dans l'imaginaire collectif. À l'arrière-scène ou à côté de Georges, Claude n'est jamais loin. Reportages télévisés ou photographiques, ils osent se montrer. Réticents, ils composent avec une presse de plus en plus friande de l'intimité des hommes publics. Pragmatique, Georges Pompidou est le premier président à se soucier de stratégie de communication. Un formidable et nouvel outil qui doit être manié avec prudence. Victimes de la calomnie, les Pompidou le savent et se méfient. L'équilibre est parfois difficile à trouver. Le président est fier de sa femme qui donne à leur couple une touche de charme et de modernité. Tout en voulant la protéger et parce qu'elle peut l'aider à sa manière dans sa tâche, il lui aménage un espace public. Claude Pompidou sera la première dame la plus active de l'histoire de la IVe et de la Ve République. Jusqu'à l'arrivée à l'Élysée en 1995 de Bernadette Chirac qui reprend le flambeau.

La vie comme un roman

Quelle vie ! Claude Pompidou a tout connu, l'amour, l'argent, les honneurs, la calomnie et la tragédie.

On découvre l'histoire d'un couple de provinciaux dont l'ascension sociale est vertigineuse. Entre le conte de fées et *La Comédie humaine*. Claude Pompidou aurait dû être la femme d'un professeur issu d'un milieu très simple, et mener une vie tranquille et rangée. Et la voilà invitée à dîner chez le général de Gaulle, faisant la fête chez les Rothschild et à Saint-Tropez, passant des vacances chez les Malraux, amie d'artistes et de mécènes, maîtresse de maison à l'Élysée ? Ce couple était-il ambitieux ? Ont-ils voulu leur destin ? Quel a été le rôle de Claude dans cette réussite ?

Entre héroïne de roman et reine des temps modernes, Claude Pompidou a été salie, calomniée, elle a refusé de se sacrifier à sa fonction et en même temps elle n'a pas fui ses obligations. Elle a vécu la tragédie. Elle a fait front. Avec le regard du romancier, il faut tenter de raconter cette vie exceptionnelle, de mettre à jour la femme et ses ambivalences.

L'incomprise

Claude Pompidou a suscité l'hostilité jusqu'à la mort de son mari. Épouse de Premier ministre, elle est moquée. Épouse de candidat potentiel à la présidentielle, elle est traînée dans la boue, son honneur est bafoué. Épouse de président de la République, elle est une première dame mal aimée du grand public et critiquée dans la presse, mais également dans l'entourage de Georges Pompidou. Malgré ses efforts, elle est incomprise. Les jugements portés sur elle tout au long de sa vie oscillent entre les extrêmes. Les clichés contradictoires s'accumulent : mondaine, coquette, arriviste, papesse de l'avant-garde, opposée à la carrière politique de son mari, mais aussi sauvage, gaffeuse, naturelle et sportive, digne dans la tragédie, grande dame à la tête de sa Fondation. Veuve, elle devient une personnalité sacro-sainte, intouchable. Elle est à la fois madame Georges Pompidou et madame Claude Pompidou. Son image n'est pas cohérente, elle est éclatée. L'incomprise a contribué au malentendu, elle a volontairement brouillé les pistes. Avec un malin plaisir et beaucoup de recul. Cette première biographie tente de percer la forte personnalité, de saisir la femme singulière et originale qui cultive un style particulier et puise dans sa dualité intérieure une force et une énergie à la mesure de son destin.

Les sources

Le travail d'enquête a été celui de l'historien. Par dérogation exceptionnelle, j'ai pu travailler aux Archives nationales à Paris sur le fonds 5AG2 qui correspond à la période de l'Élysée, de 1969 à 1974. De nombreux cartons permettent de retracer les tâches et l'emploi du temps de l'épouse du président de la République. À l'Association Georges Pompidou, j'ai auditionné les archives orales des proches des Pompidou, des témoignages inégalables pour restituer au passé sa substance vivante, cerner les personnalités. Les agendas de Georges Pompidou que détient l'Association fourmillent d'indications sur la vie du couple, notamment à Matignon. La Fondation Claude Pompidou m'a également ouvert ses portes et communiqué de précieuses archives sur les débuts de la Fondation. À la bibliothèque du Centre Pompidou, aux archives du *Figaro*, la presse de l'époque, satirique, polémique, et traditionnelle a été décortiquée avec une question : comment Claude Pompidou était-elle perçue ? Enfin, de nombreux proches ont accepté de me confier leurs souvenirs.

À ma déception, Alain Pompidou, le fils unique, fidèle à une « règle » qu'il s'est fixée, n'a pas souhaité contribuer de quelque manière que ce soit à l'entreprise. Tout en ne s'y opposant pas. Ce manque a pour contrepartie un immense avantage, préserver la liberté de l'auteur, garantir sa liberté de parole et de jugement.

Chapitre 1

Une jeunesse provinciale (1912-1932)

20 juin 1969. Le palais de l'Élysée vers dix-huit heures. La journée d'investiture et de cérémonies officielles s'achève pour les nouveaux locataires par une séance de photographies dans le parc. Claude Pompidou, habillée d'un élégant manteau blanc aux lignes épurées, avance, le pas hésitant, vers les journalistes. Les traits tirés, mal à l'aise, elle jette un œil distrait sur les rosiers qui bordent l'allée et que Georges fait mine d'inspecter pour la pose. Elle est ailleurs. Révoltée et blessée par la calomnie dont elle est la cible depuis de longs mois, la première dame de France affronte à contre-cœur son destin et une vie publique qu'elle n'a pas voulue. Elle est déterminée à cadenasser sa vie privée.

Les Français connaissent mal leur nouveau couple présidentiel. Premier ministre pendant six ans, Georges Pompidou a toujours refusé de dévoiler l'intimité familiale. En 1965, l'hagiographie de Merry Bromberger préparée dans son bureau à Matignon livre très peu d'informations. Lorsque Pierre Rouanet prépare à son tour une biographie en 1969, Georges Pompidou le convoque et lui demande de ne pas révéler certaines dates dont l'année de naissance de sa femme. À l'Élysée, le secret est bien gardé. Les fiches de renseignements destinées aux hôtes chez qui le couple présidentiel se rend en voyage officiel ne mentionnent jamais l'âge de Madame alors que figure systématiquement celui du président et des personnalités qui l'accompagnent.

L'enfance de Claude Pompidou relève également du domaine réservé. À peine l'évoque-t-elle dans ses souvenirs publiés en 1997, *L'élan du cœur*[1]. Pourquoi tant de mystères ? Au-delà de la pudeur et de la discrétion, faut-il percevoir une volonté d'oublier, de tourner la page ? Pour quelles raisons n'a-t-elle jamais manifesté le moindre attachement à l'égard de Château-Gontier, sa ville natale ? Si les Castrogontériens sont très fiers de compter parmi leur rang une première dame de France, ils ne cachent pas leur dépit. À partir des années cinquante, les apparitions de Claude Pompidou sont de plus en plus rares. Elle préfère le soleil de Saint-Tropez. Ils se souviennent de quelques visites éclair. En juillet 1962, elle fait l'aller-retour dans la journée pour l'enterrement de son père Pierre Cahour. En novembre 1963, elle inaugure, avec sa sœur Jacqueline, une rue en l'honneur de son grand-père, Abel Cahour. Un petit reportage dans *La gazette de Château-Gontier* la montre, long vison et toque assortie, pressée de saluer le maire et de regagner Paris. Le 21 mai 1965, ce sera sa dernière visite : elle accueille

1. Les citations de Claude Pompidou qui figurent tout au long de la biographie sont extraites de son ouvrage, *L'élan du cœur, propos et souvenirs,* Plon, 1997.

sur le parvis de l'hôtel de ville, aux côtés de son mari, le général de Gaulle en tournée dans l'Ouest. Depuis, plus rien. La maison d'enfance a été vendue. Claude Pompidou n'a jamais cotisé à l'association des anciens de son lycée. Elle a préféré se fixer dans le Lot à Cajarc.

Une lignée de notables provinciaux

Claude Pompidou, née Cahour, est une enfant du terroir. Ses origines se confondent avec l'histoire de la moyenne bourgeoisie provinciale de l'Ouest au XIXe siècle : petits industriels, notaires, avocat, médecins, commerçants qui rayonnent de Nantes à Angers en passant par Vannes et Brest. La réussite de certains dépasse la frontière de leur province, le frère de sa grand-mère paternelle, Frette-Damicourt, est procureur général de la Cour de cassation et son oncle maternel, Alfred Houssaye, est directeur de la Compagnie générale transatlantique.

Claude Cahour naît le 13 novembre 1912 à cinq heures du matin dans une petite maison, au 20 place de l'hôtel de ville de Château-Gontier, où viennent de s'installer ses jeunes parents Pierre et Germaine. Paisible et prospère, traversée par la Mayenne, chef-lieu d'arrondissement de sept mille habitants, Château-Gontier est réputée pour sa foire aux bestiaux et ses haras. Pierre Cahour, son père, est médecin et Abel, son grand-père, est avocat et maire-adjoint de la ville. La déclaration de naissance de Claude se fait en famille à la mairie.

Un grand-père, figure historique de Château-Gontier

Les Cahour sont originaires de Nantes et le père d'Abel est maire-adjoint de Saint-Nazaire. Abel, en 1878, est le premier des Cahour à s'installer à Château-Gontier pour reprendre un cabinet d'avocat. Avec son épouse Pauline Frette-Damicourt, ils auront sept enfants. Sur les photos, la prunelle pétillante contraste avec la pose du notable en redingote et cravate noire, bouc et moustache.

Très estimé dans le pays, radical-socialiste et républicain patriote, il remplace le maire malade pendant la Grande Guerre. Pour les Castrogontériens qui lui dédieront une rue, il a accompli sa mission avec efficacité et humanité. Proche des gens, il annonce lui-même aux familles la perte d'un mari ou d'un fils. Il organise le ravitaillement de la population en créant un stock communal de charbon et une boucherie municipale.

Le 11 novembre 1918, jour de l'Armistice, Claude a six ans. Les cloches des églises sonnent à toute volée. Les gens pleurent et s'embrassent dans la rue. La petite-fille assiste avec ses parents à la cérémonie que préside son grand-père à seize heures, place de la mairie. Les autorités militaires et civiles, le conseil municipal au grand complet et les curés des trois paroisses entourent le maire-adjoint. Abel, son écharpe tricolore en bandoulière et sa médaille militaire de 1870 sur la poitrine, prononce au balcon de l'hôtel de ville un discours vibrant de patriotisme : « Mes chers concitoyens, l'Armistice est signé ! Après le tsar de Bulgarie et l'empereur d'Autriche, le Kayser vient d'abdiquer. C'en est fini de tous ces empereurs et rois qui, sous l'égide de je ne sais quelle monstrueuse divinité, ont pris la tête des Peuples pour les conduire à la boucherie ! [...] Profonde gratitude au citoyen Clemenceau. Vive la France ! Vive la République ! » Scène prémonitoire. Pour la première fois, Claude est confrontée à la métamorphose d'un être aimé en homme public. L'expérience est troublante. Le grand-père, figure familière lui échappe, il appartient à la foule. Son autorité, sa forte voix et la liesse générale impressionnent et effraient la petite fille. En ce jour historique, elle découvre les sentiments mêlés de fierté et d'inquiétude qui l'accompagneront tout au long de la carrière politique de Georges.

La cicatrice

En 1916, les parents de Claude emménagent au 9 rue Pierre Martinet à Château-Gontier. La rue est bourgeoise et paisible, jalonnée de petits hôtels s'ouvrant à l'arrière, à l'abri des regards, sur des jardins ombragés. Les façades sont simples, la discrétion de rigueur. Rien n'a changé depuis. L'ancienne maison des Cahour est habitée par un médecin, et côtoie comme au siècle dernier celle d'un notaire et d'un avocat. Du temps des Cahour, la salle à manger au rez-de-chaussée sert de salle d'attente, et Pierre reçoit ses patients dans le petit bureau adjacent. Le jardin s'ouvre sur celui de l'hospice Saint-Joseph dont il est médecin-chef. Le 27 octobre 1916, en fin d'après-midi, Germaine met au monde une petite fille, Jacqueline. Le bonheur familial sera de courte durée.

En 1918, la grippe qui n'a d'espagnole que le nom fait des ravages. Château-Gontier n'échappe pas à la pandémie. Les troupes américaines stationnent dans l'ancien couvent des Ursulines, les réfugiés fuyant les derniers combats du Nord affluent, les soldats sont de retour dans leurs familles. Ces mouvements de population facilitent la propagation du virus. L'hôpital est débordé. Les plus touchés sont les jeunes adultes. Les antibiotiques n'existent pas. Le bilan est épouvantable. Le fléau tue cinquante millions de personnes dans le monde dont quatre cent huit mille en France.

À vingt-huit ans, Germaine Cahour est fauchée par la « Grande tueuse » ; elle meurt le 24 mars 1919 chez elle. En signe de deuil, Pierre accroche son brassard noir au bras gauche pour de longs mois. Abel, dont c'est l'un des derniers actes en tant que maire-adjoint, signe à la mairie l'acte de décès de sa belle-fille. Les deux petites filles étrennent une garde-robe noire. Leur mère est inhumée le 26 mars 1919. Claude en parlera peu. Un voile douloureux et pudique est posé sur la cruelle séparation. Dans *L'élan du cœur*, à peine quelques lignes lui sont consacrées : « Ma mère disparut très tôt. J'ai gardé un souvenir d'elle. Ayant été élevée en Angleterre, elle me lisait *Le Livre de la jungle* de Kipling, en anglais, évoquait Mowgli-the frog et Bagherra-the black panther, images qui me sont restées comme celles des contes dont on berce l'enfance ». Ce silence est celui d'une femme de sa génération et de son milieu. Au sein de la bourgeoisie provinciale française du début du XXe siècle, les rideaux sont tirés et les portes fermées sur les blessures intimes. La règle est de ne pas se plaindre, d'accepter les épreuves de la vie et de rester digne. On observe les convenances et on se méfie des commérages. En famille comme en société, la douleur est tue.

Pierre Cahour fuit son chagrin en redoublant de travail. Libre-penseur, il ne se réfugie pas dans la religion. Solitaire et détestant les mondanités, il ne se remariera pas. Les filles sont livrées à elles-mêmes. « Je me suis passée de mère sans m'en apercevoir, je me suis élevée plus ou moins toute seule, menant ma vie au jour le jour », écrit Claude Pompidou.

Marie Baudère, entrée au service de la famille à l'âge de douze ans, devient la gouvernante des deux sœurs ; elle est également chargée de la tenue de la maison et de la comptabilité du cabinet médical. Petite et rondelette, elle fume beaucoup. Avec un grand dévouement, elle fait comme elle peut. L'ordre de la maison laisse parfois à désirer, la comptabilité n'est pas à jour et les filles arrivent régulièrement en retard à l'école.

Les deux sœurs sont très différentes. Claude l'aînée de quatre ans est la responsable, elle se doit d'être forte et énergique. Elle entoure avec tendresse sa petite sœur Jacqueline à la santé délicate et au doux tempérament. « Je dus m'élever seule avec une sœur fragile que j'ai toujours protégée », rappelle-t-elle. Physiquement, elles ne se ressemblent pas. Jacqueline est blonde, ses traits sont fins et réguliers. Claude est châtain, maigre et grande, le visage anguleux. Les deux sœurs se suffisent à elles-mêmes. Elles n'auront pas d'amies de cœur à Château-Gontier. Pour lutter contre l'ennui et le sentiment d'abandon, les deux orphelines font de longues marches le long de la Mayenne bordée d'ormes. Tout au long de leur vie, elles resteront très complices et feront face, soudées. Elles s'appelleront au téléphone plusieurs fois par jour, passeront leurs week-ends et leurs vacances ensemble. Elles habiteront longtemps le même immeuble à Paris. Claude sera une seconde mère pour ses deux nièces, dont l'une est gravement atteinte de poliomyélite. Le premier dîner des Pompidou à l'Élysée se déroulera dans l'intimité avec Jacqueline et son mari François Castex.

Le père de Claude, un original

Après des études à Rennes, Pierre Cahour revient à Château-Gontier en 1912 avec sa jeune épouse Germaine, née Houssaye, et ouvre son cabinet de médecin généraliste. Adepte de la modernité, il est l'un des premiers du département à conduire sa voiture, à faire installer une salle de bains et à écouter la radio. Il est également équipé d'une salle d'opération portative et d'une valise pour les accouchements.

S'il n'est pas à l'hôpital ou en consultation chez lui, il sillonne les routes pour visiter ses malades. Dans les fermes, il panse une jambe entaillée par une faucheuse, soigne les contagieux, met les enfants au monde. La vie des médecins de campagne est rude à l'époque. Le téléphone n'existe pas, l'hospitalisation n'est pas entrée dans les mœurs. La campagne est déshéritée, les routes mal entretenues et les chemins souvent impraticables. Les fermes n'ont ni électricité, ni eau courante. La sécurité sociale n'existe pas et les médicaments sont très chers. On fait donc appel au médecin en dernière extrémité.

Dans cette province, le docteur Cahour a une clientèle très variée : hobereaux des petits châteaux angevins, commerçants de la ville, riches éleveurs et propriétaires terriens, mais aussi ouvriers, métayers et journaliers. Il est appelé dans le pays « le médecin des pauvres », car il soigne gratuitement la moitié de sa clientèle. Ceux qui en ont les moyens doivent s'adresser à Marie Baudère pour le règlement. Il ne se soucie pas des questions d'argent et vit très simplement.

Il passe pour un original. Ses patients le craignent un peu. Bourru et sauvage, il refuse toutes les invitations. Un peu « anar », il se moque des honneurs et des décorations. Il se tient à l'écart de la politique.

Physiquement, il ne passe pas inaperçu. Très maigre, avec sa barbiche et son regard perçant, il n'attache aucune importance à la question vestimentaire et porte toujours la même veste élimée avec un vieux chapeau. Comme un paysan, il chausse guêtres et gros souliers. Est-ce en réaction à ce père à l'allure débraillée que Claude s'habillera haute couture ?

Ses filles et les enfants de l'hospice Saint-Joseph ont le droit de jouer partout dans la maison. À la mode sauvageonne et bohème. Le jardin a été transformé en cour de ferme où s'ébattent agneaux, canards et poules offerts par des patients reconnaissants. Toute sa vie, Claude recherchera la compagnie des animaux. À Cajarc, la maison de son cœur où elle transplantera ses racines, elle aura moutons, chevaux et chiens.

Pierre Cahour est un père tyrannique et colérique. Les démonstrations de tendresse sont rares. Il élève ses filles comme des garçons manqués en préconisant le grand air, les longues promenades et les nuits à la belle étoile. Il ne transige pas avec quelques grands principes : le respect de soi-même et des autres, le refus des distinctions sociales et le devoir d'assistance aux plus faibles. La théorie est mise en pratique au quotidien. Non seulement, le docteur soigne gratuitement ses patients démunis mais il les invite à sa table et les emmène avec ses filles en excursion « voir la mer » souvent pour la première fois de leur vie.

Claude a-t-elle souffert de ce père rugueux et original ? Elle confie, les rares fois où elle évoque ces années, s'être forgé le caractère et avoir appris à ne pas s'apitoyer sur elle-même. Mais le plus difficile pour Claude a été de se construire tiraillée. Élevée dans la province conventionnelle de l'époque selon les codes bourgeois – scolarité chez les sœurs et cours particuliers de piano et d'anglais –, mais confrontée à un père contestataire qui ne va pas à l'église et méprise l'ordre établi, Claude, privée de la présence maternelle qui aurait pu temporiser et donner un sens à ces contraires, apprend très jeune à penser par elle-même, à assumer la différence et à gérer la dualité. Autre point marquant et constitutif de sa personnalité, la diversité sociale qu'elle côtoie au jour le jour avec les patients de son père. Non seulement elle prend très tôt conscience des réalités et de la nécessité, tout en restant soi-même, de trouver le ton juste et adapté à son interlocuteur, mais elle saisit avec acuité le poids des distinctions et des strates de la société. À côté des pauvres reconnaissants d'être soignés gratuitement, elle perçoit la légère condescendance des nobliaux à l'égard du médecin de campagne. De ce père, Claude Pompidou hérite son trait de caractère dominant et ambivalent : le sens du devoir allié au non-conformisme, la rigueur à la liberté d'esprit.

Trois figures féminines

Trois femmes ont compté dans la vie de Claude à Château-Gontier. Sa grand-mère paternelle qui vit à quelques rues, dans une belle maison dont l'odeur enivrante des massifs de pivoine est sa « madeleine de Proust ». Elle en dresse un portrait aussi rapide qu'élogieux : « Cette grand-mère paternelle exerça beaucoup d'influence sur moi. C'était une "dame", qui tenait salon et recevait admirablement. Elle était extrêmement distinguée, et aussi fort lettrée, chose rare à l'époque ». Tenir salon est l'apanage des aristocrates et des grandes bourgeoises cultivées depuis le XVIIe siècle ; la tradition française s'éteint avec la Seconde Guerre mondiale. Une fois par semaine, à jour et heure fixe, Madame reçoit. L'esprit est roi, le bon mot apprécié. Les écrivains, les politiques et les artistes se rencontrent et discutent dans un cadre raffiné et codifié. Les salons, lieux de culture et de stratégie sociale, se multiplient des plus huppés comme ceux de la princesse Mathilde, Anna de Noailles, la comtesse Greffulhe, à ceux un peu ridicules tenus par des « Madame Verdurin ». Claude malheureusement ne nous renseigne pas sur celui de sa grand-mère. Qui sont les intellectuels, les journalistes, les poètes et les femmes éclairées de Château-Gontier ? Dans ce monde provincial étriqué et cloisonné, les comtesses des alentours daignent-elles se rendre chez la femme de l'avocat radical-socialiste et la parente des propriétaires de l'épicerie fine Cahour de la place centrale ? On peut en douter.

Si cette grand-mère marque Claude, c'est parce qu'elle l'initie avec intelligence à sa passion, la littérature, et lui ouvre sa vaste bibliothèque. Claude y puise avec beaucoup de liberté, et lit très tôt les classiques, *Le Rouge et le Noir* de Stendhal, *Le Neveu de Rameau*, mais aussi la collection « à la manière de » qui l'amuse beaucoup. Pour la jeune fille qui rêve d'un ailleurs, les livres sont le moyen de s'évader, d'éveiller sa sensibilité et ses goûts intellectuels. Pauline Cahour répète souvent à sa petite-fille une leçon qu'elle n'oubliera pas : « Ne pas être autre que ce que l'on est, mais l'être pleinement, honnête vis-à-vis de soi et des autres ».

Élève au collège des Ursulines de Château-Gontier, Claude a de longues conversations qui aiguisent son intelligence avec une religieuse, professeur de philosophie, de grec et de latin. La sœur en cornette et sa protégée discutent en déambulant sous les cloîtres aux belles charpentes en bois. Pour la première fois, la jeune fille pertinente et sensible peut s'épancher et confier ses doutes et ses interrogations. Le jour où elle annonce son intention de préparer le bachot et son rêve de s'inscrire à la faculté des Lettres de Paris, la sœur s'écrie : « Vous êtes mon rayon de soleil ! » Claude est la première de ses élèves à concevoir de tels desseins.

Une autre femme de caractère a marqué Claude. La sœur de son père, Anne-Marie, qui sous l'Occupation s'engagera dans la résistance active. Arrêtée, elle ne reviendra pas de Ravensbrück. Elle s'était beaucoup occupée de ses nièces à la mort de leur mère. Les quelques lignes que Claude lui consacre sont pleines de pudeur et de sensibilité.

La foi

Les sœurs Cahour vont peu à la messe. À la veillée de Noël, elles arrivent toujours très en retard. C'est Marie Baudère qui se charge de leur éducation religieuse. Leur père ne met les pieds à l'église que pour les mariages et les enterrements, mais il sait montrer sa reconnaissance envers les religieuses de l'hôpital qui sont ses infirmières et le père Bodard, chargé de l'hospice Saint-Joseph, est son ami. La liberté d'esprit est le trait de famille Cahour.

Claude acquiert chez les Ursulines l'esprit religieux et l'aptitude à la prière : « Je prie beaucoup. Je ne ressasse pas des litanies. La prière n'est pas forcément prononcer des mots ou demander quelque chose. C'est une élévation, une aspiration de l'âme », confie-t-elle.

De manière personnelle, loin des dogmes et de la routine, pratiquante irrégulière, réticente vis-à-vis de la confession, Claude vit sa foi intensément. Elle sera très proche de religieux originaux et engagés. Avec le père Couturier, dominicain, ardent défenseur de l'art contemporain dans les édifices religieux, fondateur de la revue *Art sacré* et à qui l'on doit notamment la Chapelle de Vence décorée par Matisse, elle aura de longues conversations « d'une totale liberté d'esprit ». Le père Bruckberger, dominicain mondain et séducteur, célèbre pour ses dîners chez Maxim's et ses scénarios au cinéma, dont le *Dialogue des carmélites* sera régulièrement invité à déjeuner à Matignon puis à l'Élysée. Plus tard, le père Gouzes, dominicain, compositeur et animateur du Festival de musique sacrée de l'abbaye cistercienne de Sylvanès, et le père Marlet, capucin, initiateur de la musique dans les prisons, deviendront pour Claude de fidèles et précieux guides spirituels.

Une jeune fille moderne

Claude n'est pas une jeune fille aux idées romantiques qui rêve du prince charmant et du mariage. Elle veut passer son bachot. C'est un choix original et courageux à l'époque. Elle doit d'abord convaincre son père qu'il ne s'agit pas d'une foucade. Depuis 1924, les épreuves sont communes aux garçons et aux filles ; celles-ci sont de plus en plus nombreuses à briguer le précieux sésame d'entrée à l'université. En 1933, la France compte 11 000 bacheliers dont 3 966 bachelières. À Château-Gontier, Claude fait partie des pionnières. Elle doit quitter le collège des Ursulines qui ne prépare pas au bac et s'inscrire au lycée public, le collège universitaire de France dont son père est ancien élève. Elle entre en 1re B, options latin et anglais. Il faut avoir du caractère à l'époque pour se retrouver dans une classe de garçons et présenter un examen qui n'a rien d'une formalité, le taux de réussite en 1933 n'est que de 38 %.

Claude est une brillante élève. Elle n'évoquera jamais ses succès. Les numéros de *La Gazette de Château-Gontier* font pourtant part des nombreux prix qui la récompensent. Le 12 juillet 1930, elle est reçue à la première partie de son baccalauréat avec un prix d'excellence, un premier prix d'histoire ancienne, un prix d'anglais et de récitation, quatre accessits (composition française, histoire-géographie, mathématiques, version latine). Un an plus tard, elle obtient son baccalauréat avec un prix du tableau d'honneur, le prix d'anglais, un accessit de philosophie, des mentions en histoire et en sciences naturelles.

À dix-huit ans, elle décide de passer son permis. En 1930, les femmes qui osent prendre le volant sont considérées comme d'inquiétantes affranchies et de dangereuses conductrices. Claude aime non seulement conduire, mais elle se grise de vitesse sur les petites routes de la Mayenne. Elle étonne dans le pays. Fait rare et considéré à l'époque comme une provocation, la jeune fille porte le pantalon et fume. Une vraie garçonne. Certains la trouvent un peu hautaine, indépendante, intellectuelle. On ne lui connaît ni amie de cœur, ni flirt. Elle se moque du qu'en-dira-t-on.

La jeune fille veut s'échapper. Tourner la page de son enfance grise et solitaire. Fuir un destin étriqué. Elle rêve d'autres horizons. Elle veut être libre de vivre comme elle l'entend et s'inscrire en Lettres à Paris. Il lui faut tenir tête à son père qui veut l'envoyer faire son droit à Nantes. Après quelques mois de discussions houleuses, un compromis est trouvé : elle ira à Paris, mais en première année de droit au Panthéon. Pierre Cahour ne veut pas entendre parler d'études littéraires, il verrait bien sa fille avocate comme son grand-père Abel. Elle logera dans une pension pour jeunes filles provinciales tenues par des sœurs dans le Quartier latin. Claude tourne la page de son enfance, sans nostalgie, et ne reviendra pas sur les traces de son passé. Heureuse et confiante, elle va vers sa nouvelle vie.

Chapitre 2

Le temps du bonheur (1932-1939)

Le coup de foudre

Après les cours, Claude flâne boulevard Saint-Michel et se mêle aux groupes d'étudiants attablés aux terrasses. Elle se souvient d'un jour particulier : « Je rencontrai un certain Georges Pompidou qui terminait son service militaire après de brillantes études. Je le trouvai d'emblée extraordinaire. » Georges Pompidou est sous le charme, c'est le coup de foudre « à partir de quoi toute ma vie fût changée[1]. » Élancée, les cheveux châtain clair, le visage long, l'œil bleu perçant, Claude a de l'allure. Georges est ému par son sourire si franc et pourtant timide, son regard interrogatif et direct, son charme subtil tout en spontanéité et réserve. Elle aime la poésie. Surtout Lamartine. Il lui parle de Saint-John Perse, d'Aragon, de Michaux, de Breton, de Cocteau. Elle a une prédilection pour Bach, lui pour Mozart. Elle est une lectrice passionnée de Tolstoï, il préfère Dostoïevski.

1. Georges POMPIDOU, *Pour rétablir une vérité*, Flammarion, 1982.

Avec un physique de jeune premier, le Georges Pompidou de l'époque joue au dandy intellectuel. Il est un séducteur : « Les femmes tenaient beaucoup de place dans ma vie, et je reste convaincu qu'un visage de jeune fille et qu'un jeune corps souple et doux sont parmi ce qu'il y a de plus émouvant au monde, avec la poésie[1] ». Des cheveux gominés, un monocle, une Lucky Strike aux lèvres, un costume croisé dernier cri, il affiche une attitude nonchalante, l'œil taquin et profond sous les sourcils broussailleux. Mais c'est sa conversation brillante et spirituelle, ses manières attentionnées qui séduisent Claude. Les jeunes gens ne se quittent plus et enchaînent les petits bistrots, le théâtre et les concerts. Georges est émerveillé par le don de curiosité et l'enthousiasme de Claude. Il devient son mentor, guide ses lectures et lui fait découvrir Proust. Il l'initie à sa passion, l'art contemporain, en l'entraînant dans les galeries qui exposent des artistes vivants : rue La Boétie, Paul Guillaume présente, à côté des statuettes et des masques africains, des Picasso, Picabia, Modigliani et Matisse ; avenue Kleber, René Hilsum dans sa librairie au Sans Pareil défend les surréalistes et les artistes dadas, Picabia, Tzara, Raymond Dessaignes et Max Ernst. Georges l'entraîne aussi chez Camille Goemans, le découvreur de Hans Arp, Dali, Magritte et Yves Tanguy et chez le marchand d'art exotique Charles Rotton. « L'art est l'épée de l'archange et il faut qu'elle nous transperce », répète-t-il à Claude, devenue son disciple, dont la sensibilité et l'originalité le ravissent. Émerveillés d'avoir les mêmes goûts, ils s'enthousiasment de la puis-

1. *Pour rétablir une vérité*, *op. cit.*

sance onirique et poétique de l'art abstrait ; ils discutent des heures de leurs impressions. Autres lieux de prédilection du jeune couple de provinciaux, le musée du Louvre dont ils connaissent chaque salle et le musée du Jeu de Paume qui organise des expositions d'art moderne à partir de 1930 avec les œuvres de Modigliani, Picasso, Chagall, Soutine, Juan Gris et Foujita.

Avec Georges, Claude découvre le monde culturel et artistique dont elle rêvait, loin du carcan de sa province natale. L'élégance et la liberté d'esprit de la jeune fille font oublier à Pompidou son milieu austère d'instituteurs. Elle est son Yvonne de Galais, l'héroïne du *Grand Meaulnes*. Il lui fait une cour assidue, lui déclame Baudelaire. Les retours à Clermont-Ferrand pour rejoindre sa garnison sont de plus en plus sinistres. Rien ne sert d'attendre devant une telle évidence. Ils décident de se marier.

Pierre Cahour n'est pas content. Le portrait vibrant que lui fait Claude le laisse de marbre. Il baptise avec ironie le prétendant de sa fille « le poète ». Il aurait préféré un avocat ou un médecin. Quand il apprend ses origines très simples, Cahour, tout original qu'il soit et peu soucieux des distinctions sociales dans la vie de tous les jours, ne peut s'empêcher de considérer cette union comme une mésalliance. Avec appréhension, Georges se rend à Château-Gontier. Le médecin des pauvres, plus bourru que jamais, l'emmène dans ses tournées à domicile pour le jauger. À la fin du séjour, le jeune homme ose enfin faire sa demande. Au grand soulagement de Claude, son père donne son accord. Sans effusion. Chez les Pompidou, la surprise est grande. L'allure chic et moderne de sa future bru, ses manières de jeune bourgeoise inquiètent la mère de Georges : sera-t-elle capable de devenir la ménagère modèle qu'elle souhaite pour son fils ? Son père, certain que son fils est voué à un grand avenir, est flatté de cette alliance.

Ils se fiancent dans la stricte intimité chez des amis, les Flandin, à Clermont-Ferrand où Georges achève son service militaire. Claude abandonne le droit sans trop de regrets et prépare le mariage prévu pour octobre 1935. C'est le temps des fiançailles. Dès qu'il le peut, Georges s'échappe à Château-Gontier. Léopold Senghor, son ancien camarade de turne[1], professeur à Tours, le rejoint. Les deux amis logent à l'hôtel du Cerf, sur le Champ de foire, un hôtel modeste. Ils ne passent pas inaperçus dans la ville. Habillés à la dernière mode, ils récitent des poèmes à la terrasse du Café de France et s'attardent à la librairie de la rue Chevreul. En compagnie de Claude et de sa sœur Jacqueline, ils lisent le long des berges à l'ombre des ormes, canotent sur la Mayenne et se promènent dans les allées du jardin public, le bien nommé Bout du Monde.

Jacqueline et Senghor sont amoureux. Les deux couples marchent le long de l'eau, se tenant par la main. Senghor fait sa demande. Pierre Cahour est furieux. Ce mariage est hors de question. Dans la France provinciale des années trente, même pour un non-conformiste comme le docteur Cahour, épouser un noir n'est pas concevable. Plusieurs années plus tard, Léopold Senghor racontera lors d'une réception diplomatique qu'il avait été plus ou moins fiancé à Jacqueline. Claude, alors première

1. Chambre d'internat en classes préparatoires.

dame de France, en sera très irritée, jugeant ces propos tout à fait déplacés.

Autre sujet d'agacement pour Claude, la légende selon laquelle Léopold Senghor aurait présenté les deux époux. Le 12 juin 1970, Georges Pompidou, président de la République, à la veille d'un voyage présidentiel au Sénégal convoque Jacques Foccart, le « Monsieur Afrique » de l'Élysée, pour une mise au point : « Ce que je voudrais, c'est que Senghor n'aille pas faire publier des articles où il racontera des histoires sur "Mme Pompidou qui était amie de Senghor". En effet dans certains journaux, on a été écrire que c'était Senghor qui m'avait présenté à ma femme, ce qui est complètement ridicule puisque c'est moi qui lui ai présenté celle qui était déjà ma fiancée. Cela exaspère ma femme, et je lui ai promis que cela ne se reproduirait pas. D'ailleurs, j'ai l'intention d'en parler moi-même à Senghor[1]. » Les Pompidou verrouillent leur jardin secret. Leur histoire d'amour n'appartient qu'à eux.

Qui est Pompidou en 1934 ?

L'histoire de la famille Pompidou est emblématique de l'ascension sociale par l'école de Jules Ferry. Les ancêtres de Georges sont de simples métayers et domestiques de ferme. Pas un ne sait lire ni écrire. Jean, le grand-père de Georges, est le maître-valet de ferme de son frère aîné. Sa femme est couturière. Ils habitent une

1. Jacques FOCCART, *Journal de l'Élysée, 1971-1972*, tome IV Fayard, 1999.

petite maison près de la ferme familiale aux confins du Cantal et du Lot. En 1887, ils ont un fils, Léon.

Léon est très doué. Il est la fierté de son instituteur qui lui obtient une bourse. Entré premier à l'École normale primaire à Aurillac, il devient instituteur à Murat. Il y rencontre sa future épouse, Marie-Louise Chavagnac, institutrice et originaire de Montboudif, dans le Cantal. Le père de la jeune fille s'est constitué un petit capital en vendant des draps sur les champs de foire. L'accueil dans la future belle-famille est mitigé car Léon Pompidou n'a pas le sou. Mais, affirme Marie-Louise, il a de l'avenir ; il veut passer l'agrégation et devenir professeur du secondaire. Le mariage a lieu à l'église le 24 septembre 1910. Le 5 juillet 1911, Georges naît à Montboudif dans la maison de ses grands-parents maternels.

Professeur de lettres et d'espagnol à l'École primaire supérieure d'Albi, Léon est l'enseignant typique de la IIIe République. Socialiste, conseiller municipal à Albi, grand admirateur de Jaurès, il est libre-penseur mais il accepte le mariage à l'église et le baptême de son fils. En 1914, alors qu'il doit passer l'agrégation, la guerre éclate. À son retour, sa femme malade, poitrinaire, est contrainte d'abandonner son métier. Léon laisse tomber l'agrégation et reporte ses ambitions déçues sur son fils.

Georges est doté de facilités intellectuelles qui étonnent ses maîtres. Paresseux et chahuteur, il est souvent puni. Léon l'enferme pour travailler. Les gifles sont fréquentes. Le père rêve pour son fils de l'École normale supérieure, la pépinière des grands hommes de la République.

Georges obtient en 1929 le premier prix de version grecque au concours général. Il passe son bac philo sans mention et obtient une bourse pour entrer en hypokhâgne à Toulouse. À la fin de l'année, il rafle cinq premiers prix qui lui ouvrent les portes du prestigieux lycée Louis le Grand. Début octobre 1930, il débarque gare d'Austerlitz, inquiet de la compétition qui l'attend.

Il se fait rapidement des amis : René Brouillet, venu de Saint-Étienne, Pierre Pouget de Montpellier, Paul Guth, Jean-Michel Flandin, un sénégalais, Léopold Sédar Senghor. Sans oublier Raymond Polin (futur professeur de philo à la Sorbonne), Jean Cusin, René Maillard, René Billières (futur ministre de l'Éducation nationale), Raymond Arasse (futur collaborateur d'Antoine Pinay), Jean Bousquet (futur directeur de l'École normale supérieure).

Georges Pompidou est recalé en 1930 à sa première tentative au concours de Normale supérieure. Reçu à l'écrit, il est refoulé à l'oral. Il n'a pas assez travaillé. L'année suivante, il est premier admissible et reçu huitième. Son ami Senghor échoue.

Georges Pompidou ne passe pas pour un travailleur acharné. Ses facilités intellectuelles lui laissent du temps, et ses tapirs[1] une large aisance. Il dévore Proust, apprend Baudelaire par cœur. Il s'inscrit à des cours de tango. Il sort beaucoup. Le jeune provincial est un boulimique de la vie, que rien ni personne n'intimide, un curieux insatiable, un éclectique, amoureux du Paris intellectuel et artistique mais aussi du Paris qui brille. Un séducteur apprécié des jolies filles. Ambitieux le jeune Pompidou ? Certainement, mais sans très bien savoir quelle direction prendre. La question parfois

1. Leçons particulières.

l'angoisse. En attendant, il s'évade, se divertit et s'enthousiasme. Au théâtre, il est un fervent admirateur des Pitoëff, de Louis Jouvet et ne rate pas une prestation de la belle Mademoiselle Balconetti. Au cinéma, il va voir huit fois, *L'Opéra de quat'sous* de Pabst, il aime les films de René Clair. Il connaît chaque salle des musées de la capitale et flâne dans les petites galeries de Saint-Germain-des-Prés où il réalise sa première acquisition à dix-huit ans, le roman collage de Max Ernst, *La femme cent têtes* que l'artiste lui dédicacera des années plus tard. Il emmène Senghor chez les bouquinistes le long de la Seine et dans les bons restaurants chez Pierre ou à L'Alsacienne. Avec son ami Flandin, ils soupent après le spectacle dans les petits bistrots des Halles. Le dimanche est consacré au canotage sur la Marne en agréable compagnie. Grâce à des bourses, Pompidou découvre la Belgique, l'Autriche, l'Italie et l'Allemagne. Adhérent aux Étudiants socialistes avec son ami Senghor, il ne donne pas le coup de poing à ses camarades Action Française de la rue d'Ulm. Le militantisme politique ne le concerne pas ; il se tient éloigné des événements du 6 février 1934 et des contre-manifestations du lendemain. La science politique en revanche l'intéresse, il s'inscrit à l'École libre des Sciences politiques, rue Saint-Guillaume et obtient son diplôme.

Jouer les mondains l'amuse. Avec Pouget, ils représentent la rue d'Ulm en smoking au dîner de *La Revue des deux Mondes* donné au Cercle Interallié. Organisateur du bal de l'École, Pompidou franchit pour la première fois le perron de l'Élysée afin de remettre en main propre, selon la tradition, son invitation au président de la République, Albert Lebrun.

Reçu premier à l'agrégation des Lettres en 1934, il fait les frais de sa réputation de dandy. « Monsieur, lui dit un membre du jury, nous n'avons pu faire autrement que de vous accorder cette place. Mais c'est à notre grand regret. De tous les normaliens, vous êtes celui qui a le moins travaillé ! » Malgré ses succès, il a le cafard. L'avenir lui paraît terne et routinier. C'est sa rencontre avec Claude qui le sort de quelques mois d'humeur grise et de doutes. « Ce qui pour beaucoup était un départ m'apparaissait comme un terme et une limitation. Mon mariage devait plus tard me rendre l'espérance et le bonheur[1]. » Il est envoyé pour son service militaire à Saint-Maixent avec son camarade de promotion René Brouillet. Au bout de six mois, ses galons obtenus, il choisit d'être affecté à Clermont-Ferrand pour se rapprocher de son ami Jean-Michel Flandin. Au printemps 1935, tout juste fiancé, il apprend sa nomination au lycée Saint-Charles de Marseille. La cité phocéenne n'est pas très cotée à l'époque et l'établissement n'est pas le plus prestigieux de la région, mais Claude est enchantée de découvrir la Provence de Cézanne et de Pagnol.

Le mariage

Le 29 octobre 1935, à dix-sept heures, le mariage civil se déroule à la mairie. Le lendemain à onze heures, la cérémonie religieuse est célébrée par l'abbé Godard dans la chapelle de l'hospice Saint-Joseph. Georges se marie à l'église pour Claude davantage que par conviction religieuse.

1. *Pour rétablir une vérité*, *op. cit.*

Une petite centaine de personnes se serre dans la nef. L'assistance est disparate. À côté des personnes âgées de l'hospice qui ont leurs bancs réservés, prennent place les religieuses de l'hôpital de Château-Gontier, la famille mais aussi les camarades du marié. La chapelle est trop petite. Dehors attendent tous ceux qui n'ont jamais payé d'honoraires au docteur Cahour. Ils applaudissent longuement le couple à la sortie et leur lancent les traditionnels petits bouquets.

L'abbé Godard avec sa caméra actionnée par une manivelle filme la sortie de messe. Claude et Georges Pompidou en tête du cortège foulent le tapis rouge qui a été déployé dans la rue. Longiligne, en robe fourreau à traîne, une gerbe de lys tombant à la main, Claude est souriante. Elle donne le bras à Georges très mince, en jaquette et chapeau haute-forme, la mine sérieuse et émue. Derrière eux, le cortège d'enfants d'honneur et des membres de la famille endimanchée défile avec application. Après le vin d'honneur offert à tous dans le jardin, les proches se retrouvent à l'Hôtel anglais, près de la gare, pour le banquet. Les codes bourgeois sont respectés mais la simplicité est de rigueur.

Lune de miel à Marseille

Claude découvre le bonheur : « Quelle chance d'épouser un professeur installé à Marseille ! Ce fut un temps très heureux. Pour moi qui ne connaissais que la Bretagne et l'Anjou de mon enfance, ce fut un éblouissement. »

Le métier de professeur laisse du temps libre. Georges dispose de deux ou trois jours par semaine et de longues vacances. Grâce aux leçons particulières, le couple s'achète la Renault dernier modèle, une Celta-quatre. Promenades et bains dans les calanques, ils se grisent de Provence. Les Baux et Saint-Tropez alors déserts sont leurs lieux préférés. Ils sillonnent les routes à la découverte d'Aix et de sa campagne chère à Cézanne. Ils ne se lassent pas d'Arles, de Martigues et de Cassis et sont émus par la beauté des abbayes cisterciennes de Sénanque, Silvacane et du Thoronet. Ils retournent de nombreuses fois, toujours émerveillés à Saint-Maximin, Montmajour et à la grotte de Marie-Madeleine. Ils courent les antiquaires, vont au cinéma, achètent des livres et se régalent d'une bouillabaisse dans les petits restaurants du cours Belsunce. Ils font aussi les boutiques élégantes de la côte, Georges aime habiller sa femme et lui offre parfois des tenues sans mesure avec son traitement de professeur débutant. À Cannes, ils découvrent la galerie Maeght qui a ouvert en 1936 et expose Braque, Matisse, Léger, Chagall et Kandinsky. Ce jeune couple déteste les étiquettes et brouille les pistes. Pour eux, la vie est un art. On peut ne pas être riche et apprécier le luxe, être intellectuel et aimer la mode, marier le profond et le futile, la connaissance et l'apparence. Ils rejettent les carcans de leur époque et de leur milieu d'origine. Claude, habituée depuis son enfance à l'alliance des contraires, s'épanouit avec bonheur. Et un brin d'impertinence. Les amis et la famille les rejoignent pendant les vacances : les Flandin, Madeleine, la petite sœur de Georges, Jacqueline. C'est le temps du bonheur pour Claude : « J'éprouvais une liberté folle mais provisoire, comme des vacances merveilleuses dont je sentais qu'elles risquaient de se briser à tout instant. »

Georges est professeur de français-latin-grec en 3e, puis au lycée. Il a vingt-quatre ans. Philippe Sénart, ancien critique littéraire du journal *Combat*, et Pierre Guiral, professeur d'histoire au lycée Saint-Charles, ont confié leurs souvenirs au biographe Éric Roussel[1]. Pompidou applique des méthodes d'enseignement qui surprennent à l'époque. Son objectif : innover, casser les routines, éveiller l'esprit critique. Il se promène dans la classe les mains dans les poches, improvise ses cours, s'assoit au milieu des élèves, les invite à prendre la parole et à présenter des exposés. Mais attention, à la moindre remarque sotte, l'œil se durcit. Le professeur corrige à peine ses copies et fait étudier *Les copains* de Jules Romains provoquant un tollé chez les parents qui jugent cette œuvre légère et fort peu pédagogique. Son allure étonne autant que sa manière d'enseigner. Habillé à la dernière mode, il porte veston court cintré et pantalon à pattes d'éléphant, cravates rayées, et chapeau de côté. Sa femme, élégante silhouette qui l'attend au volant de sa voiture, provoque la curiosité et les ricanements des élèves à la sortie du lycée.

Ils habitent un petit appartement rue Marx Dormoy. Les amis s'y succèdent avec porto et disques. Jean-Paul de Dadelsen, professeur d'allemand au lycée Saint-Charles, devient un intime. Poète et original, il travaille sur les œuvres du philosophe allemand Hermann von Keyserling, auteur de *L'Analyse spectrale de l'Europe* et gendre du fils de Bismarck. Les Pompidou et les Dadelsen dînent ensemble sur le vieux port, à la terrasse du

1. Eric Roussel, *Georges Pompidou*, Jean-Claude Lattès, 1994.

Cintra. Tous quatre passionnés de Bach, ils vont régulièrement au Temple de la rue Grignan écouter *La Passion selon Saint-Matthieu.*

« Dad » les introduit dans le petit cénacle de la société intellectuelle et littéraire de Marseille qui gravite autour de *La Revue des Cahiers du Sud.* Ils sont invités à des conférences avec des écrivains et font la connaissance de Montherlant. Léopold Senghor, qui retrouve les Pompidou aux vacances de Pâques, devient un collaborateur de la revue.

Malgré l'avènement du Front populaire, les grandes grèves, la guerre civile en Espagne, la montée des extrêmes et du totalitarisme qui composent une toile de fond inquiétante, les Pompidou vivent une parenthèse ensoleillée et insouciante. Ils restent à l'écart de la politique et ne lisent même pas les journaux parisiens. Lorsque Claude rêve de l'avenir, elle imagine Georges menant une carrière universitaire qui s'achèvera en beauté à la Sorbonne.

Pompidou commence pourtant à s'ennuyer. Il ne réussit pas à se mettre à sa thèse sur Barbey d'Aurevilly et son métier de professeur ne le satisfait qu'à moitié. Il demande à retourner à Paris. En 1938, il obtient un poste à Henri IV, un des plus grands lycées de France. C'est une promotion.

Pour Claude c'est la fin d'une longue lune de miel. La nostalgie laisse place à l'espoir. Le retour à Paris favorisera peut-être la naissance de l'enfant désiré.

Paris avant-guerre

Les vociférations du Führer et le bruit des bottes nazies résonnent en Europe. Hitler annexe l'Autriche en mars 1938. À la conférence de Munich en septembre 1938, le Premier ministre britannique, Chamberlain, et le président du Conseil, Daladier, cèdent et abandonnent la Tchécoslovaquie pour éviter la guerre. C'est le « lâche soulagement » dans le camp des démocraties. Pour les Pompidou, c'est la rentrée à Paris. Ils s'installent dans un trois pièces ensoleillé rue José-Maria de Heredia, dans le 7e arrondissement. Les provinciaux ne se trompent pas, le quartier est chic et de bon ton. Georges est heureux de retrouver ses parents et sa sœur, Léon a obtenu la classe d'espagnol au collège Lavoisier à Paris pour permettre à Madeleine de préparer l'agrégation.

La menace de guerre se précise et provoque un sentiment d'urgence. Le jeune couple, insatiable d'art et de culture, profite de Paris. Ils admirent Jean Gabin et Michèle Morgan dans *Quai des brumes*, Louis Jouvet dans *Ondine* de Giraudoux. Ils lisent *La Nausée* de Jean-Paul Sartre, *Le Bonheur de Barbezieux* de Jacques Chardonne. Au cinéma, *La bête humaine* de Jean Renoir les enthousiasme. À la Galerie des Beaux-Arts, rue du Faubourg Saint-Honoré, qui présente l'exposition internationale du surréalisme, ils se laissent surprendre par *Le Taxi Pluvieux* de Salvador Dali avec sa cliente trempée et recouverte d'escargots et la rue surréaliste jalonnée de mannequins de cire habillés selon la fantaisie d'Yves Tanguy, de Dali ou de Max Ernst. Ils y retournent plusieurs fois. L'exposition Paul Cézanne qui se tient à la galerie Paul Rosenberg les émerveille.

Georges retrouve avec plaisir son ami et condisciple d'Ulm, René Maillard, qui anime un « pot » pour les promotions de normaliens de 1930 à 1934 et organise avec les épouses des sorties culturelles suivies d'un petit bistrot. Maillard dirige la collection des Classiques Vaubourdolle chez Hachette et commande à Pompidou trois fascicules préfacés et annotés, destinés à introduire *Britannicus* de Racine, *Les Origines de la France contemporaine* de Taine et des pages choisies d'André Malraux.

La guerre

Août 1939, Georges Pompidou accomplit sa période de réserve sur la frontière italienne comme chasseur alpin au 141e régiment d'infanterie. En octobre, le régiment se transporte en Lorraine avant d'être transféré début 1940 sous la neige en Alsace, en première ligne, près de Bitche.

En novembre 1939, le ministère de la Défense accorde l'autorisation de principe aux épouses de rendre visite à leur mari dans la zone des armées. Drôle de guerre au cours de laquelle les femmes amoureuses et qui savent conduire n'hésitent pas à rejoindre leur homme, stationné dans l'attente des combats. Ainsi, Simone de Beauvoir gagne Nancy pour se rapprocher de Jean-Paul Sartre, Henriette Nizan retrouve Paul Nizan en Alsace. Claude, avec deux autres jeunes femmes, suit son mari dans des conditions parfois acrobatiques ; elle passe l'hiver 1940 en Alsace puis gagne en avril la Bretagne où le régiment de Georges est envoyé. Les jeunes Françaises qui veulent retrouver leur mari s'installent en ville, logent comme elles peuvent dans des auberges. Leur situation n'est pas toujours réglementaire. Certains officiers pratiquent la déplanque qui consiste à faire un aller-retour en ville et à rentrer au petit matin avant l'appel. L'attaque allemande du 10 mai met brutalement un terme à cette situation inédite et souvent cocasse. Les épouses sont priées de quitter les zones militaires. Georges est muté à Ham dans la Somme. Les combats durent trois semaines. Le lendemain de la grande offensive allemande du 6 juin, son régiment se replie près de Limoges. Claude est à Paris, inquiète et sans nouvelles. Par hasard, elle apprend le lieu du cantonnement et n'hésite pas, intrépide amoureuse, à braver seule au volant de sa Celtaquatre les routes encombrées par l'exode, se frayant un chemin au milieu de la foule paniquée. Elle est décidée à rejoindre Georges coûte que coûte. Celui-ci est aussi heureux qu'épaté : « C'est alors que ma femme réussit miraculeusement à me rejoindre. Comment avait-elle pu savoir où nous étions, comment seule, avait-elle pu arriver en Haute-Vienne ? Aujourd'hui encore, je l'imagine difficilement. Elle me prouvait, ce que je savais, qu'elle ignorait la peur et qu'elle n'imaginait pas être séparée de moi. À nous deux, dans les derniers jours qui précédèrent ma démobilisation officielle, nous nous interrogions : que faire à Saint-Hilaire les Places ? Dans ce petit coin du Limousin, nous nous sentions perdus[1]. » Ils décident de rentrer à Paris.

---

1. *Pour rétablir une vérité*, *op. cit.*

Chapitre 3

Avec de Gaulle (1940-1954)

Des Français ordinaires

Les Pompidou ne sont pas des héros de légende. Ils vivent les années noires de l'Occupation comme la majorité des Français. Georges donne ses cours à Henri IV. Claude se charge de la maison, passe beaucoup de temps dans les files d'attente avec ses tickets de rationnement. Le soir, ils suivent les opérations militaires et écoutent à la BBC la fameuse émission *Les Français parlent aux Français*. Dans leur chambre de service, ils hébergent un camarade de régiment affilié à l'Armée secrète et quelques amis juifs. Ils servent de boîte aux lettres. Les Pompidou sont des patriotes, sympathisants du général de Gaulle, de la Résistance et du combat des Alliés mais ils ne s'engagent pas activement. Les gaullistes le reprocheront à Georges Pompidou.

Susceptibles sur le sujet, les Pompidou oscillent entre l'autojustification et l'offensive. Georges écrit : « Un homme seul, sans relations, dans les milieux fermés où est née la Résistance organisée et n'éprouvant pas le besoin du risque gratuit, restait livré à lui-même, c'est-à-dire pratiquement, impuissant. Je dois dire qu'ayant appartenu à la Commission qui décerna la médaille de la Résistance dans les milieux de l'Éducation nationale, je constatai que beaucoup l'obtenaient qui en avaient fait moins que moi[1]. » Pour Claude, les choses sont simples : « Après tout, on pouvait entrer en résistance sur le territoire, et sans étiquette, ce que nous fîmes ». À *L'Heure de Vérité* du 20 mars 1994, à Jean-Marie Colombani qui ose une question, elle rétorque : « Nous n'étions pas entrés en Résistance, mais nous en faisions tous les jours ! Les histoires de résistance, vous savez on a un peu dit n'importe quoi, c'était spécial ». Le ton est ferme, le regard courroucé. Elle n'a aucune leçon à recevoir de personne et n'en dira pas plus. Ce silence doit être interprété comme une menace et une manière habile de renverser la situation. Sous le couvert de la dignité et de la réserve, madame Georges Pompidou tait ce qu'elle sait.

Fuyant Paris occupé dès qu'ils le peuvent, les Pompidou se rendent à Château-Gontier. Le docteur Cahour a accueilli à l'hospice Saint-Joseph, la mère de son gendre, Madeleine Pompidou dont l'état pulmonaire s'est aggravé et qui souffre de malnutrition à Paris. Elle y mourra dans les bras de Georges en décembre 1945.

La salle d'attente du cabinet ne désemplit pas, le docteur Cahour étant connu dans le pays pour délivrer les faux certificats médicaux qui permettent d'échapper au STO. Claude est inquiète pour son père qui manque

1. *Pour rétablir une vérité, op. cit.*

parfois de prudence. Elle assiste un jour à une scène mémorable : le docteur Cahour dérangé en pleine consultation par un Allemand entré sans frapper devient rouge de colère et lui hurle des injures. L'affaire est portée au bureau de la *Kommandantur* mais, au soulagement de la famille, sera classée sans suite.

De ces années d'occupation, Claude Pompidou retient quelques fortes émotions, à la mesure de ce qu'ont vécu les Français ordinaires sous le joug nazi : « Un jour de 1942, on sonna à notre porte. J'allai ouvrir. Un officier allemand qui ne parlait pas un mot de français, voulait absolument entrer. Paniquée, j'appelai mon mari et me précipitai pour prendre mon fils dans mes bras. J'étais persuadée qu'il allait nous arriver quelque chose de grave, d'autant que nous abritions à ce moment-là un ami juif. Quand je revins, l'officier avait tiré de ses bottes des tablettes de chocolat et un volume de poèmes que Léopold Senghor lui avait confiés pour mon mari, du camp où il était prisonnier. L'officier allemand chargé de ce camp s'était lié d'amitié avec lui. Ils communiquaient en latin et en grec. Le soulagement fut à la hauteur de ce qu'avait été la peur. » Une autre fois, un officier allemand se présente. Les Pompidou reconnaissent après quelques secondes d'angoisse Manfred von Keyserling, un ami de Dadelsen qu'ils avaient bien connu à Marseille, devenu correspondant de guerre au *Berliner Zeitung*.

La sœur du docteur Cahour s'est engagée dans la résistante active. Arrêtée et transférée à Drancy, elle réussit à faire parvenir à sa famille un dernier message qui leur parvient miraculeusement. À la Libération, Claude apprendra par une de ses compagnes de déportation qu'elle est morte à Ravensbrück.

L'arrivée d'Alain

Les Pompidou connaissent le bonheur tant attendu, l'arrivée d'un fils, Alain, qu'ils adoptent à Paris en juillet 1942. Et pourtant Claude n'en dit rien dans ses mémoires. La biographie autorisée de Merry Bromberger en 1965 est muette sur le sujet. Christine Clerc dans *Tigres et tigresses* raconte qu'en 1966, alors que *L'Express* s'apprête à publier un reportage sur les Pompidou à Cajarc, dans leur nouvelle maison, le Premier ministre prend sa plume pour demander personnellement au rédacteur en chef politique, Claude Imbert qu'aucune mention ne soit faite dans l'article de la présence de son fils. Pierre Rouanet en 1969 est convoqué boulevard de La Tour Maubourg par Georges Pompidou qui ne souhaite pas que certaines dates soient rendues publiques, dont celles de la naissance de sa femme et de leur mariage ; le journaliste comprend alors que les Pompidou n'ont pas encore su parler à leur fils de vingt-sept ans.

Jusqu'à une période récente, l'adoption est un secret de famille. Il faut protéger les enfants, leur éviter le choc de la révélation. Les parents ne veulent pas être considérés comme différents. La stérilité, mal connue dans le milieu médical, est souvent vécue par les couples comme honteuse. Le sujet est gênant car il concerne le domaine de l'intime. La responsabilité est rejetée sur les femmes. Pudeur, non-dit et déni forment une chape pesante. Le silence des Pompidou tient peut-être également aux circonstances historiques qui entourent l'adoption de leur fils. L'explosion des naissances illégitimes chez les femmes de prisonniers notamment à Paris et le décret-loi du 2 septembre 1941 qui institue l'accouchement sous X[1] explique la recrudescence d'abandons de nouveau-nés adoptables à l'Assistance publique.

Les proches savent mais n'en parlent pas. Madeleine Negrel, la secrétaire de Georges Pompidou depuis 1945, précise : « J'ai toujours su qu'Alain était adopté. Je l'ai su sans doute en remplissant des papiers administratifs. On n'en a jamais parlé mais tout le monde le savait. » Madeleine Malraux se souvient également : « L'adoption, c'était sous-jacent. Je devais l'avoir deviné. Il y avait entre nous de la pudeur, de la délicatesse. Alain Pompidou a sûrement su très tard. »

Alain est leur fils unique, leur secret, leur bonheur. Claude découvre à trente ans et après sept ans de mariage les joies de la maternité. Madeleine Negrel décrit la mère et l'enfant : « J'ai connu Alain, il avait cinq ans. Claude Pompidou était aux petits soins pour lui. Je garde une image en tête, d'elle dans la rue tenant Alain par la main, à la sortie d'un arbre de Noël je crois, il ressemblait à un petit prince ». Pour Madeleine Malraux qui les a beaucoup vus ensemble : « Claude était une mère tendre, très gentille, très sportive mentalement. Elle n'était pas formelle. »

Contrairement à Georges qui l'évoque parfois devant ses fidèles collaborateurs ou en tête-à-tête avec quelques amis, Claude tait l'adoption d'Alain à ses proches. C'est un sujet tabou. Elle refuse une réalité qui ravive les

1. Ce décret-loi a été décidé par le gouvernement de Vichy dont une des priorités d'ordre moral est la lutte contre l'avortement. Pour l'année 1942, les taux de naissance illégitimes à Paris atteignent 24 % dans le 18e arrondissement, 29 % dans le 16e, 31 % dans le 17e, 34 % dans le 14e. Sources : Annuaire statistique de la ville de Paris et du département de la Seine, 1942.

douleurs de l'orpheline et s'oppose à ses rêves de famille idéale. Ses maisons, Cajarc et Orvilliers seront toujours pleines, ouvertes aux nombreux amis et à la famille élargie pour combler ce manque. Autre vérité tue par Claude, son âge. Il faut voir dans cette attitude le souci de son apparence, la volonté de maîtriser son image et le temps qui passe. Mais aussi un perfectionnisme et une volonté de fer. Claude n'est pas toujours la femme naturelle et spontanée que décrivent ses amis. Elle gère sa complexité fermement et secrètement.

Pompidou au cabinet du général de Gaulle

En août 1944, Georges Pompidou assiste à la descente des Champs-Élysées du général de Gaulle en libérateur. Cette fois-ci, il est bien décidé à ne pas rester spectateur. Le professorat ne l'intéresse plus. Avec un culot certain, il force le destin. Le non-résistant écrit le 11 septembre 1944 au très gaulliste et camarade normalien René Brouillet, devenu directeur adjoint du cabinet du général de Gaulle : « Dans les circonstances actuelles, je me résigne mal à décliner rosa, la rose. Il me semble que je puis faire – momentanément au moins – autre chose. [...] Mais ce pays aura besoin de tout le monde et je me sentirais diminué de ne rien faire. [...] Je m'adresse à toi parce que tu es sans doute le mieux placé de ceux que je connais pour pouvoir m'utiliser si tu le juges bon ». Quelques jours plus tard, Georges Pompidou est invité à se rendre rue Saint-Dominique au ministère de la Guerre où le Général a installé son QG. René Brouillet le charge de la liaison avec les ministères de l'Information et de l'Éducation nationale ; il doit également suivre les problèmes de politique intérieure. Mais ce n'est pas tout, « l'agrégé sachant écrire » se voit attribuer la tâche délicate de rédiger, à l'intention du Général, des résumés quotidiens sur l'actualité.

L'imbroglio politique de l'après-guerre et le jeu des partis, les procès d'épuration et les exécutions sommaires à Paris et en province, la réorganisation des ministères, le retour des rescapés des camps à l'hôtel Lutétia, les graves problèmes d'approvisionnement et de reconstruction, sont autant de sujets traités par Georges Pompidou. Ses notes bien écrites osent décrire ce qui ne fonctionne pas. De Gaulle a justement besoin d'hommes au jugement indépendant qui ne sont ni de la Résistance ni des vieux partis. Georges Pompidou gagne ainsi la confiance du Général qui lui demande de l'accompagner dans ses voyages en province, notamment dans son Cantal natal. Rue Saint-Dominique, Pompidou se lie d'amitié avec Jean Donnedieu de Vabres qui lui conseille de poser sa candidature au Conseil d'État. Un conseil des ministres de décembre 1945 le nomme maître des requêtes.

Un tournant dans la vie de Claude

Leur vie change radicalement à la Libération. Georges est désormais un mari débordé et passionné. Il travaille quinze heures par jour et rentre chez lui avec ses dossiers. Il est subjugué par le Général : « J'étais béat d'admiration et enivré à l'idée de participer modestement à l'action d'un surhomme[1] ». Il n'en revient pas d'être

1. *Pour rétablir une vérité, op. cit.*

distingué par le grand homme malgré son passé de non-résistant. Claude est fière et impressionnée. Le couple Pompidou découvre le monde politique et administratif.

Les Pompidou entrent dans le cercle des gaullistes. Les collègues de Georges au cabinet du Général deviennent des amis et sont invités à dîner régulièrement avec leurs épouses : les Maurice Schumann, les Jean Donnedieu de Vabres, les René Brouillet, les Claude Mauriac, les Michel Debré. Gaston Palewski, Michel de Boissieu, normalien et directeur de cabinet du ministre de l'Information, Pierre-Henri Teitgen, Jean Morin, membre actif de la Résistance qui réorganise le ministère de l'Intérieur ; les écrivains Roger Nimier et Maurice Druon sont également des habitués. Les Malraux font partie des intimes. On refait le monde, on parle politique et littérature. Claude tient à l'époque sa maison toute seule, fait elle-même la cuisine et prend l'habitude de donner deux dîners par semaine. Madeleine Malraux se souvient qu'elle reçoit avec simplicité et raffinement autour d'un civet de lièvre, d'un bœuf aux carottes et de crêpes Suzette. Claude est la parfaite épouse de sa génération qui aide son mari en recevant avec une simplicité de bon goût et un raffinement discret. Elle s'adapte et se moule dans le monde politique et administratif avec aisance. Curieuse de découvrir de nouveaux horizons et soucieuse de plaire en préservant un certain naturel, elle sait mener une conversation et mettre ses hôtes en valeur. Les Pompidou sont des ambitieux naturels qui évoluent avec un vrai sens de l'amitié et de la gaieté. On rit beaucoup à leur table. Jean Donnedieu de Vabres se rappelle que les soirées chez les Pompidou se poursuivent joyeusement dans les cabarets à la mode, chez Milord l'Arsouille au

Palais-Royal, chez Patachou à Montmartre et au Tabou à Saint-Germain-des-Prés pour écouter Juliette Gréco.

Signe envié de faveur et de confiance, le ménage est de plus en plus souvent invité à la résidence du Général à Neuilly. Claude raconte leur premier dîner qui se déroule avec les Malraux et Léon Blum : « Je pense n'avoir jamais été aussi intimidée de ma vie. Il faut s'imaginer ce que représentait à l'époque, une rencontre avec le général de Gaulle. Détail mineur, il fallait alors porter un chapeau, et j'avais dû en trouver un à la mode du temps, assez ridicule, très haut ("pour provoquer l'occupant," plaisantait-on), ce qui contribuait à accroître ma gêne. J'étais si troublée que je ne suis pas sûre d'avoir entendu toute la conversation. »

Le 20 janvier 1946, c'est la consternation parmi les rangs gaullistes : le général de Gaulle démissionne et entame sa traversée du désert.

Les fidèles serrent les rangs en espérant un avenir favorable à leur grand homme. Les Pompidou mettent à profit cette période d'incertitude et d'accalmie forcée en acceptant l'invitation de leur ami René Brouillet devenu secrétaire général du gouvernement de la Tunisie. Lors de leurs déplacements dans le Sud du pays, ils sont frappés par le climat d'hostilité ; leur voiture officielle est la cible de jets de cailloux. Quelques mois plus tard, le 12 septembre 1946, ils assistent au mariage en grandes pompes de leur ami Senghor à Asnières. Député apparenté socialiste du Sénégal à l'Assemblée nationale française depuis novembre 1945, il épouse Ginette Éboué, la fille de Félix Éboué, le premier gouverneur en Afrique à avoir rallié la France libre et le général de Gaulle. Claude et Ginette sympathisent très vite et pour longtemps. La cérémonie est somptueuse, la traîne de la mariée fait plus de six mètres ; une foule de gaullistes est invitée.

À la conquête de Paris

En attendant sa nomination effective au Conseil d'État qui n'interviendra qu'en septembre 1946, Georges Pompidou trouve une situation provisoire comme commissaire général adjoint au Tourisme auprès d'Henry Ingrand, un ami de René Brouillet. Sa mission, proclamer la renaissance de Paris, réanimer la place Vendôme, relancer la haute couture, faire repartir l'hôtellerie. Georges est en contact étroit avec les industries du luxe et les métiers d'art et dirige la rédaction de brochures chargées de leur promotion. Un secteur économique qu'il apprécie et qui l'amuse. Les obligations professionnelles sont nombreuses. Les Pompidou forment un couple en vue qui sort fréquemment. Claude se grise d'une vie parisienne qui lui ouvre les portes : inaugurations d'expositions, ouvertures de grands restaurants, œuvres mondaines, premières de théâtres et concerts. À l'automne 1946, ils gravissent les marches du Festival de Cannes, lui en smoking et elle en robe longue rouge. Elle assiste, sans être une cliente régulière, à ses premiers défilés de haute couture, notamment chez Dior qui révolutionne la mode avec le « New-Look ». Claude est devenue une femme séduisante de trente-quatre ans, longiligne, un visage aux traits marqués qui lui donnent du chic, transformée en blonde comme le veut la mode de l'époque, élégante parfois dépensière. La Parisienne modèle des années d'après-guerre. Georges est fier de son épouse et le lui dit. En avril 1948, au musée Galliera, Claude, chapeautée et gantée, révérence impeccable, accueille aux côtés de Georges, la future reine Elizabeth d'Angleterre et le duc d'Édimbourg venus inaugurer l'exposition « Huit siècles de civilisation britannique à Paris ». Les Pompidou participent à la réception donnée à l'Élysée, le soir, en l'honneur du couple princier. L'événement monté par Pompidou remporte un tel succès qu'il est décoré de la Légion d'honneur en juillet 1948. Il renonce au Tourisme fin 1948 pour se consacrer à sa carrière au Conseil d'État où il est entré en septembre 1946 et à son poste de maître de conférences à Sciences-Po.

Le traitement d'un fonctionnaire ne leur permet pas encore d'acheter des œuvres. Mais ils se tiennent au courant et se rendent régulièrement au Palais de Tokyo qui abrite depuis 1947 le Musée national d'art moderne ; ils visitent les galeries qui montrent les œuvres d'artistes vivants : la galerie Charpentier mais aussi la galerie Breteau, chez René Drouin ou à l'Arc-En-Ciel. Ils se rendent au Salon des surindépendants en 1947 où exposent Pierre Soulages, Atlan et Hartung. Leurs goûts s'aiguisent : « Mon mari aimait beaucoup Miro et Chagall. Moi, j'aime beaucoup Kandinsky, Cézanne, Mondrian, Malevitch. Mais pour lui comme pour moi, Klee était le plus grand ». Ils font quelques acquisitions : un buste de Georges par Hajdu et un tableau du peintre suédois Svanberg.

Sur le plan familial, la vie de Claude évolue. Les Pompidou s'installent au large, rue Charlemagne. Sa sœur Jacqueline, qui a obtenu une licence d'histoire, épouse en 1947 François Castex, président de l'Association des anciens combattants du corps expéditionnaire en

Italie, l'armée du général Juin. Le jeune ménage Castex emménage dans le même immeuble que les Pompidou. Grâce à Georges, François prend la direction du Comité Vendôme qui regroupe les joailliers et les boutiques de luxe de la célèbre place éponyme. Les sœurs se voient tous les jours. Les week-ends, toute la famille se retrouve. Au programme, parties de rami pour les jeunes, bridge pour Léon Pompidou et le docteur Cahour. Madeleine Pompidou passe avec son mari, agrégé, Henri Domerg et leurs deux enfants. Le pick-up joue *La fugue en Ré* de Bach.

L'oncle maternel et parrain de Claude, Alfred Houssaye, lui offre pour ses week-ends une ancienne auberge de village baptisée « La Maison blanche », à Orvilliers près de Paris. Les Pompidou consacrent beaucoup de temps à la décoration de leur maison qui comprend deux bâtiments. Ils dirigent le samedi les travaux du maçon et du tapissier, courent les antiquaires à Houdan, choisissent les papiers peints et supervisent l'installation du billard. Georges se découvre une passion pour les rosiers. Orvilliers devient le point de ralliement familial. Pierre Cahour, à la retraite et malade, y passe ses vieux jours. Marie Baudère, l'ancienne et dévouée gouvernante, l'a suivi et le soigne. Les Castex s'y rendent tous les week-ends avec leurs filles. Les amis d'Alain y seront toujours les bienvenus.

Georges, éminence grise du général de Gaulle

En mars 1946, Jean Donnedieu de Vabres, trésorier de la fondation Anne de Gaulle, est nommé en Tunisie. Il demande à Pompidou de le remplacer et propose son nom à madame de Gaulle, présidente de la Fondation. Désormais, Georges se rend régulièrement à la maison pour handicapées de Saint-Rémy dans les Yvelines, s'occupe de l'aménagement des bâtiments et de l'organisation administrative, cherche un jardinier et tient la comptabilité des religieuses. Ses visites régulières à madame de Gaulle, qui a toute confiance en lui, sont propices à des rencontres informelles avec le Général.

Avril 1947, Georges Pompidou se tient à l'écart de la création du Rassemblement pour la France (RPF), le parti gaulliste. Gaston Palewski lui demande d'être le secrétaire général d'un groupe de réflexion chargé d'étudier pour le Général les grands problèmes et les réformes à promouvoir. Les débats de ce « Bureau des idées » avec André Malraux, René Capitant, Raymond Aron, Albin Chalandon, Michel Debré, Louis Vallon et Jacques Foccart se déroulent dans les bureaux dont Georges a hérité au 69 rue de l'Université. Le petit groupe travaille notamment à la mise en forme d'une nouvelle constitution. Pompidou accueille dans ses locaux Claude Mauriac qui dirige la revue littéraire et politique du RPF, *Liberté de l'Esprit*. En décembre 1947, de Gaulle qui apprécie chaque jour davantage Pompidou, lui écrit en réponse à ses vœux de fin d'année : « Mon cher ami, vos vœux m'ont beaucoup touché, je vous en remercie. Mais je veux vous dire à cette occasion combien profonde est mon estime pour vous. L'avenir ne nous appartient pas. Mais s'il s'y prête, sachez que je compte sur vous avec une entière confiance... » Claude, flattée, ne s'inquiète pas encore de l'éventualité d'une carrière politique.

Avril 1948. Le Général demande à Pompidou de devenir son chef de cabinet. Jusqu'en 1954, il sera son collaborateur le plus intime, chargé d'organiser ses entrevues avec les chefs de partis, les ambassadeurs étrangers, les industriels et les journalistes. Georges filtre, fait le tri des problèmes et décide des questions dont le Général doit être informé. Les deux hommes ont de longues conversations et Pompidou est invité à déjeuner à Colombey. Dans son bureau, le chef de cabinet apaise les conflits entre les rivaux du RPF, Soustelle, Palewski, Malraux, Chaban-Delmas et Vallon. Aimable avec tous, affichant un calme souriant et une allure nonchalante, un brin narquois, baptisé Raminagrobis par Claude Mauriac, Pompidou agace certains barons qui lui envient sa proximité avec le Général.

Georges n'est pas candidat aux élections de 1951 mais il établit avec Jacques Soustelle la liste des investitures. Il contrôle les finances du parti gaulliste, vérifie sa comptabilité. Pour collecter les fonds nécessaires à la campagne électorale, il noue des contacts avec des hommes d'affaires, notamment Sven Nielsen, le fondateur des Presses de la Cité et Pierre Louis-Dreyfus armateur et banquier. Après le succès mitigé des élections législatives de 1951, les élections municipales de 1953 marquent un nouveau recul. Le 6 mai 1953, de Gaulle dénonce « la faillite des illusions », dissout le RPF et remet à Pompidou la déclaration qu'il destine à la presse pour annoncer son retrait de la politique. Le rôle de chef de cabinet est mis en veilleuse.

La retraite du Général n'est pas totale et les marques de confiance à l'égard de son ancien chef de cabinet s'intensifient. Tous les mercredis, de Gaulle quitte la

Boisserie pour Paris et se rend à l'hôtel Lapérouse. Pompidou, qui est toujours chargé d'assurer ses liaisons politiques et d'organiser ses rendez-vous, l'accueille. Le Général confie à Pompidou et à Malraux un exemplaire du premier tome de ses mémoires, *L'appel.* Il charge Georges de lui trouver un éditeur. Ce sera Plon. Témoignage d'affection quasi paternelle, le Général remet à Pompidou son testament ; deux autres exemplaires du document existent qui sont en possession du fils, Philippe de Gaulle, et du gendre, Alain de Boissieu. Le Général, qui ne dîne jamais en ville, s'invite chez les Pompidou. Claude apprécie sa galanterie et son extrême courtoisie. Le Général souhaite que la réunion reste familiale et interroge Alain et les nièces Castex sur leur scolarité.

Les Malraux

À partir de 1945, les Pompidou et les Malraux deviennent des amis proches. « Nous avions une relation que je qualifierais presque de familiale », explique Claude. André Malraux a épousé Madeleine, grande pianiste et veuve de son frère Roland, arrêté par la Gestapo. Roland n'a jamais vu son fils Alain, né en juin 1944. De son côté, André a eu deux garçons, Gautier et Vincent, avec Josette Clotis, morte tragiquement, happée par un train en gare de Saint-Chamant en novembre 1944. Madeleine prend sous son aile les deux orphelins et s'installe avec Malraux à Paris. Ils se marieront en 1948. Malraux et Pompidou se rencontrent rue Saint-Dominique au cabinet du Général.

Les deux hommes sympathisent et commencent à se voir accompagnés de leur épouse. Selon Madeleine Malraux, Georges sait faire preuve de modestie, sans doute ébloui par la faconde de Malraux qui le trouve réceptif et très fin. Les Pompidou sont régulièrement invités à déjeuner et à dîner dans l'intimité. Ils découvrent l'étonnante maison de Boulogne : têtes khmères, poupées indiennes, tableaux de Dubuffet et de Fautrier, figures de proue décorent le grand salon qui s'ouvre en enfilade sur la salle réservée au piano à queue de Madeleine et sur le bureau de Malraux. Ils y dînent à quatre autour d'une table de bridge dressée par le maître d'hôtel ou dans un grand restaurant où l'écrivain a ses habitudes, le plus souvent chez Lasserre et au Grand Véfour. Les deux hommes récitent du Racine. Malraux se lance dans de grands et brillants discours passant de la civilisation chinoise du XIIe siècle à l'histoire de l'art en Europe. Madeleine Malraux se souvient : « Notre conversation à quatre signifiait que les deux hommes étaient lancés dans des discussions approfondies tandis que Claude et moi écoutions sagement la conversation de nos maris. C'était une époque. On était amené à acquiescer et encore ! » Claude est peut-être silencieuse mais elle enregistre et se forme. Elle aidera son mari en 1955 à qui Hachette a commandé un classique destiné aux lycéens sur l'œuvre de Malraux, intitulé *Pages choisies*. Après avoir choisi ensemble les plus beaux passages, elle résume l'œuvre tandis que Georges rédige les commentaires.

Les Pompidou découvrent Venise sous la houlette d'André qui, outre les meilleures adresses de restaurant, leur fait ouvrir les portes d'églises inconnues et celles des collections complémentaires des musées. Ils se rendent à

Ciboure pour quelques jours dans la grande propriété que louent les Malraux. Alain Pompidou s'entend très bien avec Vincent Malraux. Entre Claude et Madeleine, c'est le début d'une profonde et longue amitié : « Nous avons très vite, elle et moi, parlé à notre aise. C'était très facile, tout était extrêmement "fair play". Elle était chaleureuse parce qu'elle avait du cœur mais elle était réservée parce qu'elle était extrêmement bien élevée. De mon côté, je suis musicienne et je suis habituée aux nuances ! » Les deux femmes parlent des enfants, elles vont ensemble à des expositions, au concert. « C'était un peu bourgeois, conventionnel. Après, il y a eu une évolution », commente Madeleine Malraux.

À quarante-deux ans, Claude est avant tout la femme de son mari. Une épouse modèle selon les critères de l'époque qui accompagne l'ascension sociale de Georges. Le parcours est fulgurant, le professeur discret à l'avenir tout tracé se transforme en éminence grise du général de Gaulle ; le couple s'introduit avec facilité et talent dans les cercles gaullistes, les milieux de la haute administration et la vie parisienne. Claude met son intelligence au service de cette réussite, elle s'adapte sans difficulté, a l'art de trouver le ton juste. Curieuse et intéressée, elle s'enrichit des rencontres et se forme. Elle est heureuse de sa nouvelle vie, fière et amoureuse de Georges.

Chapitre 4

Un couple lancé

Georges, banquier chez les Rothschild

Doutant du retour sur la scène politique du général de Gaulle et bloqué dans sa carrière au Conseil d'État en raison de ses liens avec le « grand homme », Georges se tourne vers le privé. À quarante-trois ans, il se sent attiré par les affaires en plein essor et décide d'entrer dans la finance. De la même manière qu'en 1944 avec René Brouillet, il force le destin et confie ses projets à ses relations, notamment à René Fillon[1], agrégé de Lettres, trésorier du RPF depuis 1951 et fondé de pouvoir de la banque Rothschild, qui rêve d'une carrière politique et de devenir sénateur du Soudan. Pompidou appuie sa candidature lors des élections sénatoriales et, échange de bons procédés, René Fillon l'introduit auprès de Guy de Rothschild. Fillon doit insister pour que la rencontre ait lieu : « Il me tannait littéralement pour me convaincre qu'il serait une bonne recrue[2] » écrit Guy de

1. Oncle du Premier ministre, François Fillon.
2. Guy DE ROTHSCHILD, *Contre bonne fortune...*, Belfond, 1983.

Rothschild. Pompidou paraît suffisamment motivé pour se voir proposer le poste de directeur de la Compagnie du Nord. Claude est très flattée de le voir entrer dans cette prestigieuse institution.

En 1954, la banque est une belle endormie au charme suranné. Les visiteurs sont accueillis par des huissiers en jaquette qui les précèdent le long de la galerie de portraits des Rothschild pour les introduire avec cérémonie dans les salles de réunion feutrées et les bureaux chargés de boiseries et de mobiliers Napoléon III. La maison a beaucoup souffert de l'Occupation allemande et des lois antisémites de Vichy, mais elle a conservé de puissants intérêts dans les transports maritimes et le secteur pétrolier ; elle contrôle également quatre grandes sociétés minières. Les Rothschild sont déterminés à lui faire prendre un nouveau départ.

Les premiers mois, Georges Pompidou se retrouve dans un petit bureau sombre chargé de dossiers secondaires avec des attributions floues. Il n'a pas l'occasion de rencontrer son patron. Tout change en juillet 1954. Guy de Rothschild lui demande de l'accompagner pendant quinze jours en Afrique. C'est le début d'une amitié entre les deux hommes. Pompidou saisit l'occasion, il sait se faire remarquer. Son intelligence, sa culture, son humour séduisent Guy de Rothschild qui revient convaincu que de tels talents ne sont pas employés à leur juste mesure à la banque. De retour à Paris, il lui confie Transocéan, une société de financement de l'import-export qui depuis sa création à la Libération ne connaît que des échecs. Il faut y mettre un terme sans perdre trop d'argent et recaser son personnel. C'est un test pour Pompidou qui règle avec habileté l'affaire en un temps record et en évitant les remous. Il a désormais la confiance absolue de Guy de Rothschild et devient directeur en 1956. Le voilà propulsé aux premières responsabilités, chargé de la partie financière du groupe. Il entre dans de nombreux conseils d'administration et monte une dizaine de sociétés. Il pénètre le cercle des affaires. Son agenda est chargé de dîners et déjeuners, de chasses en Alsace et en Sologne avec les grands patrons du moment : Ambroise Roux, futur président de la Compagnie générale d'électricité, Raoul de Vitry président de Péchiney, Arnaud de Vogüé, patron de Pont-à-Mousson, Pierre Guillaumat des Pétroles d'Aquitaine, Jean-Claude Roussel des laboratoires pharmaceutiques ou Jean Prouvost président de la Lainière de Roubaix et de *Paris Match*. C'est à cette époque qu'il fait la connaissance de Francis Fabre, président des Chargeurs Réunis, et de sa femme « Mistou » qui deviennent des amis intimes.

Le conte de fées

En septembre 1954, Guy de Rothschild invite pour la première fois les Pompidou à un week-end de chasse à Ferrières en Seine-et-Marne. Claude est éblouie et intimidée. Une longue allée bordée d'arbres mène au château de conte de fées. Construit au XIXe siècle par l'ancêtre James au milieu de la forêt, Ferrières est un joyau de luxe et de raffinement à la gloire de la dynastie. L'escalier à double révolution, éclairé par d'imposantes torchères, conduit à l'enfilade de salons : salon de tapisserie rouge et rose de Boucher, salon bleu puis grand salon de musique, salle à manger en cuir de Cordoue à fond or d'après des cartons de Rembrandt. Aristocrates, banquiers, têtes couronnées, fortunes industrielles et artistes du Tout-Paris et du monde entier s'y pressent.

Les Pompidou ne connaissent personne. La légende veut qu'au départ de la chasse, Georges Pompidou se promène entre les uns et les autres. Personne ne fait attention à lui. Un petit groupe de messieurs discute, et l'un d'eux lance un vers de Baudelaire. Pompidou entend, s'approche et récite le poème en entier. Sa présence est enfin remarquée.

Marie-Hélène de Rothschild qui redoute les collaborateurs barbants de son mari s'enthousiasme immédiatement pour Pompidou. Malgré son côté un peu gauche en société, elle le trouve passionnant, curieux de tout, de poésie, d'art, de haute couture. Il sait la faire rire. La mère de Marie-Hélène, la belle et excentrique Égyptienne Maggie van Zuylen, s'entiche de la nouvelle recrue et lui propose : « La moitié de ma fortune contre la moitié de votre culture ».

Claude, propulsée dans ce milieu d'argent et de luxe, s'intègre avec aisance. Elle apprend vite et sait se faire adopter. Ce qui frappe les gens qui l'ont rencontrée à cette époque, c'est sa spontanéité. Sans manières, ni affectation, elle trouve le ton juste tout en restant elle-même. Son sourire franc et un peu timide, son intérêt pour les gens qui lui sont présentés, ses formules drôles, sa vivacité alliée à une certaine réserve plaisent immédiatement. Pierre-Christian Taittinger se souvient : « Elle a été reçue avec beaucoup de gentillesse par les femmes Rothschild. Chacune est un personnage de roman. Et elles apprécient Claude qui est naturelle. Marie-Hélène l'appelle "la grande fille toute simple" qui était le titre d'une pièce à la mode ». Nicole Salinger la décrit à l'époque chez les Rothschild : « Claude était extrêmement spontanée. Elle était curieuse des gens avec un petit regard amusé. Elle n'était pas une seconde déphasée. Claude n'était ni dans l'ombre de son mari, ni à côté de lui, elle était avec lui. » Guidée par Georges, formée par les conversations avec les normaliens, les amis écrivains, les gaullistes, les hauts fonctionnaires, elle a engrangé un capital qu'elle sait mettre à profit en pleine ascension sociale. Sa passion pour l'art moderne est un atout de poids dans ce milieu non-conformiste où se croisent artistes, mécènes et collectionneurs. À la conquête de nouvelles sphères, elle sait accompagner et aider Georges.

Les Rothschild adoptent et lancent ce couple prometteur. Ils les parrainent et les initient aux codes du monde international. Les deux couples deviennent intimes. Les Pompidou sont invités presque chaque semaine à Ferrières. La maison est pleine le week-end, quinze appartements étant réservés aux amis, certains comme les Pompidou ont leur chambre attitrée. Au programme, chasse, golf, équitation, parties de cartes et fêtes. L'album de photographies des Rothschild montre Georges Pompidou en smoking, l'œil taquin faisant rire à gorge déployée sa jolie voisine de table à Ferrières ou encore cigarette aux lèvres jouant les barmen avec Guy de Rothschild devant une pyramide de bouteilles de champagne, perfectionnant son swing avec Marie-Hélène sous l'œil attentif du champion de golf Henry Cotton. On y voit également Claude dans une élégante robe du soir en soie crème, brillants dans les cheveux, détendue et gaie à la table d'un restaurant entre Guy et Jacques Chaban-Delmas. Les Pompidou sont invités à Deauville où les

Rothschild ont leur écurie de courses ; c'est l'occasion pour Claude de se mettre à l'équitation. Ils passent des vacances à Megève, la station des Rothschild ; Georges, skieur débutant, se casse une jambe.

Les deux couples s'envolent à New York et à Washington, ils visitent ensemble le Metropolitan Museum et la National Gallery. Les Rothschild leur présentent leurs amis américains. Claude est particulièrement impressionnée par sa rencontre avec Dominique de Ménil. Française, née Schlumberger en 1908, cette héritière d'une fortune colossale dans l'industrie pétrolière est une passionnée d'art. Austère, fervente catholique, avec son traditionnel chignon gris, ses amis l'appellent « mère supérieure ». Très proche du père Couturier, elle l'a soutenu dans sa volonté de concilier spiritualité et art contemporain. Sa collection qui est l'une des plus importantes au monde, compte tous les grands noms de l'art moderne – Matisse, Picasso, Braque – et du surréalisme – Ernst, Magritte, Tanguy. Mécène de jeunes artistes, elle confiera en 1965 à Mark Rothko la décoration de la chapelle œcuménique de l'Institut de la religion de Huston. Claude, qui a bien connu le père Couturier, est très sensible à la dimension spirituelle de l'engagement de Dominique de Ménil en faveur de l'art contemporain. Les deux femmes s'apprécient et se reverront régulièrement ; la collectionneuse franco-américaine offrira au Centre Pompidou des toiles prestigieuses.

Avec les Rothschild, Venise se dévoile. Du Danieli, l'hôtel mythique où ils sont descendus, ils se rendent en gondole dans les palais privés qui s'ouvrent à eux. Ils sont reçus à bras ouverts par les plus grandes familles de la ville, notamment au Palais Grassi chez les Agnelli qui détiennent l'empire Fiat et deviennent des amis. Au Palais Vanier dei Leoni au bord du Grand Canal, Peggy Guggenheim les attend sur le ponton. L'excentrique et richissime héritière dont les mœurs choquent la bonne société vénitienne, escortée de ses quinze lhassa apso en houppettes enrubannées, fait elle-même la visite. Après la promenade dans le jardin et l'arrêt obligé devant la statue équestre, l'Ange de la Cité, célèbre pour son phallus en bronze que la maîtresse de maison dévisse et fait admirer, les hôtes découvrent l'incroyable collection constituée par la « dernière dogaresse » tout au long de sa vie à Paris, Londres et New York : les toiles de Pollock, artiste que Peggy a lancé, côtoient celles d'Yves Tanguy, son ancien amant, de Max Ernst, son mari pendant la guerre, mais aussi des Picasso, Kandinsky, Miro, Duchamp, Klee, Braque, Modigliani et des sculptures de Brancusi et de Giacometti… Dès leur première rencontre, une relation de confiance et d'amitié fondée sur la passion de l'art se noue entre Claude et Peggy. Elles se verront régulièrement à Paris et à Venise. Conformément à la volonté de Peggy qui meurt en 1979, Claude deviendra la présidente de son fabuleux musée.

Ces années passées dans l'intimité des Rothschild sont aussi des années de fêtes. Marie-Hélène est la grande prêtresse de soirées légendaires à Ferrières. Artiste et originale, elle imagine des décors à thèmes pendant de longs mois avec son ami Alexis de Rédé. Son premier bal en 1959 a pour thème la « Belle au Bois dormant ». Les Pompidou en sont. La mise en scène est spectaculaire. Après une longue traversée fantomatique de la forêt et l'arrivée sur le lac où glisse un vaisseau fantôme, les invités découvrent le château dans la pénombre, chargé d'immenses toiles d'araignées. Tout à coup, les fenêtres s'illuminent, la musique jaillit, les danseurs surgissent. La fête commence… Mais le spectacle est aussi dans l'assistance. Marie-Hélène s'entiche régulièrement de nouvelles têtes et mélange les âges et les milieux : têtes couronnées, aristocratie internationale, grandes fortunes, artistes et créateurs, stars du cinéma, metteurs en scène, danseurs étoiles, chefs d'orchestre, divas et virtuoses. Citons quelques noms connus : la reine Margareth II de Danemark, Grace de Monaco, les Agnelli, les Von Thyssen, Hélène Rochas, Jacqueline de Ribes, Aristote Onassis et Maria Callas, Brigitte Bardot, Elizabeth Taylor, Richard Burton, Audrey Hepburn, Marisa Berenson, Liza Minnelli, Madeleine Renaud et Jean-Louis Barrault, Salvador Dali, Niki de Saint Phalle et Jean Tinguely, Zizi Jeanmaire et Roland Petit, Serge Lifar, Cecil Beaton, Herbert von Karajan, Arthur Rubinstein, Isaac Stern, Visconti, Coco Chanel, Yves Saint Laurent…

Avec la belle, fantasque et provocante Marie-Hélène, Claude est naturelle mais sans familiarité ; elle ne recherche ni les confidences intimes, ni les hasardeux bavardages. Claude sait être prudente. Les deux femmes ne sont pas de la même génération. Même si elle ne veut pas l'avouer publiquement, et si cela ne se voit pas, Claude est de quinze ans l'aînée. Leurs origines sociales et leur histoire personnelle sont bien différentes. Marie-Hélène est le fruit d'un amour qui a défrayé en son temps la chronique mondaine entre un baron belgo-hollandais du gotha et une belle Égyptienne, son enfance s'est déroulée dans des palaces de luxe, le monde est son village et elle cousine avec la terre entière. Elle a épousé Guy en seconde noce en 1957 à New York. François

Gall, ami des deux femmes, explique leurs relations : « Marie-Hélène était un personnage exceptionnel. Elle avait une espèce de sens de la fête très étonnant, des amours et des haines considérables. Il n'y avait ni rivalité, ni concurrence entre les deux femmes. Dès l'instant où Claude Pompidou avance, cela plaît aux Rothschild. » Les Rothschild lancent les Pompidou. Ils misent sur le couple. Le succès de leurs protégés renforce leurs propres prestige et pouvoir. Claude est à la hauteur des attentes et des exigences, elle accompagne et aide Georges à s'intégrer dans ce monde. Si elle n'avait pas trouvé l'attitude juste notamment avec Marie-Hélène, le carrosse se serait vite transformé en citrouille. Claude, qui sait percer le jeu des apparences, est touchée par son engagement efficace et généreux en faveur de la recherche médicale. Très proche du professeur Lwoff, prix Nobel de médecine en 1965 et membre du Comité de la Recherche médicale française, la baronne organise de nombreuses soirées au profit des hémophiles ou de l'Institut Pasteur.

Les Pompidou qui font désormais partie du Tout-Paris sont de tous les événements mondains : galas de bienfaisances, générales de théâtre, premières de films, vernissages d'expositions, défilés des grands couturiers. Ils fréquentent le monde de la nuit et les discothèques New-Look. Un tourbillon d'insouciance et de liberté souffle dans le Paris des années cinquante. On boit de l'alcool à volonté et on fume sans restriction des américaines, on danse, on s'amuse. Le couple Pompidou est recherché. Georges pour son humour, « un œil de curé, un œil de canaille, le charme en plus », disent de lui ses amis. Claude pour son tempérament chaleureux et ses formules à l'emporte-pièce qui font parfois trembler Georges. La « bande Rothschild » a ses habitudes au Whisky à Gogo, rue de Beaujolais, la boîte ouverte par Régine. C'est le rendez-vous de Jean Marais, Jean Cocteau et Sacha Distel. On y voit Bernard Buffet et Annabel, Jean d'Ormesson, Juliette Gréco. Ils vont au Jimmy's à Montparnasse où l'on danse le rock'n roll et au Régine, rue du Four. Ils assistent en décembre 1961 à la générale des *Violons parfois* de Françoise Sagan en compagnie de Sacha Distel, Marie-Laure de Noailles, Edwige Feuillère, Maurice Druon, René Clair et Edgar Faure.

Claude est heureuse de sa nouvelle vie. Elle reconnaît avoir failli au début devenir un peu snob. Elle est entrée dans une nouvelle dimension, à des années-lumière de Château-Gontier et de la vie rangée d'une épouse de professeur. Cela lui plaît et elle comprend vite les règles non dites. Pour figurer dans le cercle des intimes et faire partie de ce monde, il faut savoir être drôle, original, ne jamais avoir l'air de se pousser, éviter la flatterie. Évoluer dans ce tourbillon de luxe et de fêtes expose à bien des dangers et des pièges. On peut s'y brûler les ailes. Elle le sait et se méfie des ragots, des flirts et aventures extra-conjugales, de la superficialité et des fausses amitiés, mais aussi de la cruauté raffinée des mondains. Les Pompidou gèrent avec tact les difficultés inhérentes à leur situation : la tentation de croire faire partie d'un monde qui n'est pas le leur et qui les a juste admis, le périlleux équilibre à maintenir entre le domaine professionnel, et celui de l'amitié et des mondanités. C'est l'art de la dualité maîtrisée qui les protège des écueils et leur permet d'évoluer avec facilité. Ils savent être sans en être, jouer le spectateur et l'acteur, faire preuve d'une familiarité de bon aloi et rester à leur place, garder une distance amusée tout en étant ouvert aux autres et capable de vraies amitiés. Grands lecteurs de Proust, ils s'amusent du spectacle, ils ne sont pas dupes et forment un couple qui aime le jeu de la vie, qui monte sans effort. Ils sont doués pour la réussite sans arrivisme. Interrogée des années plus tard sur ces années Rothschild, Claude rejette l'idée d'ambition sociale et préfère évoquer le destin, le hasard des rencontres et de l'amitié.

L'amitié avec les Rothschild est sincère mais la discrétion est de rigueur à partir d'avril 1962 lorsque Pompidou est nommé Premier ministre. Les quolibets fusent dans la presse. *Le Canard Enchaîné* encadre son titre des initiales RF, à gauche « République française » et à droite « Rothschild Frères ». Les autres journaux optent pour : « Pompidou de l'écurie Rothschild gagne le Grand Prix de Matignon », « Rothschild premier à Longchamp, premier à Matignon »… Les Français n'aiment pas le monde de l'argent, et le général de Gaulle non plus.

Georges Pompidou et Guy de Rothschild maintiennent discrètement un déjeuner en tête-à-tête au moins une fois par mois à Matignon et à l'Élysée. Les sorties en discothèques, les vacances, les week-ends et les voyages ne sont plus d'actualité mais les deux ménages continuent à dîner ensemble à Ferrières ou dans l'hôtel particulier des Rothschild, rue de Courcelles. De leur côté, Guy et Marie-Hélène sont invités aux réceptions officielles données en l'honneur des chefs d'État à l'Élysée, à l'Opéra et à Versailles. Ils sont également conviés aux chasses présidentielles à Marly et à Rambouillet.

Les agendas révèlent que les Pompidou sont fidèles aux Noëls à Ferrières. Ces réveillons réservés aux intimes, Marie-Hélène les veut féeriques. Un gigantesque sapin illuminé trône dans le salon avec à ses pieds des montagnes de cadeaux. La salle à manger est décorée avec un thème romantique qui change chaque année. Les invités, une trentaine, doivent faire livrer une semaine à l'avance leurs cadeaux pour permettre à la maîtresse des lieux de les faire empaqueter selon ses goûts. Trois personnes munies de papiers et de rubans sont enfermées dans une pièce pour que tout soit prêt à temps. Le 24 décembre, Marie-Hélène déballe ses cadeaux sous les exclamations générales. En 1973, les Rothschild et les Pompidou se sont offerts sans le savoir le même cadeau : un canard de porcelaine blanche flottant parmi des nénuphars métalliques du sculpteur François-Xavier Lalanne, objet pourtant rare puisqu'il n'a été tiré qu'à trois exemplaires ! Le cadeau est de prix, on ne lésine pas en si bonne compagnie !

En 1975, les Rothschild tournent une page. Ils donnent Ferrières à l'État et acquièrent l'Hôtel Lambert. Ils entoureront et soutiendront fidèlement Claude. Ils lui ont ouvert les portes d'un monde qui lui permettra de mener à bien ses deux projets de cœur : la Fondation Claude Pompidou et le Centre Pompidou.

Habitués des dimanches à Louveciennes

Les Pompidou font désormais partie des gens qui comptent. Ils sont donc invités le dimanche à Louveciennes chez Pierre Lazareff, le patron de *France Soir*, et Hélène, sa femme, la fondatrice de *Elle*. Les Lazareff sont des personnages hors du commun, des ambitieux, des surdoués de la communication et des relations publiques. Ils forment un couple très libre aux multiples passades amoureuses. Hélène, émigrée russe, règne sur son magazine féminin avec l'autoritarisme et les humeurs d'une tsarine. Elle est le prototype de la « *carreer woman* ». Pierre, dont la famille a fui les pogroms au début du siècle, se vante de connaître à Paris 20 000 personnes et d'en tutoyer 10 000. Son journal, avec un million d'exemplaires est le plus gros tirage de la presse quotidienne et il est le créateur de la fameuse émission de télévision « Cinq colonnes à la une ». Malgré ses succès, le patron de *France Soir* souffre d'une frustration. Le général de Gaulle, qui lui reproche de ne pas l'avoir soutenu pendant la guerre et d'être resté aux États-Unis, l'ignore avec superbe. Pompidou est donc celui qui pourrait favoriser le rapprochement espéré.

Les dimanches à Louveciennes sont une institution. Il faut en être. S'y pressent hommes d'affaires, ministres, grands professeurs de médecine, écrivains, mannequins, actrices et starlettes de Paris et du monde entier. Toutes les générations, tous les milieux et toutes les tendances politiques s'y côtoient joyeusement. Maurice Druon, habitué de ces parties de campagne, se souvient : « Lazareff et sa femme avaient un art de réunir tout ce qui brillait. Il y avait des invités permanents, mais pas une célébrité nouvelle ne manquait. Ce milieu était très intéressant, amusant mais un peu dangereux. Ces déjeuners du dimanche permettaient le recueil d'informations, le contact avec les hommes qui exerçaient le pouvoir[1]. » À

1. Archives orales, Association Georges Pompidou.

Louveciennes, on se doit d'être gai et intelligent et les apartés entre deux petits fours peuvent peser sur l'avenir.

La propriété des Lazareff, une folie offerte par Louis XV à sa favorite la Du Barry, se transforme chaque dimanche selon un rite bien établi. Devant les grilles en fer forgé, un escadron de gendarmerie veille au ballet de voitures des officiels et des célébrités. Pierre accueille ses invités sur le perron à partir de treize heures. La propriété de style normand est entourée d'un parc de sept hectares, des ânes s'y promènent et des cygnes glissent avec majesté sur les eaux du bassin. L'hiver, les Lazareff organisent des déjeuners placés d'une vingtaine de personnes autour de la table ovale de la salle à manger. Pierre anime la conversation en dosant savamment les sujets tandis qu'Hélène donne le ton qu'elle veut léger. Après le café servi près du feu dans le salon aux canapés roses où trône une sculpture de Giacometti, les discussions se poursuivent au cours de la promenade dans le parc. L'été, les invités, beaucoup plus nombreux, s'agglutinent sous des tentes où des buffets fleuris et dressés de nappes en organdi abondent de spécialités russes et de vodka frappée. Les violons tsiganes jouent la *Kalinka*, l'air fétiche de la maîtresse de maison qui, menue, coiffée d'une frange impeccable et fidèle à ses tailleurs Chanel, rejoint ses invités avec toujours un petit peu de retard. On reconnaît des ministres venus souvent en célibataires, Valéry Giscard d'Estaing, François Mitterrand, Jacques Chaban-Delmas, Edgar Faure, Antoine Pinay. Le Tout-Paris est fidèle au rendez-vous : les Malraux, les Rothschild, Robert Badinter, Jacques Duhamel, Gaston Palewski, Françoise Giroud, Gisèle Halimi, Joseph Kessel, Jean d'Ormesson, Maurice Druon, Annabel et Bernard Buffet, Jacques Chazot et Françoise Sagan, Coco Chanel, Olivier Guichard et Daisy de Galard, la célèbre animatrice de l'émission de télévision « Dim, dam, dom... ». Les personnalités viennent du monde entier : La Callas et Aristote Onassis, Marlon Brando, Martin Luther King, Bourguiba, Kissinger, Pierre et Nicole Salinger. Les acteurs sont également des habitués : Simone Signoret, Yves Montand, Brigitte Bardot, Alain Delon. C'est une partie de poker à Louveciennes avec Alain Delon qui coûtera cher à Georges Pompidou quelques années plus tard. On peut également y rencontrer Marcel Bleustein-Blanchet, le fondateur de Publicis qui atterrit en hélicoptère sur le tennis ; Jacqueline Couve de Murville, l'épouse de Maurice, « Couvette » pour les intimes et directrice de mode à *Elle*, ainsi que la fameuse Carmen Tessier, « la Commère », épouse du préfet de Paris, Paul-André Dubois, qui tient la célèbre rubrique « Les potins de la commère » de *France Soir*, truffée d'anecdotes sur les mondains et les politiques.

Georges et Claude viennent souvent en voisins au volant de leur 2 CV, Orvilliers n'est qu'à une quarantaine de kilomètres. Ils y font la connaissance des frères Gall, des frères Schoeller et de Guy Béart qui deviendront des amis intimes. À Louveciennes, se souviennent François Gall et Nicole Salinger, Claude est curieuse et heureuse de découvrir des personnalités et des parcours originaux. Au-delà des intérêts, Pierre Lazareff et Georges Pompidou deviennent très amis. Les deux hommes déjeuneront tous les quinze jours en tête-à-tête à Matignon et à l'Élysée. Pierre et Hélène sont invités très régulièrement à dîner chez les Pompidou. C'est à Louveciennes que se tiendront de nombreuses réunions de préparation de la campagne présidentielle de Pompidou en 1969, particulièrement les veilles de conférences de presse. Le soir des résultats, Hélène Lazareff fait partie des proches qui se tiennent aux balcons de l'avenue de La Tour Maubourg près de Georges saluant la foule en liesse.

Hélène et Claude se tiennent en estime mais ne seront pas amies. Hélène fera réaliser quelques interviews de Claude, femme du Premier ministre et première dame de France. La couverture des voyages présidentiels sera instituée à partir de 1969, axée en priorité sur la garde-robe présidentielle, tout en n'oubliant pas de décrire la réalité vécue par les femmes des pays visités. Très méfiante à l'égard des journalistes y compris ceux de *Elle*, Claude répondra toujours aux questions avec prudence et réserve.

L'amitié qui le lie à Pompidou fait oublier à Lazareff le peu d'attention du général de Gaulle. Devenu président de la République, Georges, le 27 janvier 1970, élève à la dignité de Grand Officier de la Légion d'honneur à l'Élysée son ami.

Pierre est malade, atteint d'un cancer. L'été 1971, les Pompidou se rendent souvent en voisins du fort de Brégançon chez les Lazareff à La Fossette près du Lavandou avec Jacques et Colette Duhamel, Francis et Mistou Fabre. Le dernier déjeuner en tête-à-tête se déroule le 21 mars 1972 à l'Élysée. Pierre Lazareff entre le soir-même à l'Hôpital américain où il meurt peu de temps près. Hélène finira sa vie dans la solitude intérieure, malade d'Alzheimer.

La belle vie

Les années Rothschild sont fastes. Claude s'habille désormais en haute couture. Georges y tient, il attache de l'importance à l'apparence de sa femme, il veut en être fier. Esthète, sensible au charme féminin, ayant le goût du luxe et attiré par la création, il confie volontiers qu'il aurait aimé être un grand couturier. Claude se rend aux défilés avec Marie-Hélène et a une prédilection pour Chanel. En 1954, la maison de la rue Cambon démode le New-Look de Dior qui, depuis 1947, corsète la taille sous des jupes de trente mètres de tour. Chanel avec ses tailleurs raffinés à la coupe sobre et impeccable suscite l'engouement dans la presse américaine, relayée par le magazine *Elle* qui prône une femme moderne, élégante et sans chichis. Un style qui séduit d'emblée Claude. Mademoiselle Chanel l'appelle « Chérie » et, faveur suprême, exige de s'occuper en personne de ses essayages. Ultra perfectionniste, elle défait indéfiniment les robes et les tailleurs sur Claude, récrimine contre ses premiers d'atelier, les séances sont interminables et parfois éprouvantes. Drôle et originale, Mademoiselle lui raconte ses souvenirs de Picasso, Cocteau et Proust et lui conseille la musique des Beatles qu'elle trouve formidable. Elle reçoit les Pompidou à déjeuner en petit comité dans ses appartements de la rue Cambon. Pendant les défilés, elle surveille les réactions dans la salle, à l'affût du moindre commentaire, et n'hésite jamais à refuser certaines de ses créations aux clientes qu'elle juge trop grosses.

La vie quotidienne de Claude est transformée : elle embauche une cuisinière, monte à cheval, se rend au moins une fois par semaine chez le coiffeur réputé Patrick Alès. En 1956, Georges lui offre une Porsche blanche. Les Pompidou aiment la vitesse et sont en phase avec l'imaginaire de leur génération. La voiture de sport décapotable est à la mode dans les années cinquante. Avec des pointes à deux cents à l'heure, sans contrôle ni restriction de vitesse, les bolides symbolisent les valeurs cultes de l'époque, la liberté, l'intensité et l'évasion. Revers tragique, les accidents souvent mortels font régulièrement la une des journaux, les victimes présentées comme des héros romantiques sont nombreux : James Dean, Françoise Sagan, les frères Malraux, Albert Camus, Roger Nimier... Jusqu'à la fin de sa vie, Claude sera exaspérée par les limitations et les contrôles. Son dernier chauffeur qui devait effectuer Paris-Cajarc en cinq heures maximum se souvient de madame Pompidou sortant de voiture pour saluer les gendarmes en faction devant la propriété et se vantant du record de temps !

Les Pompidou déménagent au 24 quai de Béthune, à l'île Saint-Louis, dans un ancien hôtel construit en 1642 par Le Vau (1659) et deviennent les voisins de Claude Mauriac. Ils louent au deuxième étage un bel appartement lumineux de cinq pièces avec un salon en angle restauré après la guerre par Helena Rubinstein, fondatrice de la célèbre affaire de produits de beauté. Les fenêtres s'ouvrent sur la Seine, le pont Sainte-Geneviève et Notre-Dame.

Ils se passionnent pour la décoration de leur nouvel appartement et passent beaucoup de temps dans les ventes, galeries et antiquaires à la recherche de meubles, miroirs et bibelots. Leurs goûts se sont aiguisés, notamment au contact de la jet-set. Ils optent pour un mélange raffiné classique et moderne où l'art du XXe siècle s'harmonise avec du mobilier XVIIIe siècle, des canapés recouverts de velours jaune et des rideaux à lourdes embrasses. Une vitrine sociale, le quai de Béthune ? Sans doute en partie, ils y recevront d'ailleurs beaucoup, mais avant tout une bulle de protection raffinée, qu'ils ont créée à l'image de leurs rêves de jeune couple.

Quand les Pompidou commencent leur collection, vers 1955, les prix des peintures de Picasso, Matisse, Chagall, Miro et Nicolas de Staël sont déjà très élevés. À la recherche d'œuvres de qualité qui leur soient financièrement accessibles, ils fréquentent régulièrement les galeries – notamment Fels, Iris Clert, L'œil, Raymond Cordier, Denise René, la Galerie de France, Lafaille, Maeght, Karl Flinker – et privilégient trois types d'acquisition. Les petits formats pour les peintres les plus cotés, les œuvres d'artistes reconnus mais en réserve du marché et les créations des jeunes talents. Ils n'achètent qu'au coup de cœur et ont les mêmes goûts. Certains marchands d'art deviennent de vrais amis, comme Aimé Maeght qui vient souvent dîner. Claude se souvient : « Aimé ne pouvait jamais s'en aller, sans nous demander : “Alors, ces deux petits La Fresnaye et ce Bissière, quand me les vendez-vous[1] ?” » Raymond Cordier, qui a sa galerie rue Guénégaud, est aussi un intime ; original, grand voyageur, dénicheur de talents, proche de Breton et de Max Ernst, il fait connaître Arman aux Pompidou. Habitué du quai de Béthune, Maurice Rheims, commissaire priseur et écrivain, qui a épousé la belle-fille de Guy de Rothschild, donne des conseils avisés.

---

1. *Hommage au président Georges Pompidou, un homme de culture*, Paris, Artcurial, avril 1987.

Les Pompidou s'intéressent également aux livres anciens et à l'art primitif précolombien. Leur collection s'est constituée librement, loin des étiquettes et des écoles. Elle est une partie de leur vie, ils connaissent l'histoire de chaque tableau, de chaque objet. Ils ont achevé de la constituer lorsque Georges est élu président de la République en 1969.

Les Pompidou se lient d'amitié avec certains artistes. Ils font la connaissance d'Hans Hartung et Anna-Eva Bergman, sa femme, peintre que Claude aime particulièrement. Dans leur atelier, ils les aident à déplacer les toiles et restent de longs moments devant une œuvre. Claude et Georges peuvent discuter d'un tableau pendant des heures, s'interroger sans fin sur sa composition et sur le choix à tel endroit de telle couleur. Avec les artistes, Claude est spontanée, sensible, libre. Elle les aime et les admire. Un film la montre en compagnie de Marc Chagall. L'échange de gestes affectueux et respectueux, les regards profonds et confiants en disent long sur les relations d'amour qu'elle sait créer. L'art est au centre de sa vie, sa nourriture vitale qui transcende la réalité : « Les artistes nous font découvrir ce que nous portons en nous sans le savoir. Ils nous initient à voir le monde autrement. L'art est avant tout, pour moi, un témoignage, celui d'une expérience singulière, d'une force qui transforme le chaos du monde en création qui porte sens et valeur », explique-t-elle.

Dans cet appartement qu'ils aiment, ils reçoivent beaucoup. Des écrivains et des artistes : Maurice Druon, Julien Gracq, Henri Queffélec, Jean d'Ormesson, Michel de Saint-Pierre, Jean-Louis Barrault et Madeleine Renaud, Roland Petit et Zizi Jeanmaire. Un petit groupe d'amis se forme au milieu des années cinquante : Jacques Chazot fait rire les Pompidou et les touche par sa grande gentillesse et sa discrétion ; Guy Béart vient chanter et réciter des poèmes, sa guitare en bandoulière ; Guy Schoeller est un fidèle, brillant, intelligent, grand séducteur, il dirige Hachette et épouse Françoise Sagan en 1958. Son frère Jacques Schoeller est aussi séduisant, réputé pour ses goûts de grand bourgeois, chasse en Afrique, littérature, chevaux, grands crus et belles femmes. Font partie de ce petit groupe un peu bohème, la sœur de Françoise Sagan, Suzanne Quoirez, rousse élancée aux yeux clairs, ancien mannequin de Jacques Fath et son mari Jacques Defforey, fondateur des magasins Carrefour, les frères Jacques et François Gall, scénaristes et infatigables globe-trotters, drôles, pleins de fantaisie, célibataires parfois accompagnés de jolies filles, Jean Wetzel et son harmonica, l'armateur Francis Fabre et sa ravissante épouse Mistou. Ils discutent littérature, chansons, musique, cinéma et art, se tutoient et ne parlent jamais politique ni religion. L'ambiance doit être décontractée et gaie. La règle d'or est de ne pas se prendre au sérieux. Ils se reçoivent à tour de rôle au moins une fois par mois et se retrouvent en vacances à Cajarc et à Saint-Tropez.

Saint-Tropez

Claude et Georges découvrent Saint-Tropez lors de leur lune de miel à Marseille. Ils tombent sous le charme du petit port de pêche dans son écrin de pins, d'eucalyptus et de mimosas qui a été découvert en

1887 par Guy de Maupassant. Sa lumière et sa beauté austère ont séduit des peintres qu'ils aiment, Paul Signac, Pierre Bonnard, Claude Monet, Francis Picabia, Moïse Kisling et André Dunoyer de Segonzac. C'est à Saint-Tropez, dans la villa Les Cigales que Matisse peint en 1904 *Luxe, calme et volupté*. Les Pompidou y retournent fidèlement chaque été. À part quelques artistes et quelques habitués, Saint-Tropez n'attire pas grand monde dans les années quarante. Les Pompidou descendent dans des hôtels simples, sirotent un café glacé sur la terrasse du Sénéquier, dégustent une bouillabaisse chez Camille. Georges ne manque pas sa partie de pétanque place des Lices pendant que Claude déniche des petites tenues d'été et des espadrilles à la vieille mercerie Vachon. Au début des années cinquante, le Tout-Paris, dans le sillage de Françoise Sagan, adopte le petit port et les Pompidou prennent l'habitude d'y retrouver leurs amis parisiens : Annabelle et Bernard Buffet, Jacques Chazot, Guy Schoeller, les frères Gall, les Salinger, Raymond Cordier, Juliette Gréco, Mouloudji, Sacha Distel. Ils fréquentent les boîtes de nuit, chez Guylaine, au Papagayo, et dansent le cha-cha-cha à l'Esquinade. Leur séjour est agrémenté de croisières et de visites chez les Maeght à Saint-Paul de Vence et chez les Lazareff au Lavandou. Ils sont invités dans les superbes villas des Agnelli et des David-Weill et dînent dans des petits restaurants en compagnie de Sargent Shriver, futur ambassadeur des États-Unis en France et de sa femme Eunice, née Kennedy.

Les années soixante sonnent le glas du Saint-Tropez cher aux initiés. Depuis le tournage sur la plage de Pampelonne du film *Et Dieu créa la femme* avec Brigitte Bardot, le club 55 ne désemplit pas et La Madrague où s'est installée la star devient l'attraction des paparazzis et des badauds. Le petit port se transforme en lieu de fêtes pour jet-set, starlettes, étoiles du cinéma et show-business. Les campings se multiplient, les touristes affluent, chaque année plus nombreux. La municipalité, soucieuse de son image et des bonnes mœurs, interdit aux femmes le port du short après dix-huit heures. Saint-Tropez devient l'emblème des années d'insouciance et de croissance économique, de liberté et de joie de vivre. Les Pompidou sont à l'image de leur génération qui tourne définitivement les pages noires de l'Occupation et clôt le chapitre de la Reconstruction. Ils le paieront au prix fort lorsque Georges accèdera aux plus hautes fonctions de l'État. Des clichés du couple seront diffusés qui choqueront : Georges à table, au Club 55, assis entre Annabel Buffet et Sacha Distel, torse nu, nouant autour de son cou une cravate, Claude s'esclaffant ; Georges au volant d'un hors-bord avec à ses côtés Claude en bikini, blonde et bronzée, cigarette américaine aux lèvres. Les journaux parleront de « la bande à Pompon » qui fait la fête à Saint-Tropez, de Claude qui bronzerait nue à l'abri des regards dans les criques. Les Pompidou apprendront la prudence. Fidèles à Saint-Tropez, ils opteront pour des séjours discrets en louant La Meussardière, une villa isolée sur la baie des Caroubiers, les pieds dans l'eau où l'on ne peut accéder qu'en bateau. À partir de 1965, c'est en Bretagne, à Fouesnant qu'ils choisiront de se montrer aux photographes en train de passer des vacances tranquilles et saines, élégamment habillés, en pantalon blanc et mocassins, pull Lacoste bleu marine pour Georges et veste chamarrée de fleurs pour Claude.

Ces années sont pour Claude celles de l'épanouissement, de la réussite sociale et des fêtes. Un tourbillon heureux dont l'effet sera désastreux en terme d'image lorsque Georges occupera la scène politique.

Chapitre 5

Femme de Premier ministre

Le 8 janvier 1959, Claude Pompidou a un choc devant son téléviseur. Sur les images qui défilent en noir et blanc, elle voit Georges assis au côté du général de Gaulle dans une limousine décapotable, fanions au vent, escortée par les chevaux de la garde républicaine. Le cortège présidentiel parade devant la foule en liesse en descendant l'avenue des Champs-Élysées. Côte à côte, Georges et le Général franchissent la grille du coq au palais de l'Élysée. Quelques heures auparavant, le Général a été proclamé président de la République sous les salves de vingt-et-un coups de canon tirés des berges de la Seine. Il s'est ensuite rendu place de l'Étoile pour ranimer la flamme du soldat inconnu et passer en revue les troupes. Après avoir salué son prédécesseur, René Coty, de Gaulle se dirige vers la foule et serre des mains. Tous ses compagnons sont là, ministres et conseillers. Mais c'est à Pompidou, qui se tient en retrait, que le Général fait signe de monter dans la voiture à côté de lui. Georges semble interloqué. Il s'assoit, se tasse sur la banquette tandis que le Général salue debout avec grandeur. Claude s'inquiète : serait-ce le signe du destin ? Jusque-là, elle a été heureuse, amusée et curieuse de gravir les échelons, de franchir une succession d'étapes et de s'ouvrir à des mondes très différents aux côtés de Georges. Avec le sentiment de vivre intensément son époque. Mais cette fois l'angoisse la saisit. Georges essaie de la rassurer. Le Général a voulu en le mettant en avant, lui, le non-politique, faire acte d'indépendance vis-à-vis des barons du gaullisme. Georges rappelle à Claude que sa mission est achevée et qu'il retourne chez Rothschild dès le lendemain. Elle se calme : Georges n'a-t-il pas tenu sa promesse de ne rester que six mois directeur de cabinet du Général depuis son retour en mai 1958 ? Il a accepté par dévouement personnel et par sens du devoir. Ne cesse-t-il pas de lui répéter que la politique ne l'intéresse pas ? Il n'a d'ailleurs adhéré ni au RPF ni à l'UNR et n'a jamais voulu être candidat à la moindre élection.

Georges face à son destin politique

De retour le lendemain à la banque Rothschild, Georges ne songe pas à une carrière politique. Il espère retrouver l'équilibre qu'il a su préserver depuis des années, homme de confiance du général de Gaulle et directeur chez Rothschild. Lorsqu'en mai 1958, le Général appelé par le président de la République René Coty pour sortir de la crise algérienne, lui a demandé d'être son directeur de cabinet, il a accepté le temps de mettre en place la nouvelle Constitution. Pendant six mois, il a joué le rôle d'un Premier ministre, suggéré l'attribution de maroquins, notamment les Finances à Antoine Pinay, l'homme de la confiance depuis 1952. Consulté à la moindre question, il a su ménager les susceptibilités, arranger les choses. Au Comité consultatif constitutionnel présidé par Paul Reynaud dont les membres n'arrivaient pas à se mettre d'accord, il a imposé un compromis. Il a soutenu Jacques Rueff et son comité d'experts qui préconisaient des mesures de redressement économique impopulaires (dévaluation, création du nouveau franc, suppression des subventions) et a pris fortement position pour la libération des échanges et l'option européenne. L'influence de Pompidou sur le Général a été déterminante. Avec aplomb et un certain culot, il retourne en janvier 1959 à la banque, le sentiment du devoir accompli et heureux de retrouver la vie qu'il aime.

Mais le général de Gaulle n'oublie pas Pompidou. Claude le sait. Il l'appelle fréquemment à la banque. Il s'invite à dîner quai de Béthune en précisant qu'il souhaite que « la réunion reste familiale ». Sont conviés la fille du Général, Élisabeth, et son mari Alain de Boissieu. Plus rarement son fils, Philippe de Gaulle. On parle littérature, jamais politique. Georges rencontre régulièrement les membres du gouvernement ; les rendez-vous se déroulent parfois quai de Béthune. Il se rend aux déjeuners des « barons » du mercredi avec Olivier Guichard, Jacques Chaban-Delmas (président de l'Assemblée nationale), Roger Frey (ministre de l'Intérieur) et Jacques Foccart (secrétaire général de la présidence de la Communauté).

La question de l'Algérie est obsédante. Par référendum, les Français ont approuvé la politique d'autodétermination en Algérie. En 1961, le Général confie à Pompidou une mission délicate et secrète : renouer les relations avec le gouvernement provisoire algérien

(GPRA) après l'échec des négociations de Melun. Les contacts ont lieu en Suisse. Georges ne dit rien à Claude prétextant un voyage d'affaires. Dans le train pour Neuchâtel, il tombe sur un ami qu'il salue à peine et qui, très vexé, de retour à Paris, téléphone quai de Béthune et demande les raisons de cette froideur. Claude dit la vérité, elle n'en sait rien. *L'Express* dans son numéro du 16 mars 1961 dévoile sa mission, quelques jours plus tard une bombe explose sur le rebord de la fenêtre de la banque Rothschild. Claude est folle d'inquiétude. La nuit du putsch des généraux d'Alger, le 22 avril 1961, Georges la passe à l'Élysée auprès du général de Gaulle.

Georges réussit encore pour quelque temps à mener une triple vie de conseiller du prince, de banquier et d'homme de culture. Il est heureux. Il vient de publier son *Anthologie de la poésie française* qu'il a dédiée à Claude. Il en est très fier et se moque des critiques qui jugent le recueil académique et sans surprise. Le mot cruel du journaliste Joseph Barsalou de *La Dépêche du Midi* est souvent cité : « Voilà bien une anthologie de banquier : un portefeuille de valeurs sûres ». Alors qu'ils profitent de leur liberté à Saint-Tropez, le Premier ministre, Michel Debré demande à Georges de rentrer au plus vite à Paris pour lui proposer le portefeuille des Finances. Georges refuse : « Un banquier aux Finances, venant de chez les Rothschild, de surcroît ! Vous n'y pensez pas ! » Valéry Giscard d'Estaing profite de l'occasion et s'installe rue de Rivoli. À la rentrée, Georges ne peut nier l'évidence, la pression s'accentue et les visiteurs défilent dans son bureau, rue Laffitte. Le Premier ministre, Michel Debré, écartelé depuis de longs mois entre sa fidélité au général de Gaulle et à l'Algérie française, a présenté plusieurs fois sa démission et confie en février 1962 à Pompidou qu'il le remplacerait bientôt. Georges y pense secrètement. Il ne lui en parle pas, mais Claude le pressent et le redoute. Le 8 avril 1962, les Français consultés par référendum approuvent à plus de 90 % des suffrages exprimés les accords d'Évian. L'Algérie française est morte. Debré remet sa démission. Les Pompidou sont sur le point de partir pour les vacances de Pâques en Italie, à Positano. Les valises sont bouclées. Claude se réjouit. Le général de Gaulle téléphone à Pompidou pour lui annoncer qu'il sera le successeur de Debré. Georges est désemparé, il n'a jamais voulu Matignon. Claude se ressaisit. Le sens du devoir prend le dessus. Elle est une femme de sa génération qui se qualifie « d'indépendante soumise » et considère qu'elle doit non seulement suivre son mari, mais l'aider. Amoureuse comme au premier jour, elle est fière que le « grand homme » à qui elle voue une profonde admiration ait une telle confiance en Georges. Ils affronteront leur destin, soudés. Le lendemain de sa nomination, les Pompidou dînent chez les Rothschild. La soirée est triste, Marie-Hélène, souffrante, est alitée et les reçoit avec ces paroles : « Je ne sais pas pourquoi, mais j'ai le pressentiment que nous ne serons plus jamais ensemble comme aujourd'hui[1]. » Georges et Claude ne répondent rien. C'est l'enterrement d'une vie heureuse.

Si les Pompidou sont en proie à des sentiments partagés, ce n'est ni par posture ni par coquetterie. Ils craignent un destin qui les emprisonne. Ils ont horreur de la vie publique et de ses contraintes, de la routine et du

1. *Contre bonne fortune…*, *op. cit.*

manque de liberté. Claude et Georges appartiennent à une génération tiraillée entre les aspirations à la liberté qui caractérisent l'après-guerre et les valeurs héritées de leurs parents, centrées sur le sens du devoir et de la patrie. Georges tranquillise Claude. Il en est certain, il ne restera pas longtemps Premier ministre. Il doit juste assurer une transition. Il l'écrit à Marie-Hélène de Rothschild le 13 août 1962 : « Et Guy ? J'ai eu l'impression qu'il s'en faisait à cause de moi et qu'il devait craindre que je me laisse "prendre au jeu". Dites-lui bien que sur ce point il aurait tort de s'en faire. Bien sûr, je ne peux pas répondre à trois mois près du moment où je m'arracherais à la politique mais qu'il sache bien que je n'y suis que malgré moi, que je ne me laisse nullement griser par le "pouvoir" et que je sortirai de là dès que je le pourrai. » La première année à Matignon, Pompidou ne lâche pas tout à fait la banque et continue à s'occuper des promotions et des salaires de son personnel.

Matignon est-il le succès de trop ? Après avoir su avec talent accumuler des expériences variées et allier les contraires en naviguant du monde des intellectuels à celui des mondains, des politiques aux artistes, des affaires à la haute administration, les Pompidou perdent-ils, en avril 1962, le contrôle de leur vie ? Le sentiment de vertige n'occulte pas certaines réalités. À cinquante et un ans, Georges qui s'est interrogé sur son avenir chez les Rothschild, sait bien que ses perspectives dans une structure familiale sont limitées et qu'il aura tôt ou tard fait le tour du métier de banquier. Certes, c'est par sens du devoir et fidélité au général de Gaulle qu'il devient Premier ministre, mais l'idée de gouverner la France ne lui déplaît pas, c'est un défi de taille et la proximité avec le

Général donne de la hauteur à la fonction. Pour un homme curieux et confiant dans ses capacités comme l'est Pompidou, l'expérience qui s'offre à lui est passionnante. Il prend cependant un risque. Lui qui ne se considère pas encore comme un homme politique à part entière, se doute bien qu'une fois sa mission achevée à Matignon, sa reconversion professionnelle ne sera pas facile. De son côté, Claude ressent la crainte de devoir endosser un tel statut, d'être soumise aux critiques, elle se méfie de la politique, mais elle est aussi flattée de devenir l'épouse du Premier ministre et curieuse de cette nouvelle aventure au côté de Georges. Elle regrette les années de liberté et d'insouciance. Sans doute également les revenus confortables d'un directeur chez Rothschild, sans mesure avec le traitement d'un Premier ministre. Claude concédera un sacrifice de taille à Matignon. En 1965, à la mort d'Helena Rubinstein, la propriétaire de l'immeuble du quai de Béthune, les Pompidou auront la possibilité d'acheter leur appartement à un prix ajusté, ce que Georges refusera : « On ne fait pas des affaires quand on est aux affaires ». Claude aura beau insister pour le faire revenir sur sa décision, il sera inflexible. Une solution est imaginée à Matignon. Leur compagnie d'assurances acceptera de se porter acquéreur du bien et de devenir leur bailleur. Claude sera la seule locataire de l'immeuble et le regrettera toute sa vie.

La nomination est officielle le 14 avril 1962. L'accueil est mitigé. Les Français ne connaissent pas Pompidou. Le choix du Général a de quoi surprendre. Le Premier ministre n'a pas reçu la consécration du suffrage universel, il vient du privé, pire de la finance. *Le Monde* titre sur la complexité du personnage « Un banquier baudelairien entre à l'hôtel Matignon ». Pour de nombreux gaullistes, ce néophyte n'est pas du sérail et n'a aucune légitimité. *Le Figaro* fait part du désarroi et de la déception qui règnent à l'UNR, le parti de la majorité. Les parlementaires de tous bords sont choqués qu'une personnalité civile devienne Premier ministre. On brocarde son passé chez Rothschild, son goût pour les mondanités. *Le Canard Enchaîné*, *Minute*, et *L'Aurore* l'affublent du sobriquet « Pompitou » et les dessins satiriques le représentent petit et rond à côté d'un Général majestueux. Claude s'insurge contre les critiques et les caricatures. Elle n'aime ni les journalistes, ni les hommes politiques. Le 26 avril 1962, devant son téléviseur avec Jacqueline à ses côtés, elle s'angoisse pour Georges. En habit, tendu et concentré, il lit à l'Assemblée nationale son premier discours d'une voie monocorde qui laisse les parlementaires de marbre, avant de répondre aux questions. L'ambiance est glaciale. Les applaudissements sont rares et le programme du gouvernement n'est approuvé qu'à une courte majorité. La presse dans son ensemble critique la prestation, « une déclaration qui n'a pas permis au nouveau venu de révéler ses qualités d'orateur » et « des réponses volontairement rapides » commente *Le Monde*. On prévoit des jours difficiles au nouveau Premier ministre.

Pompidou surprendra là où on ne l'attend pas. Soutenu par l'enthousiasme de Claude qui estime indispensable de mettre à l'honneur les artistes de son temps et de travailler dans un cadre en accord avec soi-même, Georges fait décrocher de son bureau les portraits de

Richelieu et de Colbert et les remplace par un grand Soulages gris et noir de 1957 et un Braque qui proviennent des collections de l'État. Il les fait placer à côté d'une tapisserie XVIIe siècle, une manière d'affirmer son goût pour les rapprochements audacieux alliant tradition et modernité. Dans le salon fumoir, les Pompidou optent pour des toiles de Max Ernst, Nicolas de Staël, Martial Raysse et Jean Fautrier. Le thème des oiseaux est attribué à la salle à manger : à côté d'une toile du Hollandais Snyders, figurent « l'autruche-bar » de Lalanne, des œuvres de Buffet, Braque et Baudin. Le personnel et les visiteurs, politiques et hauts fonctionnaires, ont un peu de mal à s'habituer à ce nouveau décor. Certains sont choqués et d'autres se moquent, beaucoup dénonce le snobisme et l'affectation. Une autre décision étonne et tranche avec le passé. Pour préserver leur vie privée, ce couple atypique en politique, refuse de s'installer à Matignon malgré l'insistance du Général et contrairement à leurs prédécesseurs. Les Debré y ont habité avec leur famille nombreuse, Madame ayant parfois du mal à contenir la vitalité bruyante de ses quatre fils.

Dès les premiers jours à Matignon, un rite est établi : Georges rentre quai de Béthune vers vingt heures trente, sa serviette bourrée de documents à lire pour le lendemain, Claude lui sert un scotch avec de la glace, elle pose un 33 tours, Bach ou Mozart, sur le tourne-disque, il allume une Winston et peut enfin se détendre. Ils discutent indéfiniment de l'emplacement idéal de leurs dernières acquisitions : deux petits Pollock, un Hundertwasser, une toile monochrome bleue d'Yves Klein, un portrait de Martial Raysse et une « nana » de Niki de Saint Phalle. Ils bougent les meubles, grimpent sur un escabeau et ne se lassent pas de faire des essais. Dans la semaine, ils se réservent des parenthèses pour leur passion, l'art. À l'heure du déjeuner, Claude et Georges s'échappent une petite heure dans des galeries, avec une prédilection pour Karl Flinker, Denise René, Iris Clert et la galerie Charpentier ; ils profitent de la fermeture du mardi pour se rendre incognito aux expositions et dans les musées. Autre temps sacré pour le couple : les week-ends. Le samedi vers treize heures, Claude, au volant de sa Porsche blanche, attend Georges devant le perron de Matignon pour partir à Orvilliers. Après le dernier rendez-vous de la semaine avec Couve de Murville, le ministre des Affaires étrangères, Pompidou dévale l'escalier, les dossiers du week-end sous le bras. Si un de ses ministres ou collaborateurs veut absolument une réponse, il répond « Lundi ! » Sur la route, ils roulent vite et s'amusent à semer l'inspecteur chargé de leur sécurité. La modernité s'invite à Matignon.

Des débuts difficiles

Les violences de l'OAS marquent l'année 1962. Tous les membres du gouvernement sont visés. Ils reçoivent des lettres anonymes des déçus de l'Algérie française et des menaces de l'OAS. Quai de Béthune, les policiers armés de mitraillettes vérifient l'identité des visiteurs et inspectent les colis. À Orvilliers, la sécurité est renforcée. Chez les Malraux, une bombe détruit tout, blessant grièvement une petite fille. Le ministre de la Culture et sa famille se réfugient à la Lanterne, résidence du Premier ministre à Versailles que Georges, sur la suggestion de Claude, met à leur disposition. Le dimanche 22 septembre 1962, c'est à Orvilliers, sur le parvis de l'église où les Pompidou ont l'habitude de se rendre à la messe qu'un attentat est prévu. Heureusement, ce jour-là, ils n'y sont pas. Une chasse chez Jean Prouvost a déjoué les plans des terroristes. Claude vit désormais avec une angoisse sourde qu'elle dissimule à tous, sauf à sa sœur Jacqueline.

Le 22 août 1962, malgré toutes les précautions prises, au Petit-Clamart, la voiture du général et de madame de Gaulle est la cible d'un commando de l'OAS. La DS est criblée de balles. Le Général s'est aplati sur la banquette et a sauvé sa vie. Deux jours plus tard, craignant d'être visé par un nouvel attentat et prenant conscience de la fragilité du régime mis en place en 1958, de Gaulle convoque Pompidou et lui annonce sa décision d'un référendum sur l'élection au suffrage universel du président de la République. La campagne est rude, les opposants dénoncent la personnalisation du pouvoir et le régime présidentiel. Les résultats déçoivent le Général : seulement 62 % des Français ont répondu « oui » le 28 octobre 1962. En revanche, les législatives de novembre 1962 sont un triomphe pour l'UNR qui a la majorité absolue au Parlement. Pompidou est reconduit Premier ministre. Il prend de l'assurance. Il sauve la tête de Jouhaud, putschiste OAS, condamné à mort par le haut tribunal militaire et que de Gaulle veut faire exécuter. Premier ministre d'une France qui connaît une croissance économique de plus de 6 %, avec 46 millions d'habitants dont le tiers a moins de vingt ans, Pompidou a deux dossiers qui le passionnent : la modernisation de l'industrie française et l'aménagement du territoire. Un intérêt qui s'explique par son passé de banquier qui l'a familiarisé avec les milieux industriels et financiers et fait voyager à plusieurs reprises aux États-Unis.

Après un hiver agité, marqué par l'afflux des rapatriés d'Algérie et des tensions sociales qui culminent avec la grande grève des mineurs de février 1963, c'est l'inflation remontée à 5 % qui alimente les débats. À l'Élysée, on s'inquiète. Libéral et pragmatique, le Premier ministre privilégie la croissance à l'inflation. En plein mois d'août 1963, les Pompidou interrompent leurs vacances à Saint-Tropez. De Gaulle, impatient, convoque un Conseil des ministres et exige un plan de lutte contre l'inflation. Ce sera le Plan de stabilisation, préparé en un temps record par le jeune loup des Finances, Valéry Giscard d'Estaing. Pompidou n'y est pas favorable. Premier désaccord au sommet de l'État.

Claude lit les journaux, suit l'actualité. Elle en discute au téléphone tous les matins avec sa sœur, Jacqueline qui lui prépare une véritable revue de presse. Le soir, Georges lui raconte ses agacements avec certains de ses ministres ou parlementaires, ses relations compliquées avec le Général. Claude donne son avis sur les gens et son sens de la formule amuse toujours son Premier ministre de mari. En revanche, elle refuse de se mêler des dossiers : « Les égéries politiques, je n'y crois pas. Ou alors, c'est que leurs hommes n'ont rien dans la tête. Si mon mari essaye de m'expliquer, je perds tout de suite le fil. Ou je fais semblant. Cela finit par le faire rire et au fond je me trouve plus efficace ainsi[1]. » L'humour est une caractéristique essentielle de leur couple.

1. *Elle* 29 juin 1969.

Claude à Matignon

Ce que Claude redoute avant tout, c'est d'être sous les feux de la rampe : « Désormais tout allait prendre un côté officiel, protocolaire et surtout public. Les photographes, les caméras seraient sans cesse présents, traquant le moindre geste, le moindre mot, la moindre parole ou le pas de trop. Je craignais pour notre liberté ».

Claude est très discrète et se tient à distance de Matignon. Quand elle doit s'y rendre, elle ne cherche pas à rencontrer les proches collaborateurs de son mari. Certains la trouvent distante, d'autres timide. Claude a une ligne de téléphone directe qu'elle utilise peu. À Matignon, c'est Madeleine Negrel, la fidèle secrétaire de Georges depuis 1944, qui la tient au courant de ses obligations officielles et lui prépare un petit dossier sur les personnalités qui vont lui être présentées. Le calendrier est loin d'être négligeable. Le général de Gaulle, soucieux du prestige de la France, reçoit de nombreux chefs d'État et souhaite la présence de son Premier ministre accompagné de sa femme. Claude enchaîne les déjeuners à l'Élysée, dîners de gala à Versailles, soirées à l'Opéra, réceptions au Quai d'Orsay et dans les ambassades en l'honneur des hôtes étrangers, rois et reines, chefs d'État et de gouvernement du monde entier. Elle se doit d'accueillir les épouses dès leur descente d'avion. La femme du Premier ministre n'échappe pas à un certain nombre d'obligations républicaines : dîners annuels du gouvernement et des grands corps de l'État, arbre de Noël pour les enfants du personnel. Claude est présente aux déjeuners que

Georges institue à un rythme régulier à Matignon avec quelques ministres et leurs épouses.

Elle remplit son rôle parfaitement, parfois avec timidité et une certaine réserve. Malgré les paroles encourageantes de Georges qui lui répète : « J'aime que tu restes toi-même », Claude verrouille sa spontanéité et sa fantaisie dès qu'elle est en public ou dans les palais nationaux. Quand elle s'ennuie, elle applique la citation de Malraux, « L'état de distraction tout-puissant qui nous permet de vivre » : « Pendant une conversation, je pense tout à coup à autre chose, je ne sais quoi, et m'évade. Un tel comportement peut être embarrassant pour mon interlocuteur comme pour moi-même, et je le sais. » Elle se sent mal à l'aise avec les technocrates et se méfie des politiques. Les propos de circonstance ne lui viennent pas spontanément, elle avoue à son entourage : « Mais je ne sais pas quoi leur dire ! » Si confiante avec les artistes et à l'aise dans le monde, Claude, sous les ors de la République, donne l'impression d'évoluer en milieu hostile. Sa réaction d'autoprotection est prise pour une attitude hautaine.

Certains épisodes rompent la routine bien réglée de sa vie d'épouse de Premier ministre. Notamment lors de son voyage officiel à Londres en 1966. Soucieuse de bien faire, elle s'informe de l'étiquette et des règles de politesse britannique. Aussi est-elle stupéfaite lorsque le secrétaire au Foreign Office, Georges Brown, assis à côté d'elle lors d'un dîner très officiel à Downing Street ose poser sa main sur son genou et lui demander son numéro de téléphone personnel ! La visite, le lendemain, à la reine au palais de Buckingham se déroulera comme il se doit, de manière très protocolaire, sans surprise ni incident. Claude accompagne plusieurs fois Georges en voyage officiel, en Turquie (1963), au Japon (1964), en Inde (1965), en Autriche (1967) et en Iran (1968). Le protocole et les mesures de sécurité sont pesants, les repas officiels interminables, les visites culturelles minutées. Elle s'y plie de bonne grâce.

Une vie sociale chargée

À Matignon, les Pompidou reçoivent et sortent presque tous les soirs. Aux obligations officielles en habit et robe longue à l'Élysée et à Versailles, se succèdent les réceptions mondaines en smoking et robe courte chez les grands noms de l'aristocratie et de la finance, et les dîners décontractés entre amis deux fois par mois qui sont de vrais moments de détente avec les Fabre, les Defforey, les Schoeller, les Cordier et les frères Gall autour d'un plat auvergnat et d'un bon Bordeaux pour parler art, poésie, théâtre ou cinéma. Pour Georges, ces sorties sont le moyen de rester en contact avec la vie réelle et de lutter contre la solitude du pouvoir. Pour Claude, il s'agit de préserver une vie quasi-normale, ouverte sur le monde extérieur, disponible pour les amis et la famille. Son souhait le plus cher : que Georges, malgré le poids des responsabilités, reste lui-même. Pierre-Christian Taittinger, leur ami, se souvient de cette époque : « Ils font des dîners et des déjeuners trois ou quatre fois par semaine chez eux ou à Matignon, et ils invitent des tas de gens. Totalement différents. Des artistes, des écrivains. De toutes les générations. Parfois, ils nous téléphonaient en nous disant : “Demain soir vous êtes libres ?” Et nous nous donnions rendez-vous dans un petit bistrot tranquille avec des gens toujours inattendus. Un jour, nous avons dîné avec Françoise Hardy et Jacques Dutronc à Saint-Louis. » Tout au long de la période Matignon, les Pompidou continuent à se rendre régulièrement chez les Lazareff à Louveciennes.

Quai de Béthune ou à Matignon, ils invitent à dîner de nombreux artistes, notamment Martial Raysse, Hans Hartung, Giacometti, les Lalanne, Max Ernst, les Chagall, Sonia Delaunay, Vieira da Silva. Nina Kandinsky fait également partie des habitués. Ils font la connaissance de Niki de Saint Phalle qui deviendra une grande amie de Claude. Le Premier ministre commande à Niki et à Jean Tinguely *Le Paradis fantastique*, un ensemble de nanas et de machines pour le pavillon français de l'exposition universelle qui se tient à Montréal en 1967. Les Pompidou rencontrent pour la première fois Maurice Béjart en 1965 à l'occasion du *Sacre du printemps* de Stravinsky au palais des Sports, ils assistent à ce ballet révolutionnaire contre l'avis des services de sécurité et du protocole. Claude ressent une profonde émotion. Un coup de foudre. C'est le début d'une longue relation de confiance. En 1962, ils convient Pierre Soulages et sa femme à Matignon. Le peintre qui deviendra un ami fidèle de Claude raconte la première rencontre : « Au dîner, nous avons été surpris par la simplicité, le naturel de l'accueil de cette femme jeune, très mince, élégante ; étonnés par la distance qu'elle prenait avec sa situation d'épouse du Premier ministre, par sa liberté, ses propos non conventionnels et son naturel. C'était là sa véritable élégance[1]. » Les Pompi-

1. Vendredi 6 juillet 2007, hommage du Centre Pompidou à Madame Georges Pompidou.

dou, ardents soutiens de l'œuvre de Soulages, sont particulièrement heureux lorsque se tient sa première exposition dans un musée français au Palais de Tokyo en 1967 ; ses 84 toiles connaissent un grand succès. Autre grande satisfaction du couple à Matignon, la rétrospective en 1968 que le MNAM[1] consacre à Hans Hartung. Les artistes qu'ils ont promus sont enfin reconnus.

Cinéphiles, ils innovent à Matignon en organisant des séances de cinéma deux fois par mois, les lundis ou les jeudis de préférence. Ils choisissent eux-mêmes les films qui sont projetés au Centre national du cinéma de la rue de Lubeck ou dans la salle du ministère de l'Information, rue de Varenne. Les séances sont suivies d'un buffet, d'un dîner placé à Matignon ou d'un bistrot selon la liste des invités. Une petite centaine de personnes, au maximum, est conviée. Georges propose à tour de rôle aux membres de son cabinet de se joindre à ces soirées avec leurs épouses, Édouard Balladur s'y rend rarement tandis que Jacques Chirac est très demandeur. Les Pompidou reçoivent leurs amis du Tout-Paris mondain et culturel, toujours un peu les mêmes que chez les Rothschild et chez les Lazareff, mais pas tous ensemble. Claude apprécie ces moments. Elle y retrouve Guy Béart, Raymond Cordier, Maria Callas, les frères Gall, Guy Schoeller et Françoise Sagan, Jacques Chazot, Léopold Senghor, Bernard Buffet et sa femme Annabel, Anne et Michel d'Ornano, Maurice Druon, Tom et Mistou Fabre, les Taittinger, les David-Weill, les Rheims… Pompidou prend soin de convier également quelques

1. Musée national d'art moderne.

capitaines d'industrie internationaux et quelques ambassadeurs en poste à Paris avec leurs épouses. Bernadette Chirac, jeune et intimidée se souvient de Claude élégante, raffinée et gaie, aimable avec les jeunes collaborateurs de son mari mais sans plus. L'épouse du Premier ministre est en revanche particulièrement chaleureuse avec ses amis présents. En rejetant aussi clairement l'univers professionnel de Georges, Claude revendique sa liberté, au risque de déconcerter et de vexer certaines personnes. À l'affiche de ces séances, un choix éclectique. Les Pompidou ont une prédilection pour les grands classiques (*Le Faucon maltais* de John Huston, *To be or not to be* de Lubitsch, *Le journal d'un curé de campagne* de Robert Bresson, *Les sept samouraïs* d'Akira Kurosawa) et pour la Nouvelle Vague (*Le Mépris*, *Masculin-féminin*, *La Chinoise* de Jean-Luc Godard ; *La Peau douce* et *Fahrenheit 451* de François Truffaut ; *Un homme et une femme*, *Vivre pour vivre* de Claude Lelouch). Les films étrangers sont également mis à l'honneur, toujours présentés en version originale (Stanley Kubrick, Elia Kazan, Ingmar Bergman, Clive Donner, Arthur Penn) et les succès du moment ne sont pas oubliés, notamment les comédies musicales de Jacques Demy et les *James Bond*.

Claude, une tigresse

Georges est un mari fidèle qui aime les femmes. Son regard gris puissant et l'aura du pouvoir le rendent particulièrement séduisant. Il aime en jouer parfois. Lors d'un dîner à Matignon, il est sous le charme de Jane Fonda, la ravissante Américaine qui le tutoie. À une séance de cinéma, c'est la femme d'un patron américain qui paraît subjuguée par le Premier ministre. Éric Roussel livre dans sa biographie une anecdote racontée par Maurice Rheims : « Un soir après dîner, Georges avait mis ses bras autour de Victoire de Montesquiou et d'une autre dame aussi jolie qu'elle, et m'a dit : “Regarde comme je suis beau, regarde comme j'ai du charme. Regarde ce que c'est que le succès du pouvoir !” » Des années plus tard, à la publication du livre, cette histoire fait bondir Claude. De même le souvenir d'une présentation de film à Matignon où son mari n'avait d'yeux que pour sa voisine, Gina Lollobrigida, l'irritait au plus haut point. Jean Mauriac raconte un dîner au Ritz donné par les Éditions Grasset en 1965 pour les quatre-vingts ans de son père François : « Pompidou présidait l'une des tables. Ma mère qui se trouvait à sa droite m'a raconté que de tout le repas, il ne s'était occupé que d'une autre voisine, une jeune femme blonde et ravissante qui devait être l'épouse de l'ambassadeur de Suède. “Je n'ai vu que le dos de monsieur Pompidou, assurait madame François Mauriac. Et je n'ai pas entendu le son de sa voix[1]”. »

Revers d'une vie mondaine intense et d'une position publique, les rumeurs. Certaines dames de la bonne société se vantent d'être la favorite, particulièrement une qui se répand dans les salons. Georges en est furieux. Claude déteste les ragots, refusant de s'abaisser à les solliciter ou à y prêter le moindre crédit. Elle veille néanmoins, digne, et en ne laissant rien paraître de ses bouillonnements de tigresse. Elle a confiance en Georges.

1. Jean MAURIAC, *L'après de Gaulle*, Fayard, 2006.

Extrêmement prévenant et attentionné dans les réceptions officielles, il se tient près d'elle, lui glisse quelques mots à l'oreille, lui tient délicatement le bras. Les gestes sont pudiques et tendres. Ils forment un vrai couple qui s'aime dans la fidélité et la complicité.

Cajarc

Cajarc est l'histoire d'un coup de foudre. En 1962, sillonnant les routes du Lot avec son amie Suzanne Defforey, Claude tombe sous le charme au bout d'un chemin pierreux, d'une ferme composée de deux bâtiments au milieu des chênes et des châtaigniers et entourée de cent hectares de terrain, loin de tout. Suzanne et sa sœur Françoise Sagan dont c'est le village natal, mais aussi Raymond Cordier qui vient d'y acheter un moulin ont vanté les charmes de Cajarc aux Pompidou. Ils seront bientôt rejoints par Michel Guy et Olivier Guichard. Georges ne résiste pas longtemps à l'enthousiasme de Claude qui rêve de planter ses racines, d'en faire une maison ouverte à ses amis et à la famille. Elle transforme la vieille bâtisse 1830, restaure l'escalier de pierre, les poutres apparentes et la cheminée monumentale. Elle aménage dans le pigeonnier un bureau pour Georges qui y travaille près d'un feu, en écoutant de la musique. De la fenêtre, il voit le Lot. Une citerne alimente la petite piscine. Elle se lance dans la restauration de l'ancienne bergerie destinée à accueillir une centaine de moutons. Cajarc est la maison que Claude aime, son refuge. Elle s'y sent bien et confie qu'elle pourrait y vivre à l'année. Ils y passent les longs week-ends, les vacances de Noël et de

Pâques, et quelques jours fin août. La maison est toujours pleine. Le programme est décontracté. On se lève quand on veut, on se retrouve pour le déjeuner autour d'un plat du terroir avant de prendre le café dans le pigeonnier en écoutant de la musique et de commencer une partie de gin-rami. Bonne cavalière, Claude organise de longues promenades à cheval, parfois des randonnées de deux ou trois jours sur le Causse, avec Jacques Defforey, Jean-Paul Giroud et des amis voisins, les Laubard. Le soir, ils dînent au Pichet d'Étain sur les bords du Lot ou un autre petit restaurant du coin. Quant à Georges, il se promène, un fusil sur l'épaule sans jamais rien tirer. En 1964, on demande à Claude d'entrer au Conseil municipal de Cajarc. Elle décline. Elle veut rester en dehors de la politique.

Claude est une femme de sa génération qui, par devoir, remplit ses obligations aux côtés de son mari. Elle est aussi une femme moderne qui tient à sa liberté. Jusqu'en 1965, elle réussit à se protéger et mène, à l'abri des regards et de la presse, la vie qu'elle aime. Mais bientôt, le ciel s'assombrit.

Chapitre 6

L'épreuve du pouvoir (1965-1968)

« C'est pendant cette période que je découvris la classe politique. Je fus vite édifiée ! Ce n'était que jalousies et mensonges, petites intrigues et querelles d'intérêts personnels. » Le propos est direct, le jugement sans appel. Témoin privilégié des jeux politiques qu'elle déteste, Claude soutient avec discrétion et efficacité Georges dont la tâche et les responsabilités de Premier ministre s'accroissent considérablement à partir de 1965.

Georges, le dauphin du général de Gaulle ?

L'année 1965 s'annonce sous d'étranges auspices pour les Pompidou. Les premières élections du président de la République au suffrage universel doivent se tenir en décembre mais le général de Gaulle ne dit rien de ses intentions. Sera-t-il candidat ? Personne ne le sait. Ce silence alimente les spéculations et les rumeurs. La presse présente Pompidou comme le dauphin du Général,

L'Express est le premier journal à lever le tabou de la succession dans son numéro du 25 juin 1964. *L'Aurore* lance en février 1965 l'enquête sur plusieurs numéros « Qui êtes-vous monsieur Pompidou ? » À l'Élysée, de Gaulle est exaspéré et laisse planer le doute. À Matignon, Georges s'interroge sur son destin, soucieux et froissé par le mutisme hautain dans lequel se drape le Général. Le Premier ministre ne souhaite pas se présenter à la magistrature suprême. Claude s'inquiète. Lorsqu'elle doit gravir les marches du perron de l'Élysée, elle conjure secrètement le sort : « J'espère que ce n'est pas cela qui m'attend ! » L'équipe de Pompidou et certains de ses ministres le pressent pourtant de se préparer, au cas où le Général ne serait pas candidat. Simonne Servais, chargée des relations publiques à Matignon, le convainc de se prêter à la biographie que Fayard prévoit de tirer à trois millions d'exemplaires. C'est à contre-cœur que Pompidou reçoit l'auteur, Merry Bromberger. Il contrôle parfaitement la situation et tient la promesse qu'il a faite à Claude, n'en dire que le strict minimum. *Le destin secret de Georges Pompidou* relu attentivement à Matignon est un bel exemple d'hagiographie dont le principal mérite est de lever le voile sur certains pans de l'enfance et de la jeunesse de Pompidou.

En juin 1965, Claude et Georges sont invités à dîner à l'Élysée. Ils retrouvent Georges Galichon (directeur de cabinet du Général), Michel Debré et André Malraux accompagnés de leurs épouses ainsi que Gaston Palewski (président du Conseil constitutionnel) venu en célibataire. À la fin du repas, les femmes font salon autour de madame de Gaulle tandis que le Général entraîne les hommes dans son bureau. Une conversation d'une heure et demie sur l'état de la France et sur les élections présidentielles s'engage. Le Général clôt l'entretien par ces quelques mots : « Si je ne me représente pas, je recommanderai un successeur. Il faudra alors dramatiser l'élection[1] ». La soirée est terminée. De retour quai de Béthune, Georges est sombre : « Le Général décidera donc du futur candidat. Et en attendant, je ne sais pas à quoi m'en tenir ». Claude reste optimiste : « Je ne peux pas croire que le Général ne se présentera pas ».

Georges se sent seul. Depuis l'affaire Jouhaud, le Plan de stabilisation qui lui a été imposé, et le silence du Général sur l'élection présidentielle, les relations entre Matignon et l'Élysée ne sont plus aussi confiantes. L'affaire Ben Barka qui éclate le 29 octobre 1965 accroît les malentendus, l'enlèvement par des barbouzes du leader de l'opposition marocaine en plein Paris en octobre 1965 provoque la colère du Général contre son gouvernement. Quelques petites vexations d'ordre personnel ne contribuent pas à améliorer le climat. Le Général n'a pas apprécié les désirs d'indépendance de son Premier ministre qui a refusé de s'installer à Matignon. Il s'agace également de son mode de vie, ne trouve pas du meilleur goût l'exhibition d'une Porsche, voiture de luxe et de surcroît de marque étrangère. Il ironise sur l'avant-gardisme affiché du couple. À Olivier Guichard, gaulliste et ami des Pompidou, il confie la délicate mission de leur recommander de ne plus se montrer à Saint-Tropez et d'être discret sur leurs relations avec le Tout-Paris. La leçon n'est pas du goût de Claude. Les Pompidou seront prudents mais ne changeront pas leur mode de vie.

1. Michel DEBRÉ, *Trois républiques pour une France. Mémoires*, Albin Michel, 1993.

Le 4 novembre 1965, le Général prévient Pompidou au dernier moment. Il se porte candidat à l'élection présidentielle et l'annoncera le soir-même à la nation dans une allocution télévisée. La manière est cavalière. Le soir, face aux caméras, le Général vise son Premier ministre en expliquant qu'il se présente pour éviter « que la République nouvelle s'écroule aussitôt » et que « l'État livré aux partis retombe dans l'impuissance ». Claude a de la peine pour Georges mais n'en laisse rien paraître. Ils n'en parlent pas entre eux. Ils n'ont pas besoin de se dire leurs sentiments, ils se devinent. À la nuance près.

La campagne est courte, à peine un mois avant le premier tour, mais le « grand homme » n'écoute pas les conseils de son Premier ministre et refuse de se lancer dans l'arène politique. Le dimanche 5 décembre, les résultats sont médiocres : Charles de Gaulle est en ballottage contre François Mitterrand. Il s'enferme à Colombey et hésite à retirer sa candidature. Pompidou au téléphone l'encourage à se maintenir et prend en main la campagne de presse du second tour. Le 19 décembre, le général de Gaulle est élu avec plus de 55 % des voix. Il est déçu de son score.

Le 8 janvier 1966, Pompidou forme son troisième gouvernement. Deux hommes politiques en sont fort mécontents : Michel Debré qui rêvait de retrouver Matignon a du mal à se résigner au ministère de l'Économie et des Finances, ses coups de fil intempestifs au Premier ministre sont parfois difficiles à canaliser. Quant au brillant Valéry Giscard d'Estaing, il est furieux de ne pas avoir été reconduit rue de Rivoli et crée le groupe des 31 indépendants. La majorité est fissurée. Les rumeurs donnent régulièrement Couve de Murville à Matignon ; le ministre des Affaires étrangères a l'oreille du Général. La situation politique de Pompidou devient inconfortable.

Aux élections législatives de mars 1967, Georges, en quête de légitimité, se présente à Saint-Flour dans le Cantal. Avec son beau-frère François Castex, il sillonne les routes au volant d'une 403 beige immatriculée dans le département. Chef du gouvernement, Pompidou mène également la campagne au niveau national et se prend au jeu. Il fait des progrès à la télévision, enchaîne les conférences de presse et les meetings, parcourt le pays. Le 31 janvier 1967 au palais des Sports, le Premier ministre célèbre la France moderne devant huit mille spectateurs réunis pour un show à l'américaine. En février, il affronte en débat public ses adversaires politiques : à Nevers, François Mitterrand et à Grenoble, Pierre Mendès France. Claude assiste à la transformation de Georges en homme politique de terrain et se tient à l'écart, elle n'aime ni les bains de foule, ni serrer les mains. Elle confie à ses proches : « Rien que de le voir à la télévision, je souffre. Je n'aime pas le voir exposé. » Elle qui se méfiera toute sa vie des journalistes est choquée par le portrait que certains articles dressent de Georges : un ambitieux qui, sous des airs débonnaires, dissimulerait son goût pour l'argent et le pouvoir. On rappelle son passé chez les Rothschild. La presse satirique[1] le baptise « Bougnaparte » et raille l'ascension de celui qui, parti de Montboudif en sabots, se retrouve à Paris en escarpins. Claude s'irrite d'être affublée du surnom de « Madame de Pompidour » et de « châtelaine de Cajarc ». On se moque

1. *Le Canard Enchaîné*, *Minute*.

de sa « robe chou » signée Cardin à la sortie d'une première au théâtre Marigny, on la dit « turbulente », ne pensant qu'à s'amuser avec la bande à Pompon. Elle sait que son élégance, ses amis du Tout-Paris et sa passion pour l'art sont facilement brocardés. Au journal *Elle* qui lui demande en février 1967 quel est son vœu le plus cher, elle répond avec une étonnante liberté : « Le mien serait que mon mari quitte la vie politique. Mais le sien ? Mener les affaires de son pays, c'est tout de même ce qu'il y a de plus passionnant ! Après, tout lui semblera pâle. » Les élections de mars 1967 sont très décevantes pour Pompidou, la majorité sauve de justesse son pouvoir. Valéry Giscard d'Estaing constitue un groupe parlementaire avec quarante-cinq députés républicains indépendants. Couve de Murville, qui est battu dans le 7e arrondissement de Paris garde les Affaires étrangères, mais ne peut plus prétendre à Matignon. Pompidou est donc reconduit pour la quatrième fois. Il nomme son poulain, Jacques Chirac, trente-cinq ans, secrétaire d'État à l'Emploi et son ami André Bettencourt, secrétaire d'État aux Affaires étrangères. Son assise politique est fragile.

Pompidou doit faire face à la fronde des gaullistes de gauche dont le cheval de bataille est la participation des travailleurs à la gestion des entreprises. C'est la grande réforme que le Général veut pour son septennat. Pompidou est sceptique. À Matignon, on entend les éclats de voix de Louis Vallon et de René Capitant, deux gaullistes de gauche qui font le siège du bureau du Premier ministre pour défendre le projet. Le dossier mine les relations entre Matignon et l'Élysée. Le Général insiste et le Premier ministre esquive. Deux autres affaires marquent une distance entre les deux hommes. En mars 1966, de

Gaulle décide seul le retrait des forces françaises de l'OTAN tout en restant fidèle à l'Alliance atlantique. Sur cette décision Pompidou ne dit rien mais il a des états d'âme. En juillet 1967, le « Vive le Québec libre ! » du Général laisse son Premier ministre abasourdi et inquiet des conséquences sur le plan international et intérieur.

La fin d'une amitié avec Malraux

En 1965, Malraux demande à Madeleine de quitter la Lanterne. Mégalomane, cyclothymique, tyrannique, sous l'emprise des médicaments et de l'alcool, il devient de plus en plus difficile à vivre depuis la mort de ses deux fils, Gautier et Vincent, dans un accident de voiture le 23 mai 1961. Écrivain génial qui ne publie plus, embourgeoisé dans sa position de ministre de la Culture, s'autoproclamant héritier et fils spirituel du général de Gaulle, Malraux va mal. Il veut être seul.

Dès les premiers jours qui suivent la séparation, Claude est un appui indéfectible pour Madeleine qui se souvient : « Claude a eu un très gentil geste. Elle a tenu à venir avec moi à un concert pour montrer à Malraux que j'existais. C'était de sa part un gage d'amitié et de solidarité. » Les deux femmes se rendent ensemble au Théâtre des Champs-Élysées pour le concert du pianiste Rudolf Serkin. La femme du Premier ministre s'est procuré des billets sans prévenir. Quelques photographies parues dans la presse spécialisée les montrent arrivant côte à côte, sans protocole, souriantes et échangeant quelques propos, gantées et en tailleur Chanel. Les deux amies s'assoient à des places discrètes loin de la loge officielle occupée par l'ambassadeur des États-Unis qui préside la soirée. À quatre-vingt-quatorze ans, Madeleine évoque cette soirée avec émotion et reconnaissance. Pianiste, elle se réfugie dans la musique et entame à New York une tournée de concerts tandis que Malraux entreprend son voyage en Chine. Des États-Unis où elle résidera plusieurs années, elle aura régulièrement Claude au téléphone et lui rendra fidèlement visite à chaque passage à Paris.

Malraux reproche aux Pompidou leur soutien à Madeleine qui raconte : « Claude et Georges m'ont protégée, ce qui a suscité sa colère ». L'élégance des sentiments n'est pas l'apanage des grands hommes. D'autres malentendus abîment la belle amitié des années cinquante. Sur le plan littéraire, l'écrivain critique ouvertement l'anthologie de Pompidou. Sur le plan politique, persuadé d'être le successeur légitime du général de Gaulle, le ministre de la Culture croit, d'ailleurs à tort, susciter la jalousie du Premier ministre. La brouille s'installe entre les deux hommes.

Une passion, la musique contemporaine

Claude vit avec la musique classique, elle a une prédilection pour Jean-Sébastien Bach. Georges préfère Mozart. Beethoven les rassemble. Elle est également une très bonne connaisseuse de jazz. À partir des années cinquante, Claude se passionne pour la musique contemporaine et devient une habituée des concerts du Domaine musical. Créée en 1954 par Pierre Boulez, le directeur de la musique de la compagnie Renaud-Barrault qui n'a pas trente ans, l'association est placée sous la présidence de

Suzanne Tézenas qui lui assure une autonomie financière fondée sur le mécénat privé. L'objectif est de fonder un lieu qui puisse accueillir la musique contemporaine en marge de la musique officielle. Le Domaine musical révèle les œuvres classiques du XXe siècle, inconnues en France, de Stravinsky, Schoenberg, Berg et Webern et promeut la musique contemporaine de la jeune génération de musiciens et de compositeurs : Pousseur, Stockhausen, Maderna, Nono, Amy, Xenakis. Pour garantir la qualité d'exécution, Pierre Boulez fait appel à de grands chefs : Stravinsky, Scherchen et Craft. Les concerts se tiennent au Petit Marigny et à l'Odéon, prêtés par Jean-Louis Barrault. Olivier Messiaen estime que le Domaine musical a été « une sorte de creuset d'où émergeaient de temps en temps des chefs-d'œuvre ». Le public est composé de l'aristocratie éclairée et de la grande bourgeoisie d'affaires, de musiciens, d'écrivains, de poètes et d'artistes. Ces concerts inspirent à Nicolas de Staël deux célèbres toiles *L'Orchestre* et *Le Concert.* On y rencontre Dora Maar, Henri Michaux, René Char, Francis Ponge, Michel Butor, Zao Wou Ki, Vieira da Silva, Jean Paulhan et bien d'autres. Les habitués se retrouvent après les concerts dans les salons de Suzanne Tézenas, rue Octave Feuillet. Certains n'hésitent pas à se moquer de ce public d'initiés qu'ils jugent snob et pédant.

C'est au Domaine musical que Claude entend *Le Marteau sans maître* composé et dirigé par Pierre Boulez en 1955. « Quel souvenir ! Sa musique me fascina d'emblée, et je n'ai jamais renié cet enthousiasme. » C'est une révélation. Elle assiste régulièrement aux concerts, souvent avec Madeleine Malraux. Pour Pierre Boulez, « Claude entretenait des liens tout à fait privilégiés avec la musique. Elle faisait l'effort de venir, revenir, d'entendre, de réentendre. Ce qui l'intéressait, c'était la création. » Madeleine Malraux se souvient : « Claude avait une vraie sensibilité. Elle aimait la musique. Elle avait beaucoup de disques qu'elle écoutait dès qu'elle était chez elle, elle allait souvent au concert, elle s'est passionnée pour la musique moderne. » Le soir et le week-end, elle fait écouter à Georges ses morceaux préférés. Elle ne joue pas seulement le rôle de disquaire comme elle se plait à le dire, elle éveille George à de nouveaux horizons musicaux. En 1967, Pierre Boulez quitte la France mais son destin croisera à nouveau celui de Claude.

L'art toujours

Dans une interview accordée à *Match* le 21 août 1987, Claude précise avec une pointe d'agacement : « Nous n'avons jamais eu la prétention de réunir une collection d'œuvres d'art. Même un directeur de banque ne peut acheter des Vermeer ou des Rembrandt ! [...] Parfois on me demande : "Mais vous n'avez pas d'impressionnistes ?" Cela m'amuse toujours. On oublie que nous n'avions ni la fortune d'une Peggy Guggenheim, ni celle de la famille de Ménil. C'est fou ce que les gens sont naïfs ! » Inlassablement, elle proteste contre l'image caricaturale d'un couple aux goûts avant-gardistes et rappelle leur amour commun pour toutes les formes d'art et de toutes les époques : « Certains malveillants ou mal informés ont voulu nous cantonner dans le tout contemporain. C'est stupide et c'est faux. Certes, si nous avons acheté très tôt des tableaux de peintres vivants, c'est qu'ils nous étaient financièrement abordables. »

Amateurs passionnés et inspirés, les Pompidou acquièrent très bon marché des œuvres d'artistes qu'ils remarquent à leurs débuts : Hundertwasser, Atlan, Fontana, Aillaud, Arroyo, Jean-Pierre Raynaud, Christo ou Ménétrier. Curieux et éclectiques, ils s'enthousiasment pour Hartung qu'ils considèrent comme un artiste majeur du XXe siècle ce que peu de gens comprennent à l'époque ; ils soutiennent également les nouveaux réalistes, Martial Raysse, Yves Klein, Arman, Christo, Hains ou Rotella qui sont très représentés dans leur collection et s'intéressent à l'art cinétique des Vasarely, Agam et Soto qu'ils vont promouvoir à l'Élysée. Jusqu'en 1968, les Pompidou fréquentent régulièrement les galeries. Avec une prédilection pour Iris Clert qui expose Yves Klein, Jean Tinguely, René Brô, Arman et Lucio Fontana, mais aussi la galerie Denise René où ils découvrent Gunther Uecker, le beau-frère d'Yves Klein à qui ils achètent une œuvre de petit format et bien sûr la célèbre galerie de Karl Flinker qui a notamment fait connaître Kupka et ouvre ses portes tôt le matin au Premier ministre.

Ce qui frappe et fait l'intérêt de leur collection, c'est le mélange des genres, de l'abstrait aux nouveaux réalistes en passant par des œuvres classiques, et la combinaison de toutes les formes, sculptures, peintures, collages, dessins ou aquarelles. Les Pompidou composent un décor personnel avec audace et liberté au gré de leurs coups de foudre en se moquant des conventions et des diktats de la mode. De multiples essais armés de marteaux et tabourets sont nécessaires à l'emplacement de chaque nouvelle acquisition. Ils inventent leur style dont la marque de fabrique est la mise en valeur d'objets éclectiques qui composent un ensemble harmonieux à leur image, alliant tradition et modernité, culture et curiosité, minutie et fantaisie dans l'agencement. Quai de Béthune, Vieira da Silva et Anna-Eva Bergman côtoient des aquarelles de Rodin et de Georges Sand ; un paysage de 1910 de La Fresnaye voisine avec un monochrome bleu d'Yves Klein. Deux grandes toiles d'Hartung et de Martial Raysse attirent les regards sans écraser les œuvres plus discrètes d'Alberto Magnelli, Bram van Velde et Roger Bissière. Plus loin, Brô est accroché entre un Fontana rose et un dessin d'oiseau de Paul Klee de 1939. L'œuvre d'Arman composée de tubes de peinture rouge et la table basse laquée bleue d'Yves Klein se marient avec les vitrines de porcelaines, les canapés Louis XV tendus de velours jaune et les commodes signées sur lesquelles sont sagement posés des cendriers en argent. Dans un angle, une *Nana* de Niki de Saint Phalle fait face à la victoire de Samothrace d'Yves Klein. Le *Canard et nénuphars* de Lalanne, cadeau des Rothschild, trône sur la table de la salle à manger. L'ensemble s'assortit avec une collection d'art primitif précolombien, des masques africains, des livres anciens et des statuettes d'Asie du Sud-Est. Un subtil alliage aujourd'hui très en vogue, mais très original pour l'époque.

Certains objets sont des cadeaux. Georges reçoit de ses ministres, lors de son départ de Matignon en 1968, un Picabia de 1947. Pour les remercier de leur soutien et en signe d'amitié, Hans Hartung leur offre une toile *E20* et leur amie Nina, une encre de Chine de Kandinsky de 1933. Le légataire universel de Brancusi fait le don d'un exemplaire du *Nouveau-Né* (1920) à

Pompidou, président de la République. Sur un coup de foudre, Claude achète à crédit Boulevard Raspail un petit Nicolas de Staël, *Les toits de Paris* qu'elle offre à Georges. Ils seront particulièrement attachés à cette œuvre. Une autre fois, elle recevra de Georges un dessin de Christo.

À de très rares occasions, les Pompidou se défont de leurs acquisitions. Pour acheter et restaurer Cajarc, ils vendent un Hundertwasser. En 1968, la vente aux enchères d'un tableau de Manessier chez Rheims-Lorrain leur permet de s'offrir quatre aquarelles de Rodin.

Certaines œuvres sont devenues historiques : le *Nouveau-Né* de Brancusi, la *Nature morte portugaise* de Sonia Delaunay, une gravure cubiste de Braque, le monotype de Max Ernst acheté dans les années trente, les aquarelles de Rodin, un dessin de Giacometti et de Marcel Duchamp. Deux pastels de Kupka sont également des pièces uniques et de grande valeur : l'un daté de 1911 constitue l'une des premières œuvres abstraites de l'histoire de la peinture et l'autre préfigure le grand nu allongé qui se trouve au Guggenheim à New York.

De la collection du quai de Béthune aujourd'hui dispersée, une toile est visible au Centre Pompidou qui l'a reçue en règlement de la succession de Claude Pompidou en 2008, il s'agit d'un Martial Raysse intitulé *Tableau dans le style français II.* Sa valeur sur le marché se situe entre 1,5 et 2 millions d'euros.

Mai 1968

Le jeudi 2 mai 1968, les Pompidou, accompagnés des Couve de Murville[1] et des Bettencourt[2] s'envolent pour un voyage officiel en Iran et en Afghanistan. À Paris, l'agitation étudiante est préoccupante. Sur place, le téléphone fonctionne mal. Le Premier ministre est inquiet. Les nouvelles sont mauvaises, les incidents dans le Quartier latin se multiplient. Pourtant, le Général ne le rappelle pas. Les trois couples sont accueillis chaleureusement ; ils survolent d'extraordinaires sites archéologiques et visitent les grottes de Bamiyan. À des kilomètres de Kaboul, l'ordre de rentrer à Paris arrive enfin. Un vent violent empêche l'avion de décoller. Il faut effectuer des heures de pistes en voiture pour gagner l'aéroport. Arrivé à Paris le 11 mai en fin de matinée, le Premier ministre est accueilli à sa descente d'avion par son directeur de cabinet, Michel Jobert. La tension et l'inquiétude sont extrêmes. La nuit du 10 mai a été particulièrement violente à Paris. Personne ne comprend rien. Pour Claude qui regagne alors le quai de Béthune : « Mon mari saisit que la situation était très grave et estima qu'il aurait fallu rentrer plus tôt. » Georges se rend directement à Matignon.

Depuis janvier, les troubles se multiplient dans les cités universitaires. Construite à partir de 1962 en pleine banlieue industrielle, Nanterre est le foyer de la révolte étudiante. L'établissement est saturé dès la rentrée 1967

1. Maurice Couve de Murville est ministre des Affaires étrangères.
2. André Bettencourt est secrétaire d'État aux Affaires étrangères.

avec quinze mille étudiants inscrits. Au début, les revendications sont anodines, les étudiants réclament la libre circulation entre les bâtiments de filles et de garçons. Le 8 janvier 1968, François Missoffe, ministre de la Jeunesse et des Sports, inaugure la piscine de Nanterre. Il est pris à partie par un jeune homme roux, Daniel Cohn-Bendit : « J'ai lu votre livre blanc sur la jeunesse. Trois cents pages et pas un mot sur les problèmes sexuels des jeunes ! » Le ministre rétorque : « Avec la tête que vous avez, vous devez en avoir ! » L'assistance hurle au fascisme.

Le 15 mars 1968, Viansson-Ponté dans un célèbre article paru dans *Le Monde*, « Quand la France s'ennuie », s'inquiète de l'état d'esprit de la jeunesse française. À Nanterre, des troubles éclatent tout le mois d'avril, pilotés par le Mouvement du 22 mars, groupe d'étudiants d'extrême gauche. Un de ses fondateurs, Daniel Cohn-Bendit, 23 ans, né en France de parents allemands, est arrêté ; huit autres leaders sont convoqués le 2 mai en Conseil de discipline de Nanterre. Ces sanctions provoquent de violents incidents. Le doyen Grappin demande l'intervention de la police et suspend les cours. Nanterre fermée, les militants décident d'investir la Sorbonne et d'y installer leur mouvement. Le recteur de la Sorbonne, Roche fait immédiatement appel aux forces de police qui, armées de casques, boucliers et matraques investissent l'enceinte universitaire et arrêtent cinq cent soixante-quatorze étudiants. La foule à laquelle se sont joints les lycéens boulevard Saint-Michel est dispersée sans ménagements à coups de gaz lacrymogènes et de matraques ; Cohn-Bendit et Sauvageot, le vice-président de l'UNEF sont arrêtés. L'attitude ferme du rectorat est cautionnée par Alain Peyrefitte, ministre de l'Éducation nationale,

Christian Fouchet, ministre de l'Intérieur, et Louis Joxe, garde des Sceaux, chargé d'intérim par Pompidou en Iran depuis le 2 mai. Lundi 6 mai, l'agitation se propage dans toutes les facultés, des incidents éclatent dans le Quartier latin, on compte mille blessés et quatre cent vingt-deux arrestations. La nuit du 10 mai est marquée par une explosion de violences et les premières barricades. Louis Joxe n'ose pas réveiller le Général. Le préfet de police de Paris, Maurice Grimaud donne des consignes strictes : il n'est pas question de tirer sur la foule. Au petit matin, aucun mort n'est à déplorer. Les Pompidou arrivent d'Afghanistan en fin de matinée, le 11 mai.

À l'Élysée, le Général prône la fermeté. Pompidou opte pour l'apaisement et un geste psychologique, l'annonce de la réouverture de la Sorbonne. Il réussit à convaincre le Général. Peyrefitte, furieux, présente sa démission que Pompidou refuse. Lundi 13, la Sorbonne libérée est immédiatement envahie par les étudiants. La crise franchit un palier décisif avec le ralliement des syndicats aux jeunes contestataires. Un appel à la grève générale est lancé. Une manifestation le 13 mai, réunit cinq cent mille personnes qui défilent avec, en tête du cortège, les leaders étudiants, Daniel Cohn-Bendit, Jacques Sauvageot et Alain Geismar, des syndicalistes Georges Séguy (CGT) et Eugène Descamps (CFDT), des politiques François Mitterrand, Guy Mollet, Pierre Mendès France, Waldeck Rochet et Jacques Duclos. Les slogans visent le Général : « Adieu de Gaulle, Adieu ! » « 13 mai 1958, 13 mai 1968, dix ans ça suffit ! » Le théâtre de l'Odéon est occupé le 15 mai. La situation empire rapidement. Les troubles gagnent la province. Les usines se mettent en grève. De Gaulle reproche à son Premier ministre son laxisme et décide le 23 mai de s'adresser à la nation, il promet un référendum sur la participation. La déclaration présidentielle n'a aucun effet. Le lendemain, on compte dix millions de grévistes et Paris connaît une violente nuit d'émeutes. La Bourse est incendiée, des bandes de pillards opèrent dans les rues de la capitale, saccagent les vitrines, brûlent les voitures. Le Général veut marquer un grand coup. Pompidou maintient sa position, il faut attendre le retournement de l'opinion. De Gaulle s'enferme à l'Élysée, les ministres ont déserté. Les ministères sont vidés, les fonctionnaires ne sont plus à leur poste, les standards ne répondent plus. Les pannes d'électricité se succèdent, les transports publics sont à l'arrêt et les stations d'essence fermées. Le pays est paralysé et la situation paraît incontrôlable. À Matignon, le samedi 25 mai, Pompidou décide de lancer des négociations avec les syndicats. Le secrétaire d'État au Travail, Jacques Chirac, prépare la réunion qui se tiendra rue de Grenelle. Un accord est enfin obtenu le 26 mai à sept heures trente après vingt-cinq heures de négociation. L'espoir est de courte durée, les bases syndicales consultées rejettent les propositions, ce que Pompidou apprend au milieu de la nuit, réveillé quai de Béthune par son conseiller aux Affaires sociales, Édouard Balladur. « Les négociations étaient incessantes, constamment à reprendre, tout accord étant remis en cause aussitôt que signé. C'était épuisant physiquement et moralement », se souvient Claude.

Le 27 mai, un meeting de quarante mille personnes est organisé par l'UNEF et le PSU au stade Charléty,

Pierre Mendès France est salué par une longue ovation. Le mardi 28 mai, Mitterrand convoque une conférence de presse, il se déclare candidat à la présidence de la République et propose un gouvernement avec à sa tête Pierre Mendès France. Le 28 mai, Cohn-Bendit, qui a été expulsé, revient clandestinement en France et la démission d'Alain Peyrefitte est annoncée. Certains ministres ne se rendent plus à Matignon, quelques-uns ont des contacts avec François Mitterrand et Pierre Mendès France, d'autres réclament pour sauver le gaullisme la démission du général de Gaulle[1]. À l'Élysée, le Général et son entourage critiquent la méthode du Premier ministre. À Matignon, comme dans tous les ministères, des collaborateurs ont disparu, des membres du personnel sont en grève. Pompidou, qui peut compter sur une petite équipe de fidèles, dont Juillet, Jobert, Balladur et Chirac, maintient son cap, attendre le retournement de situation et ne pas tirer sur les émeutiers. « J'ai vu mon mari harassé, inquiet, mais jamais découragé », écrit Claude.

La vie des Pompidou en mai 1968

En pleine crise, Claude se tient discrètement aux côtés de Georges. Elle se rend tous les jours à Matignon, elle prend ses repas avec son mari. Ils rentrent ensemble quai de Béthune en passant par des chemins détournés pour éviter les manifestations et les barricades. « Nous

1. Jacques CHIRAC, *Chaque pas doit être un but*, NiL Éditions, 2009. L'ancien président de la République ne donne malheureusement pas les noms.

continuions de rentrer régulièrement dans notre appartement même très tard le soir afin d'y retrouver un havre de paix et une ambiance familiale ou pour dîner avec quelques amis. Mon mari ne voulait pas se laisser enfermer à Matignon. » Pompidou n'y passera que deux nuits. Claude, intrépide, se lance dans les rues de Paris à pied pour se rendre compte par elle-même de l'ambiance et de l'agitation. On n'ose imaginer ce qui aurait pu se produire si la femme du Premier ministre avait été prise à partie par des manifestants. À Matignon, elle ne se mêle pas des décisions. Elle observe les dissensions et n'est pas tendre dans ses jugements sur certains ministres ou collaborateurs, toujours avec humour. « Dans de telles circonstances, on constate la dureté de la vie politique, le peu de place qu'elle donne à la fidélité, sa part d'ingratitude, de lâcheté parfois » souligne-t-elle. Elle admire le sang-froid de Georges : « Mon mari a tenu le pays à bout de bras ». Il peut tout lui dire. Elle est dans le rôle classique de la femme qui soutient son époux, mais avec son intelligence et son originalité, elle est efficace. Avec Claude, Georges n'est plus dans l'urgence, il prend du recul. Ils ont des conversations de fond. La connaissance des milieux intellectuels et artistiques les aide à penser la crise, Claude se souvient : « Mon mari réfléchissait à la profondeur du mouvement, essayait d'en discerner les causes et les conséquences, bien plus qu'on le pensait çà et là. [...] Nous avions l'intuition qu'après mai 68, plus rien ne serait comme avant. » Pressentent-ils que pour eux également se tourne une page ?

La crise paraît interminable. Le temps est magnifique en ce mois de mai 1968. Les fenêtres s'ouvrent sur le parc, les tilleuls de Matignon embaument. Mais les

Pompidou dînent seuls. Claude rappelle : « Le moins que je puisse dire, c'est qu'il n'y eut soudain plus beaucoup de monde autour de nous ». Le téléphone reste muet. Nombreux sont les amis et les relations qui ont déserté la capitale, partis se réfugier en province ou à l'étranger. Les Pompidou ne sont-ils plus aussi intéressants à fréquenter ? Beaucoup prédisent la fin de la carrière politique de Georges. Seuls quelques fidèles se manifestent : les Schoeller, les frères Gall, Jean-Paul Giroud, Raymond Cordier. Claude confie une dizaine de jours à un proche le petit Nicolas de Staël auquel ils tiennent tant, mesure de précaution qui en dit long sur les incertitudes et le climat de l'époque. Les Pompidou maintiennent néanmoins quelques dîners chez des amis. Guy Béart se souvient d'une soirée en mai 1968 en petit comité. Claude est déjà là. L'ambiance, malgré le contexte, est gaie, le vin est apprécié, les bons mots fusent. Georges arrive tard, fatigué et les traits tirés. Il s'assoit au bout de la table, dîne silencieusement. Louise de Vilmorin récite un poème de Nerval avec sa verve inimitable. À la grande déception de l'assemblée, sa mémoire lui fait défaut, elle hésite. Georges, d'une voix spectrale, enchaîne jusqu'à la fin le sonnet. En toutes circonstances, il faut savoir rester soi-même…

Le Général disparaît

Mercredi 29 mai, les ministres arrivent le matin dans la Cour de l'Élysée pour le Conseil des ministres. Une surprise les attend : le Conseil est annulé et le président de la République se retire avec son épouse à Colombey.

Pompidou, inquiet, insiste pour joindre le Général au téléphone : « La conversation fut brève et étrange », écrit le Premier ministre. Le Général raccroche avec ces quelques mots : « Je suis vieux, vous êtes jeune, c'est vous qui êtes l'avenir. Au revoir, je vous embrasse[1] ». Le Premier ministre est sidéré par le ton et par le départ. Claude l'attend dans les salons privés, contigus au bureau. Un déjeuner familial doit se tenir avec la future belle-famille de leur fils pour régler les derniers détails du mariage. Alain, étudiant en médecine, est fiancé à Sophie Gintz, une jeune fille de la bourgeoisie, issue d'une famille d'imprimeurs. Georges ne s'attarde pas au déjeuner. Malgré son angoisse, il reste calme. À quatorze heures, il est dans son bureau avec Jacques Chaban-Delmas, Roger Frey et Jacques Foccart. Tricot arrive en courant de l'Élysée : « On a perdu la trace du Général, il n'est pas arrivé à Colombey ». Georges, pâle et décomposé, surgit dans le salon où Claude prend le café : « Cela ne va pas ? Tu ne te sens pas bien ? », Georges s'écrie : « C'est grave. Le Général a disparu ». Le Premier ministre se retrouve seul aux commandes dans un pays en plein chaos. En ces heures difficiles, il répète à Claude et à ses collaborateurs : « Je suivrai la Constitution de bout en bout ».

En milieu d'après-midi, Pierre Messmer, le ministre de la Défense, apprend au Premier ministre que l'hélicoptère du Général est à Baden-Baden. Le général Massu confirme que le président de la République est avec lui. De Gaulle revient en fin d'après-midi à Colombey. Vers dix-huit heures trente, il téléphone à Pompidou et lui

1. *Pour rétablir une vérité, op. cit.*

demande de convoquer un Conseil des ministres pour le lendemain et d'annoncer un message télévisé. Que s'est-il passé ? De Gaulle a-t-il été victime d'une crise de découragement, a-t-il voulu provoquer un électrochoc dans l'opinion publique, piéger son Premier ministre en le plaçant dans une situation constitutionnellement inextricable ? Le 29 mai affecte gravement les relations entre les deux hommes. Pompidou en est meurtri : « Je trouvais peu admissible que le Chef de l'État, non seulement se déplaçât, mais quittât le territoire national sans en informer le Premier ministre[1] ».

Le 30 mai, Georges convainc de Gaulle de retirer le référendum sur la participation et de dissoudre l'Assemblée. À seize heures trente, le Général des grands jours prend la parole : le Premier ministre est maintenu, le gouvernement est remanié, le référendum ajourné et l'Assemblée dissoute. L'allocution à peine terminée, quatre cent mille personnes se rassemblent place de la Concorde avec en tête Michel Debré, André Malraux, Louis Joxe, Maurice Schumann et Raymond Marcellin. Les Pompidou n'y participent pas. Ils marient ce jour-là leur fils Alain et suivent après les festivités l'événement de Matignon. La foule remonte les Champs-Élysées. Vers dix-neuf heures trente, elle arrive à l'Étoile. Chaban-Delmas ravive la flamme du soldat inconnu sous l'Arc de triomphe, on chante la Marseillaise. À vingt et une heures, tout est fini, sans aucun incident. Le 31 mai, le gouvernement est profondément remanié. La Justice passe à René Capitant, la bête noire de Pompidou. Les

1. *Pour rétablir une vérité*, *op. cit.*

élections de juin sont un raz-de-marée gaulliste, l'UDR détient la majorité absolue.

Pompidou est fatigué, il annonce au Général son intention de se retirer. Six ans à Matignon, cela suffit. Sa confiance dans « le grand homme » a été ébranlée le 29 mai. Claude lui conseille de prendre du recul, de se reposer et de voyager, de réfléchir calmement à son avenir. Le Général hésite à le laisser partir. Lors d'un dîner à l'Élysée, le 4 juillet avec les Pompidou, il ne fait aucune allusion à l'éventuel départ de son Premier ministre, il déclare même à Claude : « Madame, je puis vous dire que votre mari a tenu. » Guichard, Chirac, Jobert, Balladur, Juillet ne se résignent pas et encouragent Pompidou à rester à Matignon. Le Général reste muet. Des rumeurs donnent tour à tour Messmer, Couve de Murville et Chaban-Delmas au poste de Premier ministre. Aucune confirmation de l'Élysée. Pompidou s'interroge, il doute. Vendredi soir, il rentre dîner quai de Béthune : « Toute ma famille réunie, pourtant désireuse de me voir retrouver une vie personnelle me dit que je ne pouvais pas aller contre ce qui paraissait être l'intérêt du pays[1] ». Une fois encore, Claude, par devoir, est prête à renoncer. Le lendemain matin, Georges appelle Tricot à l'Élysée pour le prévenir de son revirement, il restera à Matignon. Tricot, gêné, lui annonce que Couve de Murville vient d'accepter le poste. Georges n'écrira pas de lettre de démission estimant avoir été congédié. « Je me sentis blessé. Quelque chose en moi était ébranlé[2]. » Guy de Rothschild déjeune avec lui le jour même : « Je le vis arriver décomposé. Il

1. *Pour rétablir une vérité, op. cit.*
2. *Pour rétablir une vérité, op. cit.*

fulminait, passant de la colère à la tristesse. Pour la première fois, je le sentais atteint, blessé et très irrité[1]. » Claude est également meurtrie par l'ingratitude et les combines politiques, mais elle se refusera toute sa vie à énoncer la moindre critique à l'égard du général de Gaulle.

L'été 1968

Le 6 juillet Pompidou fait ses cartons. À la fin du dîner rassemblant pour la dernière fois les membres du gouvernement, André Malraux porte un toast « Monsieur le député du Cantal, je bois à votre destin ». À sa première séance à l'Assemblée nationale comme simple député, il est salué par de longs applaudissements.

Les Pompidou partent se reposer en Bretagne chez leurs amis Bettencourt. Ils y sont accueillis chaleureusement par Christian Bonnet, député maire de la cité balnéaire et par les vacanciers. *Paris Match* publie des photos du couple se baignant dans les flots bretons par temps gris. Georges paraît fatigué, les traits tirés, tandis que Claude est souriante presque enjôleuse. Elle a pris de l'assurance devant les journalistes. Ils passent ensuite quelques jours à Cajarc. Claude s'inquiète. Georges est épuisé. Il accepte de réaliser quelques analyses médicales. Le bilan sanguin est mauvais. En l'absence de diagnostic précis établi, un traitement à fortes doses de cortisone est prescrit. Ses collaborateurs le trouvent bouffi en sep-

1. *Contre bonne fortune...*, *op. cit.*

tembre, mais dès l'arrêt du traitement, il reprendra son apparence habituelle.

Étrange période pour Claude qui n'entend parler que du destin de Georges. En Provence, sur la route de Saint-Tropez, un grand dîner est donné en l'honneur de l'ancien Premier ministre à l'Ousteau de Baumanière par le maître des lieux, un de leurs grands amis, Raymond Thuillier. Maurice Druon porte un toast au nom de l'assemblée à l'avenir de Pompidou. Pierre-Christian Taittinger lui se souvient d'une étrange soirée en juin 1968, à la première de *Turangalîla* d'Olivier Messiaen avec la chorégraphie de Roland Petit : « Nous allons tous les quatre à l'Opéra. Il est encore tendu. Triste. Il se pose des questions. Au premier entracte, les gens le reconnaissent et se précipitent vers lui : "Vous avez sauvé la France". Il mesure sa popularité. Cela a été un moment extraordinaire. Quand il est rentré la seconde fois dans la salle, les gens se lèvent et applaudissent longuement. Lui repart regonflé. Claude est émue. » Les frères Gall sont également présents dans la salle, François en est certain, Georges a un destin : « Il sera président ». Claude sait qu'elle est impuissante. Elle ne peut lutter contre.

Chapitre 7

La blessure

Le choc

Septembre 1968, Pompidou installe ses bureaux 8 boulevard de La Tour Maubourg, à deux pas de l'Assemblée nationale, dans des locaux prêtés par Raymond Marcellin, ministre de l'Intérieur. Claude doit se rendre à l'évidence. Georges ne retournera pas dans le privé. Fort de sa popularité depuis mai 1968, son destin est politique, peut-être national. Pour le moment, il est un simple député, président d'honneur du groupe UDR, mis « en réserve de la République » par le général de Gaulle dont le mandat s'achève en 1972. Son équipe de Matignon l'a rejoint et croit en son avenir : Michel Jobert, Édouard Balladur, Pierre Juillet, Marie-France Garaud et Simonne Servais. Jacques Chirac, secrétaire d'État aux Finances, passe souvent chez son ancien patron. Anne-Marie Dupuy assure le relais avec l'UDR, rue de Lille.

Mardi 1er octobre 1968, un corps coincé contre un arbuste, est découvert dans une décharge publique à Élancourt dans les Yvelines. Le cadavre est celui d'un

Yougoslave, Stefan Markovic, connu des services de police. La perquisition de son studio permet aux enquêteurs de mettre la main sur un carnet d'adresses, des lettres et des photographies. La victime est un gigolo de trente ans aux multiples conquêtes qu'il fait chanter, expert en petits cambriolages et trafics de drogue. Parallèlement, il est le chauffeur et le garde du corps d'Alain Delon et de sa femme Nathalie. Il suit le couple dans toutes ses sorties, dîners privés et boîtes de nuit, à Paris, Saint-Tropez et Megève...

Le 5 octobre, Alexander Markovic se présente aux policiers avec une lettre de son frère postée à Paris le 25 septembre 1968 accusant Alain Delon et son ami François Marcantoni de vouloir se débarrasser de lui. Le ballet des auditions et des gardes à vue commence. Marcantoni, un corse passé de la Résistance au grand banditisme, Alain Delon et sa femme Nathalie se succèdent à la PJ. Ils ne disent rien.

La presse s'empare de l'affaire. Le 14 octobre, on lit dans *Le Figaro* : « Markovic avait de nombreuses relations dans les milieux de la politique, du spectacle et de la chanson. C'est ainsi que l'on évoque le nom de plusieurs actrices, de chanteuses, de la femme d'un ancien membre du gouvernement et ceux d'un député, de deux hauts fonctionnaires et de plusieurs vedettes » ; *L'Aurore* révèle que, dans le dossier, figurent « les noms de deux députés, peut-être celui d'un ancien ministre et de son entourage », *La Croix* émet une hypothèse : « Les policiers se demandent s'il ne s'agissait pas d'un chantage projeté sur une personnalité politique assez connue ». Son nom n'est pas cité publiquement, mais l'on murmure dans les salles de rédaction que Claude Pompidou serait compromise dans l'affaire. Le soir-même, l'ancien Premier ministre et sa femme ne se doutant de rien, assistent à la première du film *Phèdre* à l'Opéra. Claude, souriante et détendue, libérée du protocole, ose à cinquante-six ans un révolutionnaire et très chic tailleur-bermuda rose et lamé or Chanel. Georges, en smoking, fait un baise-main impeccable à sa voisine de loge, Maria Callas. À quelques rangs, Alain Delon, accompagné de Mireille Darc, est mitraillé par les photographes, il sort d'un interrogatoire serré dans les locaux de la police.

L'enquête se porte sur les fréquentations de Markovic : Yougoslaves mafieux, proxénètes, malfrats et trafiquants de drogue. Des fuites permettent aux journalistes d'apprendre qu'il servait d'intermédiaire à Madame Claude, pourvoyeuse de call-girls de luxe auprès de certaines personnalités du monde politique et du spectacle. On évoque avec délectation des « bridges » un peu particuliers chez la femme d'un haut fonctionnaire, dans le 16e arrondissement en compagnie de gigolos yougoslaves. L'épouse d'une personnalité politique y aurait participé. On insinue mais on ne donne pas encore de nom dans la presse.

Le 21 octobre 1968, Jean-Charles Marchiani, jeune agent du SDECE[1] reçoit une information d'une de ses correspondantes qui a pour nom de code Karamel. Elle affirme que des photographies libertines de Markovic avec la femme de l'ancien Premier ministre circulent dans Paris. Le piège se referme. Marchiani et son collègue, Paul Santenac, décident d'alerter Anne-Marie Dupuy, la

1. Service de documentation extérieure et de contre-espionnage.

chef de cabinet de Pompidou en mission au siège de l'UDR. Celle-ci se méfiant des services secrets n'en parle pas à son patron. Très amie de Jacqueline Castex, elle ne croit pas une seconde à l'existence de tels documents. Les Pompidou ne se doutent toujours de rien.

Le 30 octobre, l'affaire franchit un palier décisif et fatal pour les Pompidou. Un détenu yougoslave emprisonné à Fresnes, Boris Akov, vingt-cinq ans, prétend avoir participé à une partie fine à Montfort-l'Amaury, en banlieue parisienne, dans la résidence d'un industriel connu. Il affirme avoir satisfait les désirs d'une grande dame blonde de quarante-cinq ans, et que son ami Markovic l'aurait mis en garde : « Tu dis rien. La grande blonde, c'est Madame Premier ministre. » Ces propos font l'objet d'une note qui est transmise au ministre de la Justice, René Capitant, l'adversaire déclaré de Pompidou. Celui-ci appelle le ministre de l'Intérieur, Raymond Marcellin pour lui lire le document en s'esclaffant. Marcellin ne rit pas. Fidèle de Pompidou, que doit-il faire ? Ne rien dire pour ne pas entraver l'enquête ou l'informer des sales accusations qui se répandent ? Le 1er novembre, Bernard Tricot, le secrétaire général de l'Élysée, se rend en hélicoptère à Colombey pour informer au plus vite le Général.

Tout-Paris se gausse. Les fuites et les rumeurs courent dans les salles de rédaction, les bureaux de police, les services de renseignements et les salons mondains. Sans donner de nom, la presse insiste chaque jour davantage sur l'implication de la femme d'une personnalité politique de premier plan. Les journalistes, notamment à *L'Aurore*, *Minute* et au *Figaro* s'érigent en père la morale, dénonçant les liens entre le monde politique et le monde du spectacle, les parties fines dans les beaux quartiers et les résidences secondaires des environs de Paris, la *dolce vita* à Saint-Tropez et à Megève. On cite les Rothschild, les Lazareff. La presse affirme que la justice tente d'étouffer ce qui est un scandale politico-mondain. L'étau se resserre, implacable. Boulevard de La Tour Maubourg, dans l'entourage de Pompidou, tout le monde sait, mais personne n'ose rien dire. La calomnie n'échappe qu'à ses victimes. Georges et Claude, qui passent le long week-end de la Toussaint à Cajarc, ne se doutent toujours de rien.

Au retour des vacances, Jean-Luc Javal, ancien collaborateur de Pompidou, habitué des dîners parisiens et des boîtes à la mode, estime de son devoir de briser le silence. Après le pot hebdomadaire du lundi qui réunit les fidèles, il demande à son ancien patron de lui parler seul à seul dans son bureau : « Il faut que vous sachiez quelque chose que personne n'ose vous dire. La "femme d'un ancien ministre" dont tout le monde parle à propos de l'affaire Markovic, c'est votre femme, et ce que je puis vous assurer c'est que, dans les dîners en ville, dans les salles de rédaction, il n'est question que de cela[1] ». Pompidou est blême. Il quitte la pièce en silence. Le choc est rude : « Je ne pensais qu'à ma femme, j'imaginais son drame et, je l'avoue, je craignais le pire. Rarement ai-je été aussi près du désespoir. » Il n'a pas le courage de lui annoncer lui-même. Celui qui s'en chargera quelques jours plus tard est Javal à qui Claude en voudra toute sa vie. « Quand on me rapporta les rumeurs qui circulaient,

1. *Pour rétablir une vérité*, *op. cit.*

j'en ris tout d'abord, tant je les jugeais grotesques. Puis, je me révoltai car je compris qu'à travers moi, c'est mon mari que l'on cherchait à atteindre. Jusqu'où l'ignominie irait-elle ? » relate-t-elle avec amertume. Les Pompidou décident d'affronter la tête haute la calomnie et de continuer à sortir et recevoir.

Le 17 novembre, en début d'après-midi, Pompidou reçoit Pierre Somveille, un ancien membre de son cabinet, devenu directeur de cabinet du ministre de l'Intérieur. Somveille, embarrassé, révèle le contenu de la note réalisée à partir des déclarations d'Akov. Il raconte son itinéraire. Pompidou apprend stupéfait que Capitant, impatient de la lire, a envoyé un motard pour la récupérer, qu'il riait en la confiant à Tricot qui à son tour s'est précipité à Colombey. Il est sidéré, personne ne l'a averti. Mais le plus dur est de savoir qu'au retour de la Toussaint, le Général, avec Couve de Murville, Capitant et Marcellin ont décidé de laisser faire, il s'indigne : « Ainsi ces hommes dont plusieurs connaissaient bien mon ménage avaient plus ou moins cru à la véracité des faits puisqu'ils jugeaient que l'enquête pouvait se poursuivre dans cette voie ! Ainsi, le Général, lui-même, qui connaissait ma femme depuis si longtemps n'avait pas tout balayé d'un revers de main[1] ! »

Pompidou rencontre fin novembre à sa demande de Gaulle. L'entretien secret est froid et tendu. L'ancien Premier ministre déplore qu'il n'y ait eu aucune « réaction d'homme d'honneur » à l'Élysée et au gouvernement. Un deuxième entretien se tient début décembre en présence

1. *Pour rétablir une vérité*, *op. cit.*

de Tricot. Pompidou démonte point par point l'enquête et s'estime victime d'une machination. Pour de Gaulle, les responsables sont les journalistes colporteurs de ragots. Mais le Général se garde bien de livrer à son ancien Premier ministre le fond de sa pensée qu'il réserve à ses proches : « À trop vouloir dîner en ville comme aiment le faire les Pompidou et à y fréquenter trop de monde et de demi-monde, il ne faut pas s'étonner d'y rencontrer tout et n'importe qui[1]. »

L'affaire continue de faire la une des manchettes qui se délectent à entretenir une confusion avec Madame Claude, la célèbre maquerelle de luxe, qui, pour le malheur des Pompidou, est une ancienne des Ursulines et une voisine à Cajarc. Les policiers mènent une enquête personnelle sur Claude Pompidou, ils se rendent chez son coiffeur, interrogent ses commerçants, enquêtent à Saint-Tropez. Des photomontages réalisés avec des call-girls ressemblant à l'épouse du Premier ministre circulent. Certains prétendent qu'un film existe. On se répand sur les soi-disant penchants saphiques de madame Pompidou, on insiste sur sa silhouette androgyne, sa voix rocailleuse. Le procédé est connu. Les préjugés, la caricature, le fantasme alimentent la calomnie qui à force d'être galvaudée, reprise, étoffée devient incontrôlable y compris par ceux qui ont allumé la mèche. Les attaques inventées de toutes pièces qui visent à déstabiliser par le sexe ne datent pas d'hier, elles ont poursuivi et sali Marie-Antoinette tout au long de son règne jusqu'à la guillotine. Les journalistes relèvent avec jubilation

1. Philippe DE GAULLE, *De Gaulle, mon père*, , Plon, 2004, .

qu'Orvilliers n'est qu'à quelques kilomètres de la maison du principal suspect Marcantoni et de la décharge d'Élancourt. Une version court dans les services de police, les rédactions et les salons : Markovic se serait rendu à Orvilliers pour négocier des photos et les Pompidou auraient fait appel au corse Marcantoni pour l'éliminer.

Pompidou contre-attaque. Avec l'aide de Simonne Servais, il convoque des dizaines de journalistes, chacun deux heures, pour les convaincre de la fausseté des accusations. Anne-Marie Dupuy, au siège de l'UDR, colmate les rumeurs qui courent dans les milieux gaullistes. Marie-France Garaud est en lien direct et quotidien avec Pierre Arpaillange, directeur des Affaires criminelles au ministère de la Justice, pour suivre l'enquête. Jacques Chirac, le « bulldozer », s'engage dans la chasse aux calomniateurs tous azimuts. L'équipe fait bloc. Dans le restaurant Chez les Anges, boulevard de La Tour Maubourg, fréquenté par le monde politique et les collaborateurs de Pompidou, un jeune énarque Gérard Montassier l'apprendra à ses dépens. Alors qu'il évoque en riant les photos libertines, un monsieur se lève de la table voisine et lui flanque un violent coup de poing. C'est Pierre Juillet qui défend l'honneur de son patron. Au milieu d'un dîner parisien, Maurice Shumann, outré des plaisanteries scabreuses, prend à partie les convives et quitte la table avec perte et fracas.

Pompidou établit sa contre-enquête. Il récuse les allégations d'Akov dont il relève les invraisemblances. À l'époque où son épouse était supposée participer à une orgie à Montfort-L'amaury, elle était en vacances au fin fond de la Bretagne sous les objectifs des photographes.

Entre temps, Akov est revenu sur ses déclarations mais le nouveau PV qui figure dans le dossier n'intéresse personne. À Marcellin, Pompidou dénonce les agissements de certains de ses fonctionnaires. Il accuse le secrétaire général de la police, Aubert d'être le responsable des fuites au *Figaro* et deux agents de la DGSE d'être les auteurs des photomontages. Il fait enquêter sur le passé louche d'Alexander Markovic qui a été renvoyé de la marine yougoslave pour malversations.

Capitant, atteint d'un cancer, quitte le ministère de la Justice en décembre 1968. Jean-Marcel Jeanneney le remplace. Le nouveau garde des Sceaux, indigné du dossier, appelle immédiatement Pompidou pour l'avertir de son contenu, en particulier d'une douteuse enquête de mœurs fondée sur des témoignages anonymes.

La rupture

Dans une interview au *Point*, Pompidou accuse : « Que des hommes qui avaient été mes ministres aient laissé dire, c'est désagréable mais c'est humain... Mais que le général de Gaulle ait pu croire, ne fut-ce qu'une minute à ces calomnies, cela, je ne l'ai pas supporté. J'en ai été stupéfié, désorienté[1]. » Terriblement déçu, Pompidou acquiert sa liberté à l'égard du « grand homme ». Désormais chaque rebondissement de l'affaire coïncide avec les grandes étapes de sa route vers l'Élysée.

En janvier 1969, les Pompidou décident de se changer les idées et d'aller à Rome où leur ami René

1. *Le Point*, Interview de Georges Suffert le 12 juin 1972.

Brouillet, ambassadeur du Saint-Siège leur a organisé une entrevue avec le pape Paul VI. Le jour de son arrivée, Georges, informé par Marie-France Garaud, apprend qu'Alexander Markovic affirme avoir dîné dans la cuisine des Delon avec l'ancien Premier ministre et sa femme, Nathalie et Alain, François Marcantoni et son frère Stefan. Pour la première fois, le nom des Pompidou figure dans la procédure. Georges est ulcéré. Le lendemain, 17 janvier, lors d'une rencontre prévue de longue date avec quelques journalistes, il répond à leurs questions : « Ce n'est un secret pour personne. Je serais candidat à la présidence de la République si le général de Gaulle venait à quitter ses fonctions ». L'annonce fait l'effet d'une bombe. Toute la presse française titre le soir même sur la « déclaration de Rome » : Pompidou est candidat à la présidence de la République ! Ne se doutant de rien, Claude et Georges dînent le soir même chez Balthus avec les Burin des Roziers à la Villa Médicis, ils parlent d'art. Dès le lendemain, les réactions fusent. Les gaullistes sont scandalisés. Couve juge la déclaration « inconvenante ». De Gaulle publie un communiqué officiel et sec affirmant qu'il remplira son mandat jusqu'à son terme. Cette déclaration est-elle une gaffe ? Pompidou a-t-il réagi sous le coup de la colère à la suite de sa conversation téléphonique avec Marie-France Garaud ? Faut-il au contraire l'interpréter comme un acte volontaire et le fruit d'une décision mûrement réfléchie ? En veut-il au Général au point de provoquer la rupture ? Les conséquences sont en tout cas irréversibles. Pompidou s'affranchit publiquement de la tutelle du Général et se proclame son successeur naturel et légitime. De Gaulle ne l'admettra pas.

Le 25 janvier, après trente-cinq heures de garde à vue, Alain Delon quitte les locaux de la police. Il dément catégoriquement avoir reçu les Pompidou dans sa cuisine. L'information à propos du soi-disant dîner ne filtre pas dans la presse. Alexander Markovic et son avocat Roland Dumas affirment que la star connaît davantage qu'il ne le dit l'ancien Premier ministre et sa femme. On parle d'amis communs à Paris, à Saint-Tropez et à Megève, d'une partie de poker chez les Lazareff que Pompidou aurait perdue et du chèque de banque qu'il aurait rempli à l'ordre de Delon pour honorer sa dette de jeu.

Le 13 février, alors que les journaux rendent compte des confrontations entre Delon, Marcantoni et Markovic, l'ancien Premier ministre franchit à Genève l'étape décisive de son émancipation. Dans une déclaration solennelle, il confirme qu'il sera le moment venu candidat à la présidence de la République. Pompidou est désormais animé d'une détermination farouche. Homme politique blessé et endurci, il est décidé à se mesurer à son destin.

Le 4 mars, la sale affaire connaît un rebondissement fracassant. Un avocat de Marcantoni demande l'audition du couple Pompidou sur le prétendu dîner dans la cuisine des Delon. Pour la première fois, leur nom est cité publiquement. France Inter diffuse la nouvelle. Jacques Chirac l'entend au volant de sa voiture. Furieux, il bondit dans un café pour appeler vivement le ministre de l'Information, Le Theule. Trop tard, l'information est reprise en boucle par tous les journaux. Pompidou réagit immédiatement et publie un communiqué préparé avec Édouard Balladur : « Selon une information diffusée ce matin par l'ORTF et reprise par la presse, les défenseurs d'une personne inculpée dans une affaire judiciaire ont demandé l'audition de monsieur et madame Georges Pompidou. Cela fait suite à une série de rumeurs mensongères complaisamment répandues, depuis plusieurs semaines, à des fins totalement étrangères à l'intérêt de la Justice. Le secrétariat de l'ancien Premier ministre du général de Gaulle fait connaître que monsieur Pompidou et son épouse ignorent tout des causes et des circonstances de ce fait divers ». Le communiqué est mal reçu à l'Élysée qui n'apprécie pas que le nom de De Gaulle ait été cité.

Pour Claude, ces mois sont une épreuve terrible. Un traumatisme. Elle est salie et meurtrie. Atteinte dans sa dignité de femme et d'épouse. Son honneur est bafoué. Elle n'ose plus ouvrir le courrier ordurier qui s'amoncelle, lettres d'injures ou d'illuminés qui lui donnent des rendez-vous à Paris, ni répondre au téléphone qui l'assaille d'appels anonymes. Pour se protéger, les abonnements de journaux sont suspendus, la télévision et la radio restent muettes. Georges se sent responsable, il craint le pire. Il est scandalisé que, pour l'attaquer, lui, l'homme politique, ses ennemis s'en soient pris à sa femme. En privé, ils évitent d'en parler. En public, Claude affiche une froide désinvolture et décide d'affronter les dîners parisiens où se propage la rumeur. Elle tient tête courageusement et lance la conversation sur l'affaire. Pierre-Christian Taittinger se souvient : « Les photos, on lui en montrera ! Une bande de jeunes à moitié à poil ensemble, trop c'est trop ! C'était tellement énorme que cela a réussi à la faire rire ! » Sa sœur Jacqueline est plus que jamais sa confidente, celle avec qui elle peut se laisser aller dans les moments de désespoir et de lassitude. Jean-

Paul Giroud, qui est à Londres pour raisons professionnelles, appelle régulièrement quai de Béthune, selon lui Claude ne se laisse pas abattre, elle est en colère : « Je l'arrêtais parfois parce qu'elle se lâchait sur l'affaire Markovic. Sur une table d'écoute, cela ne passait pas. Elle avait son franc-parler. Elle disait les choses clairement. » Les amis de l'époque insistent : « C'était un vrai couple, et c'est pourquoi ce genre d'attaques était infâme », « Les gens qui la connaissaient savaient que c'était inimaginable, que c'était de la calomnie ignoble. »

Yvonne de Gaulle est scandalisée. Philippe de Gaulle[1] se souvient de vacances à La Boisserie : « Je trouve ma mère révoltée. À l'heure du thé, j'assiste à un dialogue entre mes parents : "Comment peut-on laisser accuser une femme pareillement ? s'emporte ma mère. Je connais trop Claude Pompidou, c'est une accusation mensongère. Ne peut-on pas arrêter toutes ces rumeurs scandaleuses ?" » Quant à de Gaulle, il réalise le geste tant attendu des Pompidou en les conviant à dîner à l'Élysée le 12 mars. Michel Jobert décrit Claude ce soir-là : « J'étais dans le petit bureau de Georges Pompidou, boulevard de La Tour Maubourg quand sa femme vint l'y chercher. Quel effort ne faisait-elle pas pour paraître indifférente et oublier pour ce soir les semaines misérables dont on l'avait accablée comme si elle n'était pas une personne vulnérable et fière[2]. » La soirée est lugubre, et se tient à la déception de Georges avec les Debré :

1. *De Gaulle, mon père*, *op. cit.*
2. Michel Jobert, *Mémoires d'avenir*, Grasset, 1971.

« Ainsi, ce n'était plus un dîner Pompidou mais un dîner des anciens Premiers ministres. Nous comprenions l'utilité pour l'extérieur, mais nous trouvions que c'était bien tard et peu spontané. Ni madame de Gaulle par réserve habituelle, [...] ni le général de Gaulle, par gêne, j'imagine, n'eurent un mot du cœur. » Michel Debré se souvient : « Sinistre. J'étais fortement grippé, Pompidou tenait sa femme par la main et ne cessait de la regarder, la conversation était languissante, les assiettes sont restées aux trois quarts pleines[1] ». Yvonne de Gaulle décrit le couple : « Lui était fermé, hostile. Claude au contraire, essayait d'être comme d'habitude, souriante, charmante[2] ». Les Debré partent les premiers. De Gaulle demande à son ancien Premier ministre de participer à la campagne en faveur du référendum du 27 avril sur la réforme du Sénat. Les Pompidou saluent leurs hôtes et quittent l'Élysée main dans la main. Sans effusion ni regret. Ils ne reverront pas le Général.

Claude est blessée par le silence du « grand homme » mais n'en laisse rien paraître. En termes volontairement mesurés, elle invoquera la responsabilité de l'entourage du Général qui l'aurait mal informé.

Par sens du devoir et persuadé que les Français diraient non, Pompidou fait campagne pour le « oui » et participe à une importante réunion à Lyon. Les gaullistes, Malraux en tête, lui demandent d'avertir les Français qu'en cas d'échec au référendum et du retrait du Général, il ne se présenterait pas à la présidence de la République. Pompidou refuse. Le 27 avril 1969, les Français disent non.

1. Michel Debré, *Mémoires*, Albin Michel, tome III, 1988.
2. *De Gaulle, mon père*, *op. cit.*

Comme il l'avait annoncé, de Gaulle quitte l'Élysée le lendemain. Conformément à la Constitution, Alain Poher, président du Sénat, assure l'intérim de la présidence de la République. Le 29 avril à neuf heures, Pompidou annonce sa candidature, une réunion se tient boulevard de La Tour Maubourg pour choisir les affiches de la campagne. De Gaulle part en Irlande le 9 mai et remet une procuration de vote à sa fidèle servante, Charlotte. Il ne recevra jamais Pompidou après son départ et dira à ses proches : « Pompidou, c'est sur mon lit de mort qu'il me reverra ».

La campagne présidentielle

Pompidou se bat avec la vigueur « d'un tigre blessé ». Il veut gagner. Quelques grandes figures gaullistes lui font défaut. Capitant exprime son opposition dans une tribune virulente au *Monde*. Louis Joxe, Christian Fouchet et André Malraux ne prennent pas parti. À la grande surprise de tous, Jacques Foccart, le « monsieur Afrique » et l'homme des services secrets à l'Élysée depuis 1958, fondateur du SAC[1], rejoint l'état-major de campagne de Pompidou et met ses réseaux à sa disposition. Sur le plan politique, le candidat obtient l'adhésion de l'UDR, des républicains indépendants de Valéry Giscard d'Estaing et le ralliement d'une partie des centristes avec Jacques Duhamel, Joseph Fontanet et René Pleven. Son petit bureau ne désemplit pas. Nombreux sont les visiteurs illustres qui viennent s'assurer de leur avenir. Partout en France, des comités de soutien se créent.

1. Service d'Action civique, service d'ordre du mouvement gaulliste.

Pompidou est animé d'une ambition pour la France. Il axe sa campagne sur quelques thèmes centraux, alliage subtil de continuité gaulliste et de modernité : modernisation et industrialisation du pays, élargissement de l'Europe avec l'entrée de la Grande-Bretagne, rapprochement avec les États-Unis, droit d'Israël d'exister en tant qu'État, libéralisation de l'information à l'ORTF, suppression des polices parallèles.

Au premier tour, Pompidou affronte Gaston Defferre pour les socialistes, Jacques Duclos pour le parti communiste, Alain Krivine pour la ligue communiste et Michel Rocard pour le PSU. Le grand favori des sondages est Alain Poher qui rallie une grande partie des centristes. Le 1er juin, Pompidou recueille 44,4 % des suffrages exprimés contre 23,3 % à Poher.

Contrairement à la légende, Claude n'a jamais menacé de divorcer. Victime directe de la politique qu'elle déteste, elle se sent impuissante face au destin et à la volonté de Georges. Tiraillée entre le sens du devoir et une profonde aspiration à la liberté. Mais à partir du moment où la campagne présidentielle est lancée, elle souhaite que Georges gagne. Elle y voit le moyen de faire face et de sortir la tête haute des abjectes rumeurs. Claude est également portée par la confiance de Georges : « Il pense qu'il fera mieux qu'un autre. Alors je le suis. » Avec l'humour et la distance qui la caractérisent : « Si j'avais un destin personnel, je lutterais peut-être contre le sien pour sauvegarder le mien. Mais je n'en ai pas, alors je suis vraiment la femme qui suit son mari[1]. »

1. *Elle*, 29 juin 1969.

L'épouse du candidat affirme suivre de près la campagne, écouter les déclarations des adversaires de son mari et avoir été déçue par certains sondages : « Je me suis même risquée à émettre des naïvetés : avec tout le mal que tu te donnes, toujours 41 % ? » Aux journalistes qui la questionnent sur les projets du couple en cas de victoire à l'Élysée, elle réplique qu'elle se garde bien d'aborder le sujet dans l'intimité : « On verra bien. On essaiera de faire les choses comme il faut ». Claude ne participe pas directement à la campagne et n'accompagne pas Georges dans sa tournée de meetings. Elle n'accorde qu'une seule interview, au journal *Elle* et pose pour *Match* en couple à Orvilliers les dimanches d'élections. La calomnie a eu raison de sa santé. Atteinte d'un zona très étendu, elle doit se reposer et se réfugie de longs week-ends à Cajarc. Seule pendant que Georges en campagne sillonne la France, la présence de sa sœur et de quelques amis proches à qui elle peut laisser éclater son indignation et sa colère lui est indispensable. La prière, l'art et la musique, la rêverie lui donnent sa liberté intérieure ; elle y puise sa force.

Pendant la campagne présidentielle, les attaques fusent, les tracts orduriers sont distribués, Pompidou à la télévision menace : « Ceux qui sont tombés si bas au point d'attaquer la personne qui m'est la plus chère ». Le couple est attaqué sur tous les fronts. Pour prouver qu'ils sont mondains et snobs, on les prend en photos sortant d'un dîner chic chez le milliardaire Paul-Louis Weiller ou à Cajarc en compagnie de l'éditeur Christian Bourgois et de sa femme Jacqueline de Guitaut, directrice chez Dior ; on publie un ancien cliché d'eux en smoking et robe longue au bal Proust chez les Rothschild. Claude est critiquée, présentée comme une femme dépensière, coquette et légère qui porte des tenues trop voyantes et aurait commandé une onéreuse garde-robe en prévision de l'Élysée. Des photographies paraissent des Pompidou à Saint-Tropez, dans une élégante villa, Claude assise par terre au milieu d'amis bronzés et décontractés, Georges un verre à la main devant le spectacle d'une danseuse du ventre, « Il se pourrait bien que Saint-Tropez ait coûté la France à Pompidou » titre *Minute* avant le premier tour.

Le candidat donne parfois des signes de détresse, Pierre Mazeaud et Maurice Schumann le voient à bout. Il a eu sous les yeux un album de photomontages. Il dissimule sa colère et sa douleur derrière le sourire composé du candidat en campagne. Il part enregistrer des émissions officielles à la télé, angoissé pour Claude, écœuré par la bassesse humaine. L'avocat de Marcantoni, Jacques Isorni, qui a défendu le maréchal Pétain demande au juge Patard l'audition des Pompidou avant le second tour du 15 juin. Patard refuse. Isorni s'étonne devant les journalistes et fait appel du rejet de la demande de mise en liberté de son client. La veille du second tour, des tracts circulent dans Paris : « Président : Georges Pompidou ; Premier ministre : Alain Delon ; ministre de la Justice : François Marcantoni ». Les lettres anonymes affluent quai de Béthune. Des bandeaux injurieux sont collés dans Paris « Pompidou chez Patard ». Des photomontages pornographiques représentant soi-disant Madame Pompidou circulent avec en légende : « Les mœurs de ceux qui nous gouvernent ».

La victoire est au bout des terribles mois d'épreuves. Le 15 juin, Pompidou, à 58 ans, est élu avec plus de 58,20 % des voix. Claude, à 56 ans, salie et meurtrie, devient première dame de France. François Gall raconte le soir des résultats : « Nous étions quai de Béthune, une douzaine, peut-être seize. Nous discutions d'un de nos sujets préférés : est-ce le destin ou la volonté qui compte le plus dans la vie d'un homme ? Georges était dans la salle à manger à attendre les résultats. Il ne fallait pas le déranger. À huit heures une, sans demander l'autorisation, nous sommes entrés dans la pièce en disant : "Destin ou volonté ?" Il a éclaté de rire et a répondu : "On voudrait bien que ce ne soit que la volonté". Puis il s'est mis à servir lui-même ses amis de champagne, il est passé de l'un à l'autre, comme s'il était gêné d'être élu. Il voulait nous montrer qu'il restait lui-même. Malgré cela, nous percevions l'intrusion de cette élection dans l'équilibre que nous formions. Il a voulu le faire avec beaucoup de gaieté, comme s'il était gêné d'être élu. Probablement voulait-il montrer qu'il restait lui-même. C'était tout de même étonnant ! » Pour Claude la soirée est étrange, elle est entourée de ses amis, Jacqueline et François sont également présents mais l'euphorie générale ne la touche pas, elle sait qu'elle passe de l'autre côté du miroir, prisonnière de son destin.

Dès le lendemain de son installation, le 21 juin, le président de la République demande à Michel Debré, ministre de la Défense une enquête sur le rôle du SDECE dans l'affaire. Le 6 août, il somme son ministre de l'Intérieur, Raymond Marcellin de mener à terme l'enquête sur l'assassinat de Stefan Markovic. Au ministère de la Justice, René Pleven donne des consignes pour surveiller Marcantoni dont la nouvelle demande de liberté a été rejetée.

Un complot

Qui est responsable de cette cabale ? Les ennemis de Pompidou sont nombreux. Pour un certain nombre de gaullistes, il est un intrus, un non-résistant passé par la petite porte en 1944. En 1962, sa nomination à Matignon suscite de vives critiques chez les parlementaires UNR, le banquier poète n'est ni député, ni membre du parti. Sa légitimité gaulliste est contestée, on dénonce le conservateur de droite, le libéral dévoué à la haute finance internationale et l'atlantiste. Les gaullistes de gauche avec en tête Louis Vallon et René Capitant sont particulièrement critiques, ils alimentent la grogne dans les rangs de la majorité présidentielle et s'opposent violemment au Premier ministre sur la politique de participation.

Les gâtés de la vie que sont les Pompidou paient le prix fort de leur conte de fées. Les années d'insouciance et d'ascension sociale dans l'intimité des Rothschild, chez les Lazareff où se croisent artistes, acteurs, financiers, hommes politiques et mondains se retournent comme un boomerang. La jet-set, le luxe, l'argent, Saint-Tropez, les fêtes composent un cocktail explosif et sulfureux. L'image est désastreuse pour celui qui est devenu entre temps présidentiable. C'est son talon d'Achille, ses ennemis l'exploitent avec cruauté. Ce qui favorise l'affaire et son développement, c'est aussi la jalousie et la haine que suscitent l'ambition naturelle et la réussite du couple Pompidou. C'est bien leur mode de vie, leurs amis, leur histoire personnelle qui sont visés. Le procédé utilisé est aussi classique qu'efficace. Le scandale lié au sexe, à la pornographie, et au mythe d'une élite aux mœurs dépravées est une arme redoutable pour casser une carrière politique. L'autre moyen d'éliminer un homme politique étant le scandale financier.

La réaction au sein de l'État laisse songeur. Si Pompidou a su mobiliser des rouages efficaces pour se défendre, notamment au ministère de l'Intérieur, beaucoup désapprouve, comme le général de Gaulle, ses relations et déplore son manque de prudence. Avec une bonne dose d'hypocrisie qu'il convient de relever. Couve de Murville, le Premier ministre pour ne citer que lui, est régulièrement vu dans ces cercles politico-mondains dénoncés dans la presse. D'autres comme Maurice Grimaud, Jacques Foccart estiment que Pompidou a surréagi et que sa femme a perdu son sang froid. Dans les deux cas, c'est une manière de les rendre implicitement responsables de l'affaire.

Sur le plan politique, ceux qui ont voulu éliminer Pompidou l'ont au contraire déterminé à se lancer dans la bataille avec la volonté farouche de gagner. Malgré son rejet de la politique, Claude partage les sentiments de Georges. La victoire lavera leur honneur et anéantira leurs ennemis.

Les responsables de la machination, Pompidou les désigne à ses proches : « Capitant par bêtise, Vallon par méchanceté et Couve par lâcheté ». René Capitant ne cache pas la haine qu'il voue à l'ancien Premier ministre et son refus de le voir succéder au Général. Garde des Sceaux au moment où éclate l'affaire Markovic, il a une responsabilité dans le déroulement de l'enquête menée à charge contre l'ancien Premier ministre et son épouse. Roland Dumas, pourtant avocat de la partie civile, reconnaît que le juge Patard a fait preuve d'acharnement contre les Pompidou ; il l'explique par les pressions qu'exerçait sur lui le ministre de la Justice[1]. Quant à Louis Vallon, il se répand sur l'affaire et ne boude pas son plaisir. Maurice Couve de Murville, qui a longtemps attendu son tour à Matignon et souhaiterait y rester jusqu'en 1972, le temps de gagner une stature de présidentiable, s'est dans doute réjoui de cette sale affaire. Non seulement il n'a pas le courage de prévenir son prédécesseur de ce qui se trame, mais certains membres de son cabinet distillent des ragots à la presse et à l'étranger en affirmant que Pompidou est fini. Pour le député du Cantal, Tricot porte également une lourde responsabilité en ayant rapporté au Général la rumeur telle quelle sans la moindre mise en garde. Une question cruciale subsiste : quel a été le rôle de Jacques Foccart qui avait la haute main sur les services secrets, la police et le SAC à l'Élysée ? Figure-t-il malgré son ralliement d'avril 1969 sur la liste noire de Pompidou ?

Au niveau subalterne, le dossier nauséabond est confectionné par des policiers et des agents des services secrets souvent liés au SAC qui se croient couverts en haut lieu et travaillent avec des voyous, des indics et des prostituées. Les photomontages sont l'œuvre d'anciennes barbouzes qui règlent leurs comptes après l'affaire Ben Barka. Des rumeurs contradictoires ont circulé concernant les mobiles des agents du SDECE, certains auraient été manipulés par l'Est pour empêcher Pompidou favorable aux États-Unis d'accéder à l'Élysée, d'autres, anciens OAS et liés à l'extrême droite auraient voulu faire

1. C'est la version de Roland Dumas,exposée dans *Le fil et la pelote*, Plon, 1996.

payer à Pompidou ses négociations secrètes avec le FLN et les accords de mai 1968 avec les syndicats. Les journalistes y compris ceux de la presse traditionnelle portent une lourde responsabilité dans la surenchère aux titres racoleurs, la course aux fuites, le goût du scandale et du scabreux. Étonnamment, *Le Canard Enchaîné* a peu exploité l'affaire[1].

L'hypothèse la plus vraisemblable est qu'il s'agit d'un fait divers sordide et crapuleux tombé par hasard mais à point pour éliminer Pompidou en route pour la présidence. L'affaire, non préméditée, est exploitée par ses différents adversaires politiques, une extrême droite sans scrupule et une partie des gaullistes. Les hommes politiques sont des prédateurs impitoyables et l'affaire Markovic fait partie de l'Histoire secrète de la République. « Un jour peut-être la vérité éclatera », espère le biographe Éric Roussel.

Une affaire qui traîne

Le 4 décembre 1969, après onze mois de prison, Marcantoni est libéré. L'enquête n'avance pas. Le 26 avril 1970, *France Soir* publie en première page une lettre ouverte d'Alain Delon, à bout de forces, au président de la République. Pompidou interprète une phrase comme une menace personnelle. Il est furieux.

Pompidou, président, veut la réforme des services secrets. En octobre 1970, il nomme Alexandre de

1. Roland Dumas, avocat de Stefan Markovic, est aussi l'avocat du journal satirique, faut-il y voir un lien ?

Marenches à la tête du SDECE en le chargeant d'épurer les services et de garder, bien que dépendant du ministère de la Défense, un lien direct avec l'Élysée.

Deux années après la mort de Pompidou seront encore nécessaires pour mettre un point final à l'affaire Markovic qui se termine par un non-lieu prononcé le 12 janvier 1976. Le dossier qui comprend plus de soixante mille pages n'intéresse plus personne.

Ces mois de rumeurs et de diffamations marquent une rupture dans la vie des Pompidou. À quatre-vingt-cinq ans, Claude écrit : « Cette affaire Markovic empoisonna toute notre vie pendant des mois. Elle me reste encore sur le cœur. » Le pire avec la calomnie, c'est qu'il en reste toujours quelque chose. Ils sont nombreux, à l'annonce d'une biographie de Claude Pompidou, à poser la question : « Alors, l'affaire Markovic, c'était vrai ? » Claude le sait et en souffrira toute sa vie.

C'est une femme marquée et meurtrie qui entre à l'Élysée. La première dame de France sera particulièrement méfiante et critique à l'égard des hommes politiques et des journalistes. Elle nourrira des rancunes tenaces à l'égard de certains prétendus amis. Quant à Georges, il établit la liste de ceux qu'il estime responsables sur une feuille gainée de cuir qu'il garde jusqu'à sa mort sur lui. Il ne leur pardonnera pas.

Chapitre 8

Un vent de modernité à l'Élysée

Après des mois de calomnie et de retrait volontaire, Claude affronte les feux des projecteurs et dissimule comme elle le peut le flot de sentiments contradictoires qui la submerge : fierté que les Français aient élu son mari et juste revanche vis-à-vis de ses ennemis, volonté farouche de protéger son espace privé et détermination, tout en restant à sa place, d'aider Georges les sept longues années à venir.

L'installation

En visitant l'Élysée dès le lendemain de l'élection, Claude ne cache pas son désarroi devant les tentures et les rideaux défraîchis, les tapis et les moquettes décolorés, le mobilier faux Louis XVI digne d'une sous-préfecture. Dans les appartements privés, de rustiques armoires en bois encombrent les chambres. L'Élysée tient de la ville de garnison avec ses corps de garde, les relèves militaires plusieurs fois par jour et le va-et-vient incessant d'un personnel de cinq cents personnes (militaires, administratifs, personnel de maison). Claude ne peut se résoudre à s'y enfermer. Pour Georges, c'est un sacrifice nécessaire car les Français ne comprendraient pas que leur président de la République n'habite pas l'Élysée comme l'avait fait avant lui le général de Gaulle. Résignés mais désirant garder un tant soit peu la maîtrise de leur vie, les Pompidou prennent deux décisions. Ils vont refaire les appartements privés et ils quitteront l'Élysée le mercredi soir pour leur appartement du quai de Béthune. Si les obligations officielles ne justifient pas sa présence sur place, Claude y restera jusqu'au départ pour Orvilliers le samedi. Les trajets entre l'Élysée et l'île Saint-Louis se font en voiture banalisée et la discrétion à propos des allers-retours du couple présidentiel est de rigueur. La presse ne s'en fait pas l'écho.

Le 20 juin 1969, le protocole ne prévoit pas la présence de Claude lors des cérémonies d'installation du président. La première dame ne bénéficie d'aucun texte officiel, elle n'existe pas constitutionnellement et n'a aucune attribution particulière. Arrivée discrètement à l'Élysée, elle se tient dans le petit salon des aides de camp, en compagnie de sa sœur Jacqueline et de son beau-frère François pour suivre en direct sur le poste de télévision en noir et blanc le déroulement des événements. Georges, qui a quitté en jaquette le quai de Béthune, foule à onze heures le tapis rouge déployé dans la cour de l'Élysée. Ironie de l'histoire, le protocole veut qu'il soit accompagné du Premier ministre du précédent gouvernement, Maurice Couve de Murville ; on perçoit la froideur derrière les sourires de circonstance. Sur le perron, c'est au tour d'Alain Poher, son ancien rival à la présidence et président par intérim de l'accueillir. Dans la salle des Fêtes, l'assistance est composée d'officiels, les corps constitués, les hauts fonctionnaires, les diplomates et le cabinet de Georges. Ni amis, ni membres de la famille ne sont présents. Le président du Conseil constitutionnel, Gaston Palewski, lit publiquement les résultats de l'élection présidentielle. Vingt et un coups de canon sont tirés des berges de la Seine. Le Grand Chancelier passe alors au cou du président le collier de la Légion d'honneur. Après son premier discours de président, Pompidou se rend sur le perron du parc où la garde républicaine exécute la Marseillaise avec solennité.

À midi, les invités quittent l'Élysée et Georges peut enfin rejoindre Claude. À 14 h 40, Couve de Murville revient le chercher pour se rendre au tombeau du Soldat inconnu à l'Arc de triomphe. Après avoir ranimé la flamme, le président de la République descend l'avenue des Champs-Élysées, escorté par la garde républicaine à cheval. Claude n'est présente qu'à la réception à l'Hôtel de Ville à seize heures trente. Une double haie de quarante-quatre cavaliers à pied, bottes rutilantes et sabre au clair les accueillent sur les marches des deux escaliers d'honneur. Rafraîchissements et gerbes de fleurs sont offerts dans les salons d'apparat à la première dame de France tandis que le président du Conseil de Paris, Bernard Rocher, présente au président de la République les conseillers de Paris, les préfets de Paris et de police et lui remet la médaille d'or de la Ville de Paris. Une heure plus tard, la voiture présidentielle sous escorte motocycliste regagne l'Élysée où le couple est attendu pour une séance de photographies dans le parc.

Claude a choisi une robe en soie à motifs géométriques marron et noir sur fond blanc d'Yves Saint Laurent, revêtue d'un manteau blanc fermé à l'encolure par un élégant clip. Le style est volontairement sobre et austère, quasi monial. Le premier dîner à l'Élysée se déroule dans l'intimité familiale avec les Castex et leur fille Laure. Au menu, melon et poulet de Bresse grillé, accompagné d'un Mouton-Rothschild 1959[1]. Faut-il voir dans le choix de ce grand cru un clin d'œil à l'histoire, les belles années Rothschild et le fameux jour de janvier 1959 où Georges a descendu les Champs-Élysées aux côtés du Général ?

La première nuit à l'Élysée est mauvaise, Claude se souvient : « Nous allions dormir dans la chambre du général de Gaulle. J'avais beau avoir été rompue à de nombreuses expériences, ce soir-là, je fus terriblement impressionnée. » Un temps d'adaptation est nécessaire aux nouveaux locataires. Par une belle soirée d'été, Claude et Georges se promènent dans le parc bras dessus bras dessous, le long des allées en gravier, sous les arbres centenaires plantés par l'impératrice Joséphine, quand tout à coup une sentinelle en faction crie à plusieurs reprises : « Qui va là ? », « C'est nous ! » s'esclaffe Claude. Georges a oublié le mot de passe. L'Élysée est une lourde maison qui ne connaît pas l'imprévu, la nouvelle maîtresse des lieux l'apprend vite : « J'avais invité à dîner des amis américains de passage à Paris, le couturier Oscar de la Renta et son épouse, mais j'avais omis de prévenir l'intendance. Quand ils arrivèrent, rien n'avait été préparé, et nous dûmes nous contenter d'une salade et d'une tranche de jambon. »

1. *Paris Match*, 28 juin 1969.

Plus difficile à accepter pour les Pompidou, la perte de leur liberté. Ils en font rapidement l'amère expérience. Georges, peu de temps après son installation à l'Élysée, sort quelques minutes à pied pour se rendre à la galerie Alex Maguy, rue Saint-Honoré. À peine a-t-il fait quelques pas qu'une foule de curieux l'entoure. Il comprend qu'il n'a plus le choix. Désormais, il ne pourra visiter les galeries que tôt le matin avant l'ouverture et les artistes devront se rendre dans son bureau pour lui présenter leurs œuvres. Certains ne passent pas inaperçus. Hundertwasser, avec ses casquettes, son étonnante barbe et ses toiles sous le bras provoque à chaque fois l'étonnement des gardes et des huissiers. De son côté, Claude veut continuer à se rendre à Orvilliers librement au volant de sa Porsche mais un jour elle tombe en panne et doit faire du stop. Après cette mésaventure, un chauffeur et un inspecteur de sécurité lui sont imposés pour chacune de ses sorties. Détail anecdotique mais révélateur de leur état, Georges et Claude ne doivent plus fumer de Philip Morris, il leur faut changer pour des cigarettes fabriquées en France, ils opteront pour Marlboro.

Un nouveau style

Claude est la quatrième maîtresse des lieux à l'Élysée depuis la Libération. Michelle Auriol, la première a marqué son temps. Très sollicitée par les journalistes, elle joue le rôle de *First lady* à la française. Élégante, ses robes New-Look font sensation lors d'un voyage présidentiel aux États-Unis. Elle décide la restauration de l'Élysée où elle supervise de fastueuses réceptions officielles couvertes par *Paris Match*. En 1954, le style change radicalement avec « Grand-mère Coty » à la lourde et réconfortante silhouette et dont la simplicité est très appréciée. Elle meurt en 1955 et la France n'a plus de première dame. En 1959, celle que les Français appellent affectueusement « Tante Yvonne » s'installe à contre-cœur à l'Élysée. Madame de Gaulle incarne les vertus d'ordre, d'économie, de respect des traditions et des valeurs morales. Elle adopte l'effacement volontaire à tel point qu'un jour, les gardes du corps la perdent dans la foule. Yvonne de Gaulle n'aime pas la vie officielle et a des principes, elle refuse de recevoir les divorcés. Son affection est réelle pour Claude qu'elle appelle « ma petite Claude », elle est la seule dans l'entourage du Général à protester lors de l'affaire Markovic.

Claude cite souvent en exemple madame de Gaulle : « Je me tins à ma ligne de conduite, celle de madame de Gaulle : la simplicité encore et toujours. » Les valeurs françaises, provinciales et catholiques, fondées sur le sens du devoir et la rigueur d'Yvonne rappellent à Claude celles de son enfance. Le contraste entre les deux femmes est pourtant saisissant. Fantaisiste, non-conformiste, Claude, malgré elle, choque parfois, comme ce soir d'octobre 1968 à l'Opéra où elle exhibe un bermuda en soie lamé or Chanel. Ses vacances à Saint-Tropez, ses amis artistes et mondains, son goût pour la haute couture, sa passion pour l'art moderne et la musique contemporaine sont bien loin de la vie et des préoccupations de madame de Gaulle ! Faut-il déceler dans la référence systématique à l'épouse du Général une manière subtile pour Claude, même si elle s'en est toujours défendue, de faire de la politique en se situant dans la continuité gaulliste ?

La rupture avec le passé est pourtant flagrante. Les Pompidou imposent un nouveau style qui tranche avec le couple de Gaulle réputé pour son austère retenue. On ne compte plus les photographies de Georges couvant des yeux Claude, l'embrassant, lui souriant, ajustant tendrement son écharpe en soie, lui passant le bras autour de la taille. Dans un petit reportage télévisé, les Français apprennent que leur président appelle en privé sa femme « bibiche » et la tutoie. L'impensable avec les de Gaulle se réalise avec les Pompidou. Ils se montrent aux caméras dans l'intimité. Avec réticence et en imposant quelques règles très précises, mais ils le font. Ils entrouvrent leurs portes à Orvilliers et à Cajarc et prennent la pose en col roulé et pantalon de velours au coin du feu. Des clichés montrent Georges avec son premier petit-fils, Thomas, dans les bras. L'été 1969, en vacances à Brégançon, ils sont photographiés, en polo pour le président et élégant peignoir bleu-marine à ceinture blanche pour Madame, bronzés, souriants, les cheveux au vent à bord d'un zodiaque. Dans le clan gaulliste, certains critiquent cette attitude jugée démagogique voire vulgaire. Couve de Murville, Malraux et de Gaulle s'inquiètent de la désacralisation de la fonction présidentielle. Après le Général, président de la France, Pompidou qui perçoit l'évolution de la société et son aspiration à une nouvelle gouvernance proche du terrain et des gens, veut être le président des Français.

Dès les premiers jours à l'Élysée, Pompidou prend des décisions concernant sa femme. Pour la protéger. Il charge Denise Esnous, fidèle secrétaire depuis Matignon, de son emploi du temps, de son courrier et de ses activités sociales. Une assistante sociale la seconde qui est affectée au tri de l'innombrable courrier des doléances et des requêtes adressées à la première dame de France. Par mois en moyenne, cinq cents à mille lettres lui sont destinées. En octobre 1970, Pompidou décide également qu'un membre du service du protocole sera chargé d'organiser et de superviser les activités de Claude. Ce sera Alain Briottet, un jeune secrétaire d'ambassade venant d'Ankara. Cette fonction est nouvelle, madame de Gaulle ne disposait d'un aide de camp qu'à l'occasion de ses déplacements officiels avec le Général, à l'étranger ou en province. La tâche d'Alain Briottet est permanente et beaucoup plus vaste, il doit tenir l'agenda de Claude Pompidou et préparer minutieusement chacune de ses sorties. Tout est prévu à la minute et au détail près, le nombre de marches à gravir à l'entrée, les personnes à qui la première dame doit serrer la main, la remise du bouquet par une petite fille et le temps imparti aux rafraîchissements. Pour les réceptions officielles, il prépare une biographie des personnalités qui lui seront présentées ou placées à ses côtés. Claude réalise rapidement que le protocole qu'elle redoutait constitue une précieuse barrière de protection. Autre nouveauté voulue pour sa femme par Georges Pompidou, le recrutement de Gilbert Paris, publicitaire à l'agence Havas. Marquée par l'affaire Markovic, Claude se tient en retrait face aux journalistes et son image est floue. Les Français sont déconcertés par son attitude timide face aux caméras, sa longue silhouette et ses gestes un peu brusques, son regard où passent de l'amusement, de la rêverie et un peu d'effroi. Gilbert Paris est chargé d'y remédier.

À l'Élysée, l'heure est à la modernité. Désormais en Conseil des ministres, les ministres ont droit à la cigarette et à quelques plaisanteries, le rythme doit être soutenu et Pompidou n'hésite pas à couper les exposés lénifiants. Des conférences de presse à l'américaine sont instaurées avec des journalistes qui ont le droit de poser davantage de questions au président. Le protocole est allégé. Georges remet à son goût le bureau du Général en y accrochant aux murs le Soulages et le Nicolas de Staël qu'il avait dans son bureau à Matignon. À côté des photos de famille en vacances et de celle dédicacée par le général de Gaulle datée du 18 juin 1954, un marbre blanc de Hans Arp trône en face d'une tête khmère. Certaines traditions sont bousculées. Au grand dam des partisans de l'art académique, le président décide de faire graver la médaille commémorative du septennat par le sculpteur Hadju et commande son portrait à l'artiste cinétique Vasarely[1].

Pour la France, le nouveau président fixe un cap : modernisation et industrialisation. De 1969 à 1971, il pilote vingt conseils restreints sur la politique industrielle et encourage la concentration industrielle (Société nationale des industries aéronautiques et spatiales, Pont à Mousson-Saint-Gobain, Péchiney-Ugine Kuhlmann). Pompidou est le premier chef d'État à se faire accompagner dans ses déplacements à l'étranger par une délégation de chefs d'entreprise et il crée le secrétariat d'État à la moyenne et petite industrie. Son septennat est marqué par le lancement de grands projets : Airbus, le programme Ariane, le TGV, le RER et le développement du nucléaire civil. L'Europe est le deuxième axe prioritaire

1. Le portrait original en relief est exposé au musée Georges Pompidou à Montboudif.

du président qui souhaite l'entrée de la Grande-Bretagne et amorce la marche vers l'union économique et monétaire. Autre innovation à l'actif de Pompidou, la création du ministère de l'Environnement. Étonnamment, certains sujets sont délaissés par le vent de modernité. Non seulement, une seule femme siège au gouvernement comme simple secrétaire d'État à l'Éducation nationale, mais le président ne se saisit pas des débats sociétaux de l'époque, la libéralisation de l'avortement et l'abolition de la peine de mort.

Claude et la rénovation de l'Élysée

Les Pompidou veulent donner au monde l'image d'une France moderne. L'Élysée doit devenir la vitrine du patrimoine français en s'ouvrant à la création. Dans cet esprit, ils décident de transformer l'aile Jules-Grévy qui ne présente aucun style architectural en salons contemporains.

Claude se passionne pour le projet et conduit la révolution de Palais en travaillant directement avec Jean Coural l'administrateur du Mobilier national[1]. Afin que rien ne soit irrémédiable, les murs et les plafonds des pièces sont recouverts de panneaux amovibles. L'aile Jules Grévy comporte un couloir qui donne sur le parc et ouvre sur trois salons et une salle à manger. Pour la première pièce que les Pompidou imaginent en cabinet de

1. Le Mobilier national gère la collection issue des achats et des commandes destinés à l'ameublement des palais officiels de la République.

curiosités, Jean Coural suggère l'artiste israélien Agam. Après des mois de discussion, les plans de la future antichambre cinétique sont enfin arrêtés : les murs, les sols et le plafond seront recouverts de sept cent vingt couleurs peintes sur des profilés d'aluminium et des plaques de transcryl afin de permettre au visiteur d'entrer dans l'œuvre en découvrant à l'infini le jeu des couleurs[1].

Dans le salon, les murs et les sols sont recouverts de vélum en jersey écru, des projecteurs sont dissimulés dans le plafond et, près du piano laqué blanc, les fauteuils et les canapés contemporains dessinés par Paulin, designer choisi par Claude, sont recouverts de stretch grège. Des tableaux prêtés par les musées nationaux que les Pompidou ont choisis sont accrochés aux murs : deux Kupka entourent un Robert Delaunay et quatre planches de Matisse extraites de « Jazz ». Un peu plus loin, une bibliothèque à éléments superposés en verre fumé donne sur le fumoir qui comprend un canapé circulaire et des tables basses en aluminium. La salle à manger surprend les invités avec son étonnant plafond en polyester moulé entièrement recouvert d'un lustre réflecteur en aluminium rose tyrien composé de billes et de cannes de verre, son mobilier épuré et ses consoles-autruches de Lalanne. Ces salons, marqués de l'empreinte de Claude, témoignent du style contemporain des années soixante-dix que soutient et promeut Georges, premier président républicain à renouer avec la tradition des mécènes d'État. Leurs amis se souviennent de la joie de Claude lorsqu'elle leur fait découvrir ce nouveau décor. À l'étranger, le succès

1. On peut découvrir le salon Agam au Centre Pompidou.

est immense. Journaux, magazines et revues de décoration en rendent compte. En France, certains titres sont très critiques ; ils raillent le salon Agam, dénoncent la dépense et fustigent l'influence avant-gardiste de l'épouse du président. Rôle ingrat et difficile que celui de première dame !

Les Pompidou décident également de restaurer les salons de réception de l'Élysée. Claude fait remplacer le mobilier Empire et les copies XVIIIe par du Louis XVI signé. Avec Jean Coural, elle retrouve les meubles dispersés dans les ambassades et les ministères pour reconstituer les ensembles, elle veille à ce que les sièges soient entièrement recouverts de leurs soieries d'origine à partir des modèles anciens à Lyon, elle supervise la mise en place de lustres anciens et l'éclairage des fenêtres donnant sur le parc. Vers minuit, quand ils sont seuls, Claude et Georges font des essais, déplacent les meubles et les tableaux. Au mur, ils font accrocher des œuvres du XXe siècle qui changent tous les six mois. Les Pompidou connaissent parfaitement les collections nationales et choisissent ensemble les toiles. Certains peintres sont mis à l'honneur, Robert Delaunay, Fautrier, Kupka, Max Ernst, Herbin, Poliakoff, Bram van Velde, Hartung. La première dame réussit à force d'obstination à sauver trois Matta qui avaient été oubliés et perdus au fond des réserves de l'État.

Pour rénover les appartements privés qui occupent le premier étage de l'aile est de l'Élysée, un bataillon d'ouvriers et quatre mois de travail sont nécessaires. Dans sa salle de bain, Claude tient à avoir une œuvre de Dorothea Tanning, la femme de Max Ernst. Leur chambre à coucher est meublée en Louis XVI et décorée avec des pastels d'Odilon Redon. Dans la pièce où elle aime se tenir, un tapis blanc dessiné par Hajdu et un bureau à cylindre estampillé Molitor voisinent avec une table moderne en altuglas d'Arnal.

La nouvelle maîtresse de maison instaure quelques nouveautés. Comme madame de Gaulle, elle se charge des bouquets mais elle privilégie les fleurs blanches et les compositions épurées. Le soir, elle ordonne des flambées dans les cheminées pour réchauffer l'atmosphère. Elle supprime des menus les plats compliqués, notamment le veau Orloff et la purée polonaise qu'elle n'aime pas et rajeunit en le simplifiant le service de table.

Claude Pompidou s'investit également dans la rénovation et la décoration de l'hôtel Marigny racheté aux Rothschild. Situé de l'autre côté de l'avenue de Marigny, il est destiné à héberger les hôtes de la France. Cette résidence qui dispose de plusieurs salons de réception et de deux appartements privés sera inaugurée par Valéry Giscard d'Estaing en 1974.

Le temps des grandes décisions

Claude et Georges la semaine de leur installation à l'Élysée prennent la décision de réaliser deux projets qui leur tiennent à cœur, la création du futur Centre Pompidou et le lancement de la Fondation Claude Pompidou. C'est pour eux le moyen de s'approprier leur destin. Avec des concepts novateurs et originaux qui bousculent les habitudes, provoquent des résistances et suscitent l'hostilité, le couple Pompidou incarne une époque de changement et d'évolution de la société.

Le Centre Pompidou

« C'est au cours des années cinquante que mon mari conçut l'idée du centre qui devait plus tard porter son nom. Il s'en était ouvert au général de Gaulle et à André Malraux, qui ne furent pas intéressés. Il y croyait pourtant avec passion. Quand j'allais le chercher à son bureau de la banque Rothschild et que nous passions en voiture le long du vaste plateau Beaubourg, alors à l'état de ruine, il me redisait sa conviction qu'il faudrait construire là un grand établissement voué à la culture et à la création, à rayonnement international et de vocation interdisciplinaire. » Avec Claude, Georges a de longues conversations sur le sujet. Ils rêvent de créer au cœur de Paris une institution originale vouée à la création moderne et contemporaine où les arts plastiques voisineraient avec les livres, le design, la musique, le cinéma et le théâtre. Président de la République, Pompidou peut enfin imposer son projet. La décision est prise le 11 décembre 1969 en conseil restreint. Il suit le dossier quotidiennement. Il lui faut vaincre les réticences des urbanistes mais également celles des conservateurs de musées et de bibliothèques. Pour contrer les critiques qui dénoncent le fait du Prince, il décide d'organiser un concours international d'architecture et confie à un jury le choix de l'architecte. Le 15 juillet 1971, le projet des architectes Renzo Piano et Richard Rogers est retenu. Découvrant la maquette, Georges dit à Claude : « Cela va faire crier ! »

Le projet provoque une levée de boucliers. Les polémiques sont vives. Quelques mois après 1968, des associations d'artistes de l'ultra-gauche dénoncent l'art officiel et l'instrumentalisation de la culture par un État « d'ordre moral ». Les conservateurs et les donateurs du Palais de Tokyo refusent que les œuvres, notamment celles des plus grands artistes du siècle, Braque, Matisse, Picasso soient transférées au futur Centre. Des voix s'élèvent pêle-mêle contre « le supermarché culturel » et la culture des masses, le gigantisme du projet et son coût. L'architecture est décriée, les uns parlent de « Pompidoleum » ou de « Notre-Dame des Tuyaux », d'usines à gaz ou de raffinerie ; des associations de défense du vieux Paris et de riverains partent en guerre et engagent des procédures juridico-administratives. Dans ce contexte hostile, le premier coup de pioche est donné en avril 1972. « Le destin voulut qu'il n'en voie pas l'achèvement, ce qui m'est toujours apparu comme une injustice du sort », écrit Claude qui défendra toute sa vie avec passion le Centre dont la maquette trône dans l'entrée quai de Béthune.

Un autre point délicat doit être réglé : le choix du président du musée d'art moderne du futur Centre. Les Français pressentis déclinent frileusement la proposition. Les Pompidou pensent alors à Pontus Hulten, le directeur du Moderna Museet de Stockholm qu'ils ont rencontré lors d'un voyage officiel en Suède. Le musée les a séduits pour sa sélection originale d'œuvres. Le conservateur suédois accepte avec enthousiasme et l'annonce de sa nomination suscite un tollé franco-français. Les relations confiantes et d'estime réciproque qu'il entretiendra avec Claude seront un atout de poids pour venir à bout des menaces qui pèseront sur l'avenir du Centre à partir de 1974.

Pierre Boulez croit à une plaisanterie lorsqu'il reçoit à l'automne 1969 un appel de l'Élysée le conviant à dîner seul avec le président de la République et son épouse. Claude, qui admire et suit son travail de création depuis les années cinquante au Domaine musical, souhaite son retour en France. Le maestro s'est installé en Allemagne en 1967, après le refus de Malraux de lui confier le poste de directeur de la Musique au ministère de la Culture. Au cours du dîner, il fait part du projet qui lui tient à cœur, la création d'un département consacré à la musique contemporaine et à la recherche acoustique. L'idée de l'intégrer au futur Centre Pompidou vient au cours de la conversation, et Georges en le raccompagnant sur le perron lui dit : « Rédigez votre projet ». Étudié à l'Élysée, le rapport sur le futur IRCAM[1] est accepté. Pierre Boulez obtient deux garanties : la liberté de recruter des chercheurs étrangers et l'indépendance à l'égard du ministère de la Culture. Reste une difficulté, le bâtiment prévu au départ pour la musique ne convient pas ; il est décidé d'affecter à l'IRCAM une école primaire située à quelques pas du futur Centre.

La Fondation Claude Pompidou

Claude en prenant pour devise une citation de Descartes : « N'être utile à personne, c'est n'être bon à rien » est la digne fille du docteur Cahour. Elle n'a pas oublié la détresse et la solitude des personnes âgées qu'elle côtoyait, enfant, à l'hospice Saint-Joseph de Château-Gontier et elle a été très marquée par l'épreuve que certains de ses proches affrontent chaque jour, sa nièce

1. Institut de Recherches et Coordination Acoustique/Musique.

Anne Castex et la fille d'Anne-Marie Dupuy, chef de cabinet de Pompidou, gravement touchées par la poliomyélite. Claude est frappée par le courage des jeunes malades, elle sait le désarroi et la solitude des familles. En 1969, la première dame veut créer une Fondation destinée à venir en aide aux personnes âgées et aux enfants handicapés. L'exemple de madame de Gaulle qui a créé la Fondation Anne de Gaulle dont Georges a été longtemps trésorier ainsi que son expérience comme bénévole auprès des déshérités du quartier de la rue Mouffetard dans les années cinquante nourrissent également sa réflexion.

Claude a une idée originale pour l'époque : moderniser et promouvoir le bénévolat en s'inspirant du modèle anglo-saxon qui existe depuis plus d'un siècle dans les hôpitaux dont le personnel est composé en grande partie de volontaires. En voyage officiel à New York, elle demande à visiter, le 3 mars 1970, l'hôpital Bellevue, unique au monde pour l'implication et l'efficacité de ses bénévoles. Adepte des nouvelles méthodes, elle commande une étude à l'Institut d'opinion publique, chargé de dresser l'état des lieux et des besoins en France. À l'Élysée, elle organise plusieurs réunions sur le sujet avec Eunice Kennedy Shriver, l'épouse de l'ambassadeur américain à Paris et sœur du président assassiné qui mène depuis plusieurs années un combat en faveur des handicapés mentaux. Le volontariat que Claude veut mettre sur pied repose sur trois principes novateurs : les bénévoles seront formés et suivis, leur intervention sera organisée de manière structurée au sein de l'hôpital et ils devront respecter une charte de neutralité religieuse et politique. Pour la France de 1970, le concept tranche avec la tradition des dames d'œuvres et bouscule les habitudes des services hospitaliers. Les réticences sont nombreuses et Claude doit défendre son projet, même Georges est un peu inquiet : « Mon mari me l'avait prédit. Il me conseilla de me rapprocher de l'Assistance publique. J'expliquai, je négociai, bref j'appris le métier. » Elle sensibilise et mobilise les personnalités du monde médical qu'elle connaît, ses amis le professeur Schramm et le professeur Giroud mais aussi les sommités proches de Marie-Hélène de Rothschild.

Faire évoluer les mentalités ne suffit pas, encore faut-il collecter les fonds nécessaires. Claude s'y emploie avec énergie et sait mettre à profit ses réseaux et ses amis. Elle écrit une lettre personnelle à chaque personne susceptible de faire un don. Le résultat est au-delà des espérances. La somme recueillie est considérable : un million de francs. Georges fait un don sur ses fonds personnels de vingt mille francs. Le 16 septembre 1970, la Fondation est reconnue d'utilité publique. Le 2 octobre, le conseil d'administration se réunit pour la première fois à l'Élysée. Discrètement, sans annonce à la presse, la Fondation Claude Pompidou est créée. La première dame n'est qu'un simple membre du conseil d'administration. Par souci de transparence et de rigueur financière, Pompidou tient à ce que le président soit un membre de la Cour des comptes, ce sera Henri Ecal ; il demande également à Jacques Chirac d'en être le trésorier. Ce choix, qui prouve la grande confiance du président en son jeune ministre[1], s'inscrit dans une continuité dont la valeur

1. Jacques Chirac est alors ministre chargé des relations avec le Parlement.

symbolique n'échappe certainement pas aux deux hommes. Denise Esnous est chargée d'assister Claude Pompidou dans toutes ses démarches. La Fondation installe ses bureaux en juin 1971, rue du Louvre dans un appartement de la Ville de Paris pour un loyer modique et engage six salariés à temps plein.

Les premières candidatures au volontariat sont spontanées ; le recrutement s'effectue grâce au bouche à oreille. Les candidates sont présentées à Claude qui n'hésite pas à en refuser certaines. Les futures bénévoles doivent suivre un cycle de formation avec un psychologue rompu aux méthodes les plus modernes de groupes de parole et s'engager au minimum trois heures par semaine. Leur rôle, rendre service et veiller au moral des malades, avec en tête la consigne claire de Claude : se garder de toute attitude paternaliste. La première brigade de cinquante volontaires en « blouses jaunes » qui arrive à Beaujon (service de neurologie) et à la Salpêtrière (service de gastro-entérologie) est accueillie en octobre 1971 avec des banderoles « Les bénévoles à leur tricot ! » Pour les infirmières, leur présence complique l'organisation du service et les prive de la partie noble du travail, la relation au malade. Les syndicats dénoncent une politique de camouflage du manque de personnel soignant. Malgré les premières difficultés, la Fondation compte en 1973 deux cent trente blouses jaunes qui ont réussi à se faire accepter et dont l'utilité est reconnue ; leur présence est désormais réclamée par les services hospitaliers.

Autre action novatrice que Claude veut mettre en place, le bénévolat à domicile dans les familles d'enfants handicapés une demi-journée par semaine. Là encore, elle bouscule les mentalités. Les réticences sont nombreuses. Les familles qui vivent parfois avec un sentiment de honte le handicap, ont du mal à faire confiance à quelqu'un d'extérieur et culpabilisent à l'idée de laisser quelques heures leur enfant. Sur la suggestion de Claude, une Américaine, Minie Segat, réputée pour son expérience de bénévolat auprès des handicapés aux États-Unis est nommée au Conseil d'administration. Le projet se met en place et démarre véritablement en 1972 avec cinquante-cinq volontaires.

Une troisième innovation voulue par Claude remporte immédiatement un vif succès : les clubs de loisirs pour personnes âgées. Rien de tel n'existe en France à l'époque. Fin 1972, les huit clubs, sept à Paris et un à Lille comptent trois mille adhérents. Ouverts cinq jours sur sept, placés sous la responsabilité d'un animateur, ils proposent de nombreuses activités : bricolage, tapisserie, couture, conférences, visites culturelles. Les locaux mis à la disposition par les maires, rénovés et installés par la Fondation disposent d'une bibliothèque, d'une discothèque et d'une salle de jeu. Début janvier 1971, Claude inaugure avec Jacques Chirac le premier club, le Club Desnouettes dans le 15e arrondissement qui affiche complet avec deux cent cinquante adhérents et cent cinquante personnes sur liste d'attente. Claude fixe des objectifs clairs : paternalisme, autoritarisme et infantilisation sont à bannir, les personnes âgées sont responsables et libres.

Grâce au succès de la collecte[1], la Fondation envisage rapidement la création d'établissements spécialisés en province. Une fois encore, Claude tenace et innovante,

1. En 1973, Claude Pompidou recueille 1 600 000 francs de dons.

affronte les administrations tatillonnes et routinières pour obtenir l'autorisation de créer des structures ouvertes aux enfants handicapés dès trois ans. La première dame se rend sur place, souvent accompagnée de Jacques Chirac. Elle voyage en train et passe parfois la nuit à la préfecture. Par prudence, et pour parer aux éventuelles critiques, une note précise que l'utilisation du GLAM[1] doit être évitée lors des déplacements pour la Fondation. Un cérémonial s'établit : accueil par le préfet en uniforme, présence du député et du maire, petits discours des officiels, serrements de mains, verre de l'amitié et photographies pour la presse locale. Le 20 février 1971, en long manteau de daim noir et toque de vison, sous une pluie battante, Claude pose la première pierre de la maison de retraite de Tonnerre destinée à accueillir quatre-vingts résidents dans des locaux au confort ultra-moderne. En 1972, le centre Kervihan dans le Morbihan pour enfants lourdement handicapés est ouvert. À Treignac, en Corrèze, grâce au soutien efficace de Chirac, un établissement de réinsertion pour jeunes en difficulté est décidé dont les travaux démarrent en juin 1971. Avec deux résidences pour personnes âgées et trois établissements pour enfants handicapés en 1973, la Fondation de Claude prend très rapidement une ampleur considérable. Par comparaison, la Fondation Anne de Gaulle ne concerne qu'un seul établissement destiné à trente pensionnaires.

Un point déçoit Claude, c'est le peu d'intérêt manifesté par la presse nationale alors que pour ancrer le

1. Groupement des Liaisons aériennes ministérielles. Il s'agit des avions de la République mis à la disposition du président de la République et des ministres pour leurs déplacements officiels.

développement de sa Fondation, l'appel aux dons et aux bénévoles devient nécessaire : « Je me souviens qu'avant l'inauguration d'un établissement, nous avions contacté la télévision. La réponse m'avait abasourdie : "intéressés en cas d'incident". J'ai encore le télégramme qui avait été adressé à l'Élysée ». Décidément, ses relations avec les journalistes sont compliquées !

Pour Claude, créer sa Fondation, c'est se rendre utile. Alliant classicisme et modernité, elle se coule dans le stéréotype rassurant de la femme compatissante mais avec un projet original et innovant pour l'époque. Elle sait mettre à profit son carnet d'adresses pour recueillir des fonds mais également son statut de première dame pour obtenir des aides départementales et municipales ou venir à bout des obstacles administratifs. Quant à Pompidou, qui suit le dossier avec attention et donne un coup de pouce financier, il y voit un double avantage : occuper son épouse avec un projet qui lui tient à cœur et compense les contraintes de l'Élysée, mais aussi recueillir un bénéfice en terme d'image. Bernadette Chirac se souvient d'un dîner à l'Élysée à trois ménages, avec les Ambroise Roux, au cours duquel Georges Pompidou demande à Jacques Chirac de devenir le trésorier de la future Fondation avec ces mots : « Vous comprenez, je ne veux pas que les gens croient que ma femme ne s'intéresse qu'à ses robes ! » Aux yeux du président, le statut respectable que confère l'engagement en faveur des plus faibles est également un moyen de contrer les effets dévastateurs de l'affaire Markovic.

Un couple ardent promoteur de la culture

La richesse du patrimoine national doit s'ouvrir à la création. « C'était bien le moins, de la part du chef de l'État, de reconnaître le travail d'artistes et d'artisans de son temps[1] », déclare Claude qui s'investit totalement aux côtés de son mari. Dans ce domaine, et même si elle ne l'a jamais revendiqué, son influence est primordiale. En raison de ses goûts mais aussi des liens très personnels qu'elle tisse avec les artistes, dont certains deviendront de fidèles amis comme Pierre Soulages, Pierre Boulez, Maurice Béjart, Niki de Saint Phalle, Sonia Delaunay ou avec des mécènes comme Peggy Guggenheim et Dominique de Ménil.

Les Pompidou ouvrent l'Élysée aux artistes et les invitent régulièrement à dîner. De nombreux projets s'ébauchent. Avec Maurice Béjart, ils imaginent un centre de danse contemporaine internationale au palais de Chaillot qui ne verra finalement pas le jour et que Claude regrettera toute sa vie. La liste des invités à la réception annuelle destinée au milieu des arts et de la culture, est entièrement recomposée et étoffée par l'épouse du président : Yaacov Agam, Arman, Dubuffet, Miro, Picasso, Chagall, Niki de Saint Phalle, Vasarely, Soulages, Zao Wou Ki, Hans Hartung, Esteve, Sonia Delaunay, Bernard Buffet, Tinguely, François Lalanne y figurent désormais. Le couple présidentiel est également très accueillant et bienveillant à l'égard des veuves d'artistes, Nina Kandinsky, Françoise de Staël, Catherine Stravinsky.

1. *Hommage au président Georges Pompidou, un homme de culture, op. cit.*

Geste fort en début de mandat en octobre 1969, la visite des Pompidou au Mobilier national pour marquer leur attachement au patrimoine de l'État. Ils s'intéressent particulièrement à son département de la création qui effectuera les commandes destinées à l'aile Jules Grévy. Une autre visite emblématique se déroule à la Manufacture des Gobelins où ils admirent longuement une tapisserie de Vasarely. C'est également la première fois qu'un couple présidentiel honore régulièrement de sa présence les expositions : en décembre 1969, l'exposition Giacometti à l'Orangerie et la rétrospective de l'œuvre de Marc Chagall au Grand Palais, en octobre 1971, l'hommage à Picasso à la grande galerie du Louvre. En août 1972, ils se rendent à la Fondation Maeght pour l'exposition Nicolas de Staël. S'agissant d'une fondation privée, cette dernière visite est très critiquée par la presse qui accuse le couple présidentiel de népotisme tout en omettant de rappeler que la Fondation de Saint-Paul de Vence avait été inaugurée en présence du ministre de la Culture, André Malraux, en 1964. Les Pompidou venus de Brégançon en hélicoptère avec des amis y passent la journée, sans protocole. Ils sont accueillis sur place par Aimé Maeght, Marc Chagall et Pol Bury. Après l'exposition, un déjeuner champêtre sous les arbres réunit une vingtaine de personnes. Les attaques n'atteindront pas Claude qui gardera un souvenir ému de cette parenthèse.

Dans le domaine culturel, Claude exerce une réelle influence sur Georges président. Elle l'encourage et le soutient totalement. Quand ils sont seuls, ils en parlent beaucoup. Une manière d'être fidèle à eux-mêmes. Elle est toujours près de lui lors des grandes décisions. Devenue gardienne de sa mémoire, elle rappellera que la décision de ne pas démolir la gare d'Orsay et d'en faire un musée a été prise par Georges, « J'étais là le jour où en compagnie de Jacques Rigaud[1] et Jacques Duhamel[2] fut prise la décision de ne pas démolir l'ancienne gare. Et c'est sous la présidence de mon mari qu'il fut décidé d'en faire un musée[3] ». C'est également Pompidou qui décide la création d'un musée Picasso. C'est encore lui qui fait voter la loi de paiement par dation des droits de succession et qui intervient personnellement dans la succession des œuvres de Picasso et de Poliakoff. Sous sa présidence, le budget du ministère de la Culture passe de 600 millions en 1969 à un milliard de francs en 1973.

Sujet de prédilection de Claude, l'Opéra de Paris. Les Pompidou déplorent à leur arrivée à l'Élysée son manque de créativité et de moyens. Ils en parlent souvent. Ils souhaitent sa réforme et pour la mener à bien une personnalité de premier plan. Ce sera le suisse Rolf Liebermann réputé pour sa puissance de travail et ses compétences musicales. De même que pour Pontus Hulten, Pompidou doit imposer sa nomination qui suscite de violentes réactions franco-françaises. Le président et sa femme honorent de leur présence en mars 1973 à Versailles la première grande réalisation du nouveau directeur de l'Opéra, *Les Noces de Figaro* mises en scène par Strehler et Solti qui marque un tournant dans l'histoire de l'Opéra. Les couples Pompidou et Liebermann s'apprécient et s'estiment. Une confiance qui s'avère fructueuse,

1. Énarque, directeur de cabinet de Jacques Duhamel.
2. Énarque, conseiller d'État, ministre des Affaires culturelles de 1971 à 1973.
3. *Hommage au président Georges Pompidou, un homme de culture*, *op. cit.*

Claude se souvient que lors d'un dîner officiel à Versailles, Rolf « suggéra à mon mari de commander une œuvre à Olivier Messiaen qui était à notre table. Ce fut l'origine du magnifique opéra *Saint François d'Assise.* »

Autre souvenir marquant pour Claude, le voyage à Paris de Rostropovitch en 1972. Pompidou est intervenu auprès de l'ambassadeur à Paris, Abrassimov pour permettre au violoncelliste de se rendre dans la capitale. Après quelques concerts publics, il se produit en petit comité devant les Pompidou à l'ambassade d'URSS. Rostropovitch deviendra un ami fidèle de Claude et sera reçu à Cajarc.

Brégançon

Contrairement au général de Gaulle et à sa femme qui ne se sont jamais rendus à Brégançon, Claude et Georges, amoureux du Midi, l'adoptent pour leurs vacances. Le cadre présidentiel a le mérite d'être irréprochable et de tenir éloigné le spectre de Saint-Tropez. En découvrant le fort en août 1969, Claude décide de réaliser des travaux. Les lustres, les tapis et les meubles du XVIe siècle dont certains s'abîment en raison du climat sont renvoyés au Mobilier national, et remplacés par une décoration simple, à dominante blanche et au design minimaliste. Les salles de bains sont refaites, l'électricité est mise aux normes de sécurité, une salle de ping-pong est installée. À l'extérieur, un escalier dans le rocher et une petite plage artificielle sont aménagés. La facture s'élève à trois millions de francs. Un scandale selon la presse et l'opposition. Les Pompidou sont accusés une fois encore d'un goût immodéré pour le luxe. Pour calmer les esprits, et montrer que rien de spectaculaire n'a été entrepris, on décide de faire portes ouvertes les 4 et 8 septembre 1970. La visite dure vingt minutes. Les curieux qui se bousculent, se déclarent à la sortie déçus par la petite plage et la modestie du mobilier !

Les Pompidou y passent trois semaines en août. Seuls les intimes sont conviés, en toute décontraction, Suzanne Defforey, François Gall, les Fabre, Jean-Paul Giroud, les Castex. Georges travaille jusqu'à midi avant de rejoindre Claude et leurs invités qui se baignent, souvent sur la plage voisine très agréable des Luxembourg que le duc et la duchesse mettent aimablement à leur disposition. L'après-midi est consacrée aux promenades en mer, aux parties de pétanque, de ping-pong et d'échecs. L'été 1973, Georges y lit *Le Solitaire* de Ionesco, et Claude relit Proust.

Les Pompidou sont heureux à Brégançon, dans ce pays qu'ils affectionnent depuis leur lune de miel à Marseille. Ils aiment faire des expéditions d'une journée chez leurs amis artistes qui habitent dans le Midi : Victor Vasarely, Max Ernst, Marc Chagall, Hartung et sa femme Anna-Eva Bergman, Alechinsky, Pierre Soulages, Tal Coat et Pol Bury.

Le voyage officiel aux États-Unis (23 février-4 mars 1970)

C'est aux États-Unis que Pompidou réserve son premier voyage officiel. Le président français veut affirmer sa différence avec le général de Gaulle en resserrant les liens avec les Américains. Pour Claude qui l'accompagne, ce déplacement par son faste et sa portée diplomatique est un test.

Ils s'envolent pour Washington avec cinq caisses de cadeaux, trente-deux toilettes signées Cardin, Laroche, Dior, Saint Laurent et Chanel, et huit chapeaux de chez Paulette. La première dame emporte également du pain et quelques odorants fromages, « C'est peut-être un peu chauvin, révèle-t-elle au journal *Look*, mais dans nos voyages, j'emporte toujours avec moi un lot de bons fromages de Cajarc ». Patrick Alès met gratuitement à la disposition de la première dame de France un coiffeur, Norbert.

Mardi 24 février, à la descente d'avion, Claude est très souriante, habillée d'une pelisse de cuir noir doublée de fourrure de Révillon. Le soir, au dîner de gala à la Maison Blanche, Claude qui parle très bien l'Anglais sympathise immédiatement avec l'épouse du président américain, Patricia Nixon. Les Pompidou offrent au nom de la France un Sonia Delaunay au président Nixon. Claude sera rendu responsable de ce choix. Des courriers lui reprocheront d'avoir fait la promotion d'une artiste qu'elle connaît personnellement et d'avoir voulu faire preuve d'originalité au détriment des usages qui consistent à offrir de la porcelaine de Sèvres aux hôtes étrangers.

À la réception officielle à l'ambassade de France à Washington, les Pompidou sont heureux de retrouver Madeleine Malraux qui joue plusieurs pièces de Debussy. Claude porte une robe très remarquée, longue en soie marine, jupe fendue, camélia à l'encolure de chez Cardin. Au National Gallery, le « musée du Louvre » à Washington à peine a-t-elle ôté son manteau de vison Guy Laroche découvrant un tailleur jaune avec un fond violet de Chanel que les photographes l'assaillent. Sous les flashes qui crépitent, Claude essaie d'admirer un Picasso de la période bleue.

Claude fait sensation. Les photos de ses robes et manteaux envahissent les premières pages des journaux américains très nombreux aux États-Unis. Le *Time Magazine* titre : « La silhouette de Claude Pompidou est un rêve de couturier », *Newsweek* écrit : « Madame Claude Pompidou s'est taillé un succès fou en présentant la mode française avec un abattage et une élégance formidables ». Le monde entier découvre sur Claude les robes « maxi » qui révolutionnent la mode. Les bains de foule sont chaleureux, les journalistes ne lâchent pas le couple à tel point que Georges reprend la formule qu'avait lancée le président Kennedy à Paris : « Je suis le type qui accompagne Jackie » en déclarant « Je suis le mari de Claude Pompidou ».

En France, pourtant, les échos sont mitigés. Si le journal *Elle* n'hésite pas à louer la première dame, ambassadrice de l'élégance française qui remplit « une véritable mission culturelle et morale » et prononce « un discours visuel » à la gloire de la France, d'autres titres n'hésitent pas à critiquer l'étalage de tenues luxueuses et se moquent des robes maxi jugées peu seyantes. *Le Canard Enchaîné* dénonce « le scandale des robes ». Plus grave, les journalistes affectent de croire que les toilettes ont été achetées sur les deniers de l'État malgré les communiqués de l'Élysée et les précisions répétées de Claude à la presse : « Dites bien que toutes ces robes et ces manteaux, je les emprunte aux couturiers pour le voyage et que je dois les rendre à mon retour. Que les Français ne croient pas que je dépense leur argent en toilettes ! » En porte-à-faux, elle est tiraillée entre l'image idéalisée qu'elle se fait de son rôle de représentation aux côtés de son mari, perfectionniste et élégante comme à chaque étape de leur vie, et l'image négative que lui renvoient les médias français, une dépensière aux goûts parfois hasardeux. Derrière ces critiques, c'est le suprême reproche à la première dame qui est formulé, ne pas être assez proche des Français.

Le vent ne tarde pas à tourner. La France, qui a accepté de vendre cinquante avions Mirage à la Libye, est l'objet d'une violente campagne de presse en Israël et aux États-Unis. Le 28 février à Chicago, le couple présidentiel est pris à partie, insulté et bousculé aux cris de « *murderer* » par cinq mille protestataires juifs à leur arrivée à l'hôtel Palmer House où est donné un dîner officiel. Les caméras filment la scène : Pompidou avance, un sourire figé, Claude semble effrayée. Des femmes font mine de cracher. Elle a un mouvement de recul. Pompidou lui entoure la taille et la pousse fermement en avant. Ils passent enfin la porte de l'hôtel tandis que la foule rugit sa colère. Dans le hall, ils se trouvent face à face avec d'autres manifestants qui hurlent en cadence des slogans. Ils atteignent enfin la salle de réception. Claude est choquée, Georges est furieux. Le lendemain matin, Michel Jobert reçoit l'ordre de préparer le départ immédiat de la première dame qui exige de rentrer à Paris, et celui du président le jour suivant. Pompidou fait une déclaration fracassante : « Les manifestants de Chicago ont mis une tache sur le front de l'Amérique ».

Le président Nixon téléphone pour présenter ses excuses et demander aux Pompidou de ne pas interrompre leur voyage. Il fait un geste fort en se rendant de manière imprévue et en dehors du protocole au dernier dîner donné en l'honneur du couple présidentiel à New York au Waldorf Astoria. À Paris, on s'interroge. La presse s'étonne de la réaction de Pompidou, « Les mauvais esprits iront peut-être jusqu'à soupçonner le président d'avoir forcé la note », écrit Roger Massip au *Figaro*. Pour les proches, son attitude s'explique par son farouche attachement à sa femme et sa volonté de la protéger depuis l'affaire Markovic. Le Premier ministre, Jacques Chaban-Delmas, qui veut témoigner son soutien demande à l'ensemble des membres du gouvernement d'être présent à Orly pour les accueillir à leur retour et offrir des fleurs à la première dame. Quelques ministres mais aussi certains hauts fonctionnaires du Quai d'Orsay déplorent l'attitude du président français qui aurait pu déclencher un grave incident diplomatique. Ils en rendent responsable Claude qui, selon eux, a paniqué et dramatisé la situation.

Au pays des Soviets (6-13 octobre 1970)

Pompidou poursuit la politique de coopération avec l'URSS initiée par le Général. Avec Claude, il se rend peu de temps après son accession à l'Élysée en octobre 1970 à Moscou.

« Au moins chez nous, vous êtes à l'abri des manifestations déplacées », déclare Brejnev en les accueillant à l'aéroport. Le programme de Claude est chargé : thé avec madame Brejnev, dîner de gala au Kremlin à la droite de Brejnev, visite à sa demande de la galerie Tretiakov, opéra de Rimski-Korsakov au Bolchoï. Claude se rend ensuite seule en Sibérie. Elle se promène sous les flashs des photographes en manteau de pékan et toque tatare dans les bois de bouleaux et de sapins qui entourent sa datcha jusqu'au bord de l'Ob, le plus grand fleuve du monde. Avec Georges qui l'a rejointe, ils se rendent au centre scientifique d'Akademgorod. Les Pompidou font escale à Samarkand où ils admirent avec 25 ° à l'ombre les coupoles bleues des mosquées. Le 13 octobre, une grande cérémonie d'adieu au Kremlin clôt le séjour. Claude paraît particulièrement à l'aise, souriante et gaie.

Les relations avec Brejnev sont détendues. En plein dîner d'apparat, il offre à la première dame de France son briquet en or. Lors d'une réception à l'ambassade de France, le secrétaire général du parti avoue sa passion pour le pain français à Claude qui prend une initiative peu protocolaire : « Discrètement, je demandai au maître d'hôtel d'envelopper une baguette que j'offris à Léonid Brejnev au moment de son départ. Je le vois encore, sortant de la salle à manger de l'ambassade, sa baguette sur l'épaule et au pas de l'oie, devant le parterre des invités médusés ». Claude se souvient également de son fou rire lorsque Hervé Alphand, secrétaire général du Quai d'Orsay, se lance à la fin d'un déjeuner officiel en présence de dignitaires soviétiques dans un discours parodiant le russe qu'il ne parle pas. Placée sous haute sécurité, épargnée par des journalistes accrédités et contrôlés, dans un pays sans manifestants, elle a pu profiter de son voyage en Union soviétique. La dualité de Claude mérite d'être soulignée. Passionnée pour la création et la liberté des artistes, elle est aussi une femme d'ordre qui s'accommode sans mal des contraintes imposées par un État totalitaire si celles-ci lui offrent une barrière protectrice.

La haute couture

Claude incarne résolument un nouveau style de première dame qui rompt avec « Grand-mère Coty » et « Tante Yvonne ». Longue et mince, elle affiche un style jeune et moderne. Claude peut se permettre de taire son âge, soixante ans en 1972. À l'Élysée, elle se veut ambassadrice de la haute couture française tout en prenant soin de ne privilégier aucune maison. Interrogée à cette époque sur ses goûts, Claude déclare aimer porter Courrèges pour ses ensembles-pantalons, Chanel pour la ville et Cardin, Laroche et Dior pour les robes du soir. La première dame réalise-t-elle qu'en endossant le rôle de mannequin national, elle se met en avant et s'attire les foudres de la critique ? L'équilibre est difficile à atteindre entre la discrétion de bon aloi de « Tante Yvonne », érigée en modèle, et la volonté de promouvoir la haute couture française. Les caricatures raillent ses goûts de grande bourgeoise et son manque de simplicité. Le risque est grand de s'exposer au syndrome Marie-Antoinette et de se voir violemment décriée pour son train de vie, sa coquetterie et sa futilité.

Georges donne toujours son avis avant une réception officielle et demande parfois à sa femme de se changer. Il se méfie des caméras braquées sur sa garde-robe mais aussi des réactions dans le milieu des hauts fonctionnaires et des politiques qui jugent parfois ses tenues trop « yé-yé ». La modernité et l'élégance de Claude ne sont pas appréciées à l'époque.

Claude l'incomprise

En sacralisant le président de la République, l'élection au suffrage universel, à partir de 1965, suscite un intérêt croissant pour son épouse, entretenu et relayé par une presse de plus en plus intéressée par la sphère privée des hommes publics. L'épouse, sans statut ni légitimité est soupçonnée d'exercer une influence. Claude est ainsi accusée d'exercer une emprise sur Georges en matière d'art contemporain alors qu'il s'agit d'une passion commune et partagée depuis les premiers instants de leur histoire d'amour. À Claude également d'endosser la responsabilité de leur vie mondaine et lancée. Des rumeurs persistantes prétendent qu'elle est la fille naturelle d'un Rothschild. Dans l'entourage politique, ceux qui ne l'apprécient pas comme Anne-Marie Dupuy répandent que ce serait pour lui faire plaisir que Georges sort dans le Tout-Paris. La presse est également sévère. Aucune autre première dame n'a été à ce point la cible des pamphlets et de la satire. *Le Canard Enchaîné* brocarde tour à tour « la Reine Claude », « Madame de Pompidour », « la Régente Bibiche » ; *Minute* présente l'épouse du président sous les traits d'une snob et d'une précieuse ridicule. On insiste également sur sa timidité maladroite. Le chansonnier Pierre-Jean Vaillard écrit à propos de ses premiers pas élyséens : « L'élégante dame d'Orvilliers prend l'aspect d'une touriste de l'Arizona qui vient voir la tour Eiffel et les Folies Bergères ». Un portrait paru le 8 mars 1971 dans *Elle*, magazine pourtant dirigé par Hélène Lazareff, proche du couple Pompidou, est cruel ; il décrit avec insistance son manque d'aisance, « son air étonné, un peu traqué [...] à la recherche d'un visage dans la foule, pour se raccrocher au réel, échapper à l'angoisse d'être filmée, photographiée » et sa « grande paume un peu malhabile de fille sportive » qui salue l'assemblée.

Claude est mal à l'aise en public. Tout en trouvant ridicule le titre de première dame de France dont on l'affuble, elle se force à porter chapeau et gants lorsqu'elle est en représentation avec la volonté de bien faire, de répondre aux attentes et d'être à la hauteur de sa fonction. Depuis l'affaire Markovic, elle se méfie des journalistes et redoute l'exposition publique. Alain Briottet se souvient : « Au début, elle avait une certaine appréhension. Elle craignait le contact. Elle voulait prendre de la distance pour ne pas être attaquée. C'était difficile parce que les journalistes étaient nombreux et elle se tenait en retrait, il fallait l'encourager, la mettre en confiance. Dans la voiture, je lui disais "Madame, il faudrait saluer" parce que la foule et les photographes lui faisaient des signes de sympathie. »

Certains ministres et hauts fonctionnaires ne sont pas tendres avec l'épouse du président. Couve ironise sur madame Pompidou qui, arrivée de sa province, imite ce qu'elle croit être le Tout-Paris. Maurice Grimaud, Jacques Foccart et Anne-Marie Dupuy dans leurs mémoires la présente comme une femme aux nerfs fragiles, capricieuse et imprudente dans ses relations. Deux caricatures contradictoires coexistent à l'époque : la première dame est présentée soit comme une arriviste au sourire carnassier[1], une grande bourgeoise aux goûts de luxe, la papesse élitiste de l'art contemporain, soit au contraire comme une fille toute simple et campagnarde, spontanée voire gaffeuse, gauche et fuyant les mondanités. Ni les rares interviews, ni les communiqués de presse revus de près par Gilbert Paris n'y viendront à bout. La dualité de Claude, timide mais à la répartie parfois abrupte, sa prunelle tour à tour méfiante et moqueuse, son non-conformisme allié au sens du devoir, son naturel teinté de raffinement, déconcerte et brouille son image dans la presse et auprès des Français. Sa personnalité déstabilise ou séduit.

1. *Le Canard Enchaîné*, 3 juin 1970.

Chapitre 9

Du destin à la tragédie

Une prison dorée

Les journées de Claude se suivent et se ressemblent. En général, les matinées sont libres, elle en profite pour lire la presse, écouter de la musique, se rendre chez les couturiers et téléphoner à Jacqueline. Après un déjeuner rapide et solitaire, Claude se plie aux obligations programmées par le protocole : inaugurations d'expositions, ventes de charité, visites de crèche. Georges la rejoint vers vingt-et-une heures avec ses dossiers. Après le dîner, il se remet au travail une heure et demie. La vie de couple s'est transformée en vie de bureau. En vacances à Cajarc, une valise de dossiers arrive tous les deux jours, et les coups de téléphone de Paris toujours urgents et de première importance interrompent les repas ; Georges, soucieux, abandonne ses amis attablés autour d'un pot au feu fumant.

À l'Élysée, les Pompidou préservent quelques moments d'intimité. À la fin des déjeuners de travail, un huissier signale discrètement au président que sa femme est au jardin. Georges se lève, donne congé à ses invités et rejoint Claude. Ils se promènent quelques minutes, évoquent le Centre et la Fondation, la réforme de l'Opéra et le futur quartier de la Défense qu'ils imaginent à l'image des fières tours du XIIe siècle du village toscan San Gimignano. Dès qu'ils le peuvent le soir, ils écoutent de la musique, Claude choisit les disques en alternant les genres du grand répertoire aux œuvres contemporaines. Ils invitent parfois quelques amis ou la famille proche, Georges récite des poèmes. Lutter chaque jour contre la solitude et l'enfermement, leur grande crainte à leur arrivée à l'Élysée, relève du défi.

Georges dit à Claude ses préoccupations. Toujours sur le mode de l'humour et avec du recul. Il lui fait part de ses agacements. Notamment avec son Premier ministre, Jacques Chaban-Delmas. Grand résistant et homme de l'UDR bien vu des centristes et des partenaires sociaux, le chef du gouvernement incarne la modernité et l'ouverture. Son discours à l'Assemblée nationale le 16 septembre 1969, sur la « nouvelle société » qui lance un programme aux accents mendésistes axés sur la libéralisation de l'information, la décentralisation et la politique sociale contractuelle, contrarie l'Élysée. Le texte n'a été communiqué qu'au dernier moment au cabinet du président de la République et le bilan sévère de la situation économique et sociale de la France est maladroit vis-à-vis de Pompidou qui a eu en charge plus de six ans la destinée du pays. Non seulement, le label « nouvelle société » provoque le sourire ironique de Pompidou qui avait refusé ce slogan pour sa campagne présidentielle, mais sur le fond il juge que l'accent n'est pas suffisamment mis sur ses deux priorités, la modernisation industrielle et l'Europe. Claude donne son avis sans chercher à influencer. Ses propos à l'emporte-pièce font rire Georges. Elle se tient au courant et lit quotidiennement la presse, notamment *Le Monde* et *Libération.* Inquiète pour Georges dès qu'il doit prendre la parole, elle suit les conférences de presse à la télévision dans son bureau de président. Selon un rituel bien établi, Georges la retrouve dès le dernier mot prononcé pour commenter sa prestation.

Le courrier adressé à la première dame de France est chaque jour plus volumineux, composé de requêtes diverses : un logement, une place dans une maison de retraite, une pension d'invalidité. À la demande de Claude, Denise Esnous lui présente chaque jour en fin d'après-midi la synthèse des lettres, mais aussi le point sur la Fondation. Ces réunions quotidiennes se déroulent quai de Béthune ou dans les appartements privés de l'Élysée, mais jamais dans le bureau du service social qui réceptionne le courrier. Claude établit une frontière par discrétion mais aussi pour préserver son espace privé. Elle dispose d'une ligne personnelle téléphonique et d'une entrée directe dans le bureau du président qu'elle utilise rarement. Par une porte dérobée, elle s'échappe de l'Élysée une fois ses obligations remplies.

La femme du chef de l'État est une « reine ligotée ». Claude se sent seule et prisonnière de sa fonction. La présence de sa sœur, sa confidente lui est indispensable durant ces années à l'Élysée. Ainsi que l'affection de ses nièces qu'elle aime profondément. La naissance de ses trois petits-fils, Thomas, Romain et Yannick lui procure une joie profonde. Claude, qui avait rêvé d'une famille nombreuse, est comblée et les accueille à Orvilliers le week-end. Les développements de la Fondation lui tiennent à cœur et justifient à ses yeux les contraintes et les frustrations que lui impose sa vie de première dame. Mais c'est surtout la promesse que lui a faite Georges de ne pas se représenter à la fin de son mandat qui l'aide à tenir et à assumer son destin. Ils pourront enfin vivre comme ils l'entendent, et elle se prend à rêver des jours heureux à Marseille.

Les Pompidou ne sortent plus en ville. Ils ne se rendent qu'à titre exceptionnel à des dîners ou des réceptions privés. Le président inspiré sans doute par le modèle d'austérité et de rigueur du général de Gaulle considère que sa fonction n'est pas compatible avec des sorties dans le Tout-Paris même s'il y compte de vrais amis. Sans doute faut-il également percevoir dans cette décision les stigmates de l'affaire Markovic, la crainte des ragots et la méfiance à l'égard des journalistes. D'autre part, Pompidou veut incarner l'image d'un président proche des Français et prend soin de gommer dans les interviews les années Rothschild et la face mondaine de sa vie. Les entorses à la règle sont rares. En octobre 1969, Mistou Fabre, très proche de Claude, donne un dîner en l'honneur de Maria Callas, à l'occasion de la sortie du film *Medea* de Pasolini. Une trentaine de personnes est répartie sur trois tables dont Pasolini, Moravia et Olivier Guichard, le ministre de l'Éducation nationale. La maîtresse de maison prend la parole pour annoncer la venue de Claude Pompidou en demandant à ses hôtes d'observer la plus grande discrétion. On ne doit pas savoir que l'épouse du président dîne en ville.

Claude, tout en adoptant une attitude prudente, refuse de vivre retranchée. Si les Pompidou ne sortent plus, ils reçoivent à l'Élysée leurs différents cercles d'amis, aussi bien les grands noms de l'aristocratie et de la finance, que les artistes. Jacques Chazot est régulièrement invité, il a le mérite de faire rire. Les Pompidou convient régulièrement leur petit groupe, les frères Gall, Raymond Cordier, les Defforey et Guy Schoeller ainsi que les camarades normaliens de Georges. Les séances de projection de films se poursuivent à l'Élysée, suivies d'un dîner de deux tables présidées l'une par Claude et l'autre par Georges. Habitués de ces soirées cinéma, Jean d'Ormesson, la princesse Maria-Pia de Savoie, les Rothschild, Ghislaine de Polignac, le professeur Schramm. Le principe est le même qu'à Matignon mais le protocole est plus pesant. Imperceptiblement, les relations se modifient. L'Élysée crée une frontière avec le monde extérieur. Les amis des Pompidou sont moins spontanés, certains se mettent à les vouvoyer, d'autres ne savent quoi répondre lorsque leur ami-président leur demande un avis sur l'actualité ou sur sa dernière conférence de presse. Ils sont embarrassés. La solitude du pouvoir est inéluctable. À partir de 1972, les réunions avec les amis se raréfient, Pompidou consacre son énergie et son temps à sa lourde tâche.

Le rôle de représentation de la première dame de France

Sans statut officiel, ni légitimité démocratique, l'épouse du chef d'État n'en a pas moins des contraintes et des obligations, héritées de la fonction de représentation des femmes de monarques. Par sens du devoir et pour Georges, Claude accepte ce rôle. Elle est la première des épouses de président de la République à assumer seule un très lourd calendrier d'obligations officielles et à effectuer de nombreux déplacements en province. Le service du protocole qui reçoit les invitations et les demandes de patronage lui suggère son programme de sorties qu'il organise ensuite minutieusement. Pompidou tient particulièrement à ce que sa femme soit reçue avec cérémonie même si la Constitution et le protocole ne prévoient pas de lui rendre hommage.

Sur ce point, l'image de Claude est brouillée. Elle en est en partie responsable. À force de déclarer qu'elle n'a jamais voulu de ce destin présidentiel, qu'elle déteste la politique et que l'Élysée a été la maison du malheur, son rôle et son action ont été occultés. Et pourtant, elle s'est investie dans cette tâche ingrate bien davantage que les autres premières dames de la IVe et Ve République.

À l'Opéra ou au théâtre des Champs-Élysées, Claude honore régulièrement de sa présence les grands galas de bienfaisance (UNICEF, recherche contre le cancer, Fondation de France, Paralysés de France, Union des Artistes). Contrairement à madame de Gaulle, elle s'y rend sans son mari mais accompagnée, très souvent, de deux couples amis, Maurice Schumann, le ministre des Affaires étrangères et sa femme Lucie ainsi qu'André Bettencourt, ministre du Plan et sa femme Liliane, l'héritière de l'Oréal. Le protocole prévoit à son arrivée une haie d'honneur de gardes républicains, l'accueil dans la salle avec le public debout et la traditionnelle remise du bouquet de fleurs.

Dans la lignée de madame de Gaulle, Claude accepte de se rendre à de nombreuses ventes de charité (Association Rhin et Danube, Veuves et orphelins de guerre, Ailes brisées, Association des Français libres, 2e DB, Parents des tués). Le programme est particulièrement chargé aux mois de novembre et décembre. Le protocole établit toujours le même rituel, la première dame est reçue par les organisateurs qui la guident de stand en stand. Elle fait quelques achats. La visite n'excède jamais une heure.

Son goût pour les arts étant connu, elle est très sollicitée dans le domaine culturel. C'est une innovation. Claude est la première épouse de président à remplir cette fonction. Les inaugurations d'expositions, minutées et guidées, n'ont rien d'un moment de détente. En une heure et quart, rafraîchissement compris, la visite accompagnée de quelques épouses de ministres qui jouent le rôle de dames de compagnie se déroule sous la houlette du conservateur du musée et les flashs des photographes.

Claude est également la première épouse d'un président de la République à se rendre seule en province. Elle est toujours accompagnée d'Alain Briottet pour le protocole, de Gilbert Paris chargé des relations avec la presse, et d'un officier de sécurité. Que ce soit pour sa Fondation, la visite d'un musée, d'un CHU ou d'une école-pilote, le cérémonial est incontournable : accueil du préfet en uniforme, escorte motocycliste de la gendarmerie, discours de remerciement à l'adresse de la première dame, remise d'un bouquet de fleurs par une petite fille. En week-end et en vacances, le devoir l'appelle également.

De l'inauguration des grandes orgues de l'église de Houdan (juin 1972) au concours hippique de Cajarc (juillet 1971) et aux épreuves finales du Championnat du monde des cavaliers à la Baule (juillet 1970) où elle remet la coupe du président de la République, Claude remplit vaillamment son rôle.

Le 4 mars 1970, la France est sous le choc. *L'Eurydice*, un sous-marin français, a explosé en mer au large du Cap Camarat avec à bord cinquante-six hommes. « Bouleversée, les larmes aux yeux[1] », la première dame assiste aux côtés de Jacques Chaban-Delmas, le Premier ministre, et de Michel Debré, le ministre de la Défense, à la cérémonie religieuse le 10 mars 1970 à Toulon. Elle présente ses condoléances aux familles des victimes. Pour la première fois en France, à un événement national de cette ampleur, le président de la République se fait représenter par son épouse. Situation inconcevable à l'époque du Général.

En mari attentionné, Pompidou ne peut concevoir sa femme transformée en potiche trois pas derrière lui ; non seulement il lui aménage un espace public conciliable avec son absence de statut constitutionnel, mais il est le premier président français à attribuer à son épouse une place de choix dans sa stratégie de communication. Elle devient une sorte d'émissaire glamour de l'Élysée, chargée d'une mission essentielle, humaniser l'image du chef de l'État. Bien que cantonnée au domaine de la compassion et de la culture, Claude par sa présence répétée sur le terrain transforme le rôle de première dame qui devient à part entière et accompagne l'évolution de la femme

1. *Le Figaro*, 5 mars 1970.

dans la société française des années soixante-dix. Contrairement à la légende, elle est active et engagée auprès de son mari. Les Pompidou inventent un couple présidentiel moderne.

Les obligations du couple présidentiel

Claude doit également se plier au marathon des obligations officielles fastidieuses et routinières. Les dîners officiels à l'Élysée se déroulent selon un rite immuable : robes longues et smoking de rigueur pour les invités en rang qui attendent d'être présentés au couple présidentiel, repas en musique par l'orchestre de la garde républicaine et spectacle de la Comédie française ou des ballets de l'Opéra. Ces dîners (du gouvernement, du corps diplomatique, en l'honneur du Parlement, etc.) se répètent chaque année à peu près à la même date. La liste des convives est communiquée à Claude, accompagnée d'une petite biographie pour ceux qui lui seront présentés. Invariablement, les Pompidou se retirent dans leurs appartements vers vingt-trois heures.

Des réceptions à thème ont également lieu. L'Élysée reçoit tour à tour le monde des lettres, le monde des affaires sociales ou celui des arts. Les listes sont établies par le service du protocole et par le président. Les Pompidou circulent parmi les invités une heure et regagnent leurs appartements tandis que des buffets sont dressés et que l'orchestre de la garde républicaine entame ses partitions. Servitude de la fonction de représentation : la première dame passe sans doute plus de temps à s'habiller et à se coiffer qu'en compagnie de ses convives obligés.

Autre rite républicain, les Noëls de l'Élysée. Un jeudi après-midi de décembre, des cars remplis d'écoliers de Paris et de la proche banlieue débarquent dans la cour. Ils rejoignent les enfants du personnel dans la salle des Fêtes et sont accueillis par le couple présidentiel. La tenue est celle des années soixante-dix : blazers, nœud papillon ou cravates pour les garçons, kilt écossais et col Claudine pour les filles. Après le spectacle où se produisent les célébrités populaires de l'époque, Mireille Mathieu, Danièle Gilbert, Louis de Funès, Sim, Les Charlots, Henry Salvador, Sacha Distel, les six cents enfants s'assoient sagement autour des tables dressées pour le goûter avant la distribution de cadeaux sous l'immense sapin illuminé. Claude apparaît souriante, embrassant les enfants, rassurant les plus timides.

Avec Georges, Claude assiste aux innombrables remises de médailles et de prix qui récompensent les donneurs du sang, les jeunes premiers prix des conservatoires de musique, les mères de famille nombreuse, etc. Elle déjeune avec l'équipe de France de ski avant de se rendre aux réceptions à l'Assemblée nationale et au Sénat. Elle reçoit à déjeuner et à dîner avec Georges les hôtes étrangers en visite officielle et pose pour la traditionnelle photographie des adieux sur le perron de l'Élysée. À la cérémonie du 14 juillet, elle prend place à la tribune Clemenceau près des épouses des membres du gouvernement avant de recevoir dans les jardins de l'Élysée aux côtés de Georges. En revanche, elle n'assiste jamais aux chasses présidentielles qu'elle déteste.

Sur les photographies des cérémonies officielles, Claude apparaît en retrait, digne et un peu timide. Dans l'intimité, elle fait preuve selon les personnes qui l'accompagnent à l'Élysée de gaieté et d'humour. Avec son œil aiguisé, son sens de la formule et son horreur des ronds de jambe, elle n'est jamais dupe de la vanité humaine et aime bien rire de certaines situations. Progressivement, Claude rentre dans son rôle de première dame de France et craint moins le contact de la foule et des photographes. Cette fonction qu'elle endosse avec le sens du devoir lui permet de tenir à distance et d'amoindrir la salissure de l'affaire Markovic.

Les voyages officiels

Les Pompidou effectuent en 1970 plusieurs déplacements officiels, notamment aux États-Unis et en Union soviétique. En Afrique francophone, les voyages sont organisés et voulus par Jacques Foccart, le « monsieur Afrique » à l'Élysée depuis 1960 qui insiste auprès du président sur l'importance de l'héritage de la politique de coopération chère au général de Gaulle. Pompidou, soucieux de mener à terme la décolonisation, augmente de manière conséquente l'aide au développement. Il se rendra en Afrique quatre fois en moins de cinq ans. À chaque préparation de voyage, le président ne cache pas son étonnement devant le luxe des cadeaux (service de table complet de Sèvres, montre en or, bijoux de prix) destiné aux dignitaires africains et à leurs épouses ni ses réticences devant le programme d'innombrables remises de médailles. Foccart insiste pour que Claude accompagne le président dans ses tournées en Afrique ; elle s'y pliera à deux reprises en février 1971 (Mauritanie, Sénégal, Côte d'Ivoire, Cameroun, Gabon) et en janvier 1972

(Niger, Tchad). À l'époque, elle n'aime pas l'avion, craint l'hélicoptère et ne supporte pas la nivaquine. Ces voyages sont éprouvants, rythmés par les défilés militaires interminables, les cérémonies de remise de cadeaux et de médailles et les méchouis de plusieurs heures sous la tente.

Contrairement à madame de Gaulle, qui a accompagné le Général à chacun de ses déplacements à l'étranger ou en province, Claude, à partir de 1972, se limite à l'Europe ; elle se rend avec Georges à Bonn, au Luxembourg, en Belgique et aux Pays-Bas. Son goût pour les voyages, libéré du protocole et de la représentation, s'épanouira plus tard.

La visite de la reine d'Angleterre (15-19 mai 1972)

À l'opposé du général de Gaulle, Pompidou souhaite l'entrée de la Grande-Bretagne dans le Marché commun. Le voyage de la reine en France scelle le rapprochement entre les deux pays, et se déroule peu de temps après le référendum où les Français ont approuvé l'élargissement du Marché commun.

Pour Claude, la visite d'Elizabeth II en France est un temps fort des années à l'Élysée. Elle a été présentée à deux occasions à la reine. En 1948, lors de l'inauguration de l'exposition au palais Galliera et en 1966 à Londres au cours d'un voyage officiel. La première dame souhaite que le voyage royal se déroule parfaitement. Elle étudie l'histoire de l'Angleterre, prend des leçons d'anglais, connaît le programme de la visite à la minute près. Claude commande aux Manufactures de Sèvres un service de table moderne avec des dessins de Poliakoff pour les repas à l'Élysée et veille à la décoration des appartements de la reine au Trianon.

Malgré le soin méticuleux apporté aux préparatifs, le jour de l'arrivée est marqué par quelques incidents. À l'aéroport, Claude et Georges attendent un long moment. L'avion reste clos à la surprise générale. La reine ayant constaté que l'épouse du président portait un costume de la même couleur que le sien a voulu, par délicatesse, se changer. Quelques minutes plus tard, sur le perron de l'Élysée, Pompidou prend le bras de son hôte royal, geste familier qui scandalise les Britanniques. Au Trianon où Elizabeth II doit résider, le drapeau britannique flotte au lieu du pavillon aux armes de la reine. Horreur ! Ce grossier manquement à l'étiquette choque une fois encore les Anglais et alimente la presse. Seule la reine reste imperturbable. Le séjour se déroule ensuite sans imprévus, marqué par le ballet équestre de nuit au Champ de Mars sous une pluie battante et un dîner à l'Élysée au cours duquel la reine au plus grand désespoir du protocole ne semble pas vouloir quitter les salons contemporains où Edward Heath, le Premier ministre britannique, s'est mis au piano pour jouer du Chopin.

Au cours de ces longues années à Matignon et à l'Élysée, Claude fait la connaissance d'un nombre impressionnant de personnalités de premier plan. Avec certains, les liens perdureront. À chaque voyage aux États-Unis, elle rendra visite aux Nixon. Elle sera également reçue régulièrement à Monaco chez la princesse Grace et le prince Rainier. Farah Diba deviendra une amie. Elle restera très liée avec le roi Baudouin et la reine Fabiola, les ducs de Luxembourg. Edward Heath sera un habitué du quai de Béthune. Elle tisse un réseau qu'elle saura mettre à profit plus tard aussi bien pour sa Fondation que pour le Centre Pompidou.

La mort du général de Gaulle

Le lundi 9 novembre 1970, peu avant le dîner, le Général s'effondre sur son jeu de cartes. Le médecin appelé en urgence ne peut rien faire. À dix-neuf heures trente-cinq, le Général meurt, victime d'une foudroyante rupture d'anévrisme. Alain de Boissieu, son gendre, prévient l'Élysée à l'aube et précise que les volontés exposées dans le testament du Général, dont Pompidou possède un exemplaire, doivent être scrupuleusement appliquées. Il n'est pas question de funérailles nationales. Le Général sera enterré selon sa volonté à Colombey dans la simplicité et l'intimité. Les officiels, ministres et politiques ne seront pas les bienvenus.

Les malentendus s'accumulent rapidement entre l'Élysée et Colombey. Le fils du Général, Philippe est froissé de n'avoir reçu aucun témoignage du président ni de son entourage. Sans en avertir la famille, Pompidou publie le testament du Général et fixe la cérémonie pour les officiels à Notre Dame à onze heures le 12 novembre. Madame de Gaulle décide que les obsèques se dérouleront l'après-midi du 12 novembre à Colombey et qu'aucun membre de la famille ne sera présent le matin à Notre Dame.

Madame de Gaulle refuse toute visite en dehors de la famille le lendemain de la mort du Général. Pompidou doit patienter. Il se rend à Colombey le 11 novembre après-midi en hélicoptère avec Claude et son Premier ministre Jacques Chaban-Delmas. Sur place, le président est agacé d'avoir été devancé par Michel Debré et le général Massu arrivés le matin. Il ne peut pas se recueillir sur la dépouille, la bière ayant été scellée juste avant son arrivée. Surtout, Pompidou est offensé par l'accueil glacial de madame de Gaulle qui refuse de lui serrer la main devant le cercueil alors qu'elle se montre très chaleureuse avec son Premier ministre. À Claude, la veuve du Général, plus cordiale, relate dans le détail les derniers instants du « grand homme ».

Le 18 juin 1972, Pompidou inaugure le monument de la croix de Lorraine à Colombey. Claude est présente, visiblement émue. Tout le monde remarque la froideur avec laquelle madame de Gaulle tend la main à Pompidou avant de la retirer avec vivacité. Pour la presse, c'est un geste de désaveu.

En découvrant quelques mois plus tard, le portrait que fait de lui le Général dans le tome II des *Mémoires d'espoir*, Georges est blessé. Aucune trace de la confiance et de la complicité entre les deux hommes sous la plume du Général dont le message à la postérité est clair : Pompidou n'est ni son dauphin ni son héritier politique. Claude, devenue la gardienne de la mémoire de son mari, s'acharnera à gommer la réalité des malentendus entre les deux hommes et n'aura jamais le moindre mot désobligeant pour le Général. Georges a inscrit son action de président dans la continuité gaulliste et il a fidèlement et loyalement servi le Général, déclare-t-elle inlassablement. De Gaulle et Georges sont les deux hommes d'exception qu'elle admire. Elle se drape de dignité en refusant de se laisser entraîner dans le jeu des mesquineries et des rancœurs.

Le fiasco de L'expo 72

À son arrivée à l'Élysée, Pompidou décide une grande exposition d'art contemporain français, L'expo 72, qui devra présenter soixante-douze artistes français ou étrangers travaillant en France en 1972. La récupération de l'art par un gouvernement de droite est immédiatement dénoncée. Martial Raysse et les nouveaux réalistes refusent d'y participer. Le 16 mai 1972, au Grand Palais, le vernissage dérape, des petits groupes de contestataires scandent dans le hall « Expo 72 : des artistes au service du capital », et bousculent les visiteurs. Les forces de l'ordre interviennent. De nombreux participants réagissent immédiatement, décrochent leur toile qu'ils brandissent dans la rue. Après une semaine de fermeture et d'assemblées générales houleuses, les portes rouvrent. Le succès est mitigé. Le couple présidentiel ne s'y rendra pas. Pour Pompidou, L'expo 72 a été une source d'amertume. Le mécénat d'État n'est pas une sinécure. Quant à Claude, elle parle d'une « splendide occasion manquée[1] » et ne cache pas sa déception. Avec le recul, l'expérience a eu néanmoins le mérite de permettre à un public limité mais curieux de découvrir des artistes comme Morellet, Viallat, Boltanski, Reynaud, Ben, Bettencourt, Réchiquot et Dado.

1. *Hommage au président Georges Pompidou, homme de culture*, *op. cit.*.

L'agonie du président

Claude et Alain Pompidou ont toujours refusé de s'exprimer sur la maladie et la mort de Georges Pompidou. Pudeur et dignité, autoprotection, refus des polémiques et des regrets expliquent en partie ce silence. Les questions délicates sont pourtant nombreuses : Pompidou savait-il qu'il était malade en se présentant à la présidence ? Pourquoi autant de mystère autour de sa maladie ? Son état de santé a-t-il entravé son action à l'Élysée ? Aurait-il dû démissionner ? Quel rôle Alain, jeune médecin, a-t-il joué auprès de son père ? Pompidou a-t-il été correctement soigné ? La reconstitution proposée ci-dessous résulte du croisement de témoignages, de mémoires écrites, d'articles de journaux et d'archives publiques ; elle vise à revenir sur les faits et à souligner les zones d'ombre.

Il est impossible d'affirmer quand et comment Pompidou a appris sa maladie. Michèle Cotta dans les *Cahiers secrets de la Ve République* fait part d'une conversation avec le professeur Jean Bernard, le grand spécialiste des leucémies et des maladies du sang qui affirme que Pompidou était atteint dès l'été 1968. Accréditant cette hypothèse, les propos que le général de Gaulle aurait tenus à son fils Philippe fin 1968 évoquant la maladie des os de Pompidou, tout en précisant que Claude l'ignorait. Michel Jobert et certains membres de son équipe du boulevard de La Tour Maubourg se souviennent d'un Georges Pompidou sous traitement de cortisone et très bouffi à son retour de vacances en septembre 1968.

Certains proches affirment que Pompidou aurait su la vérité au début de l'année 1971. C'est la version que nous privilégions. Très fatigué, le président en vacances à Cajarc téléphone la seconde semaine de Noël 1970 à son médecin de famille, le professeur Jean Vignalou, et lui décrit son état, il se sent nerveux et a du mal à marcher. Vignalou diagnostiquant un surmenage et un surpoids lui recommande de réduire son activité et de manger léger. Fin janvier 1971, Pompidou ne se sent pas mieux. Après un bilan sanguin inquiétant, Vignalou lui demande de se rendre dans le service du professeur Bernard pour subir une batterie d'examens. Pompidou, seul et dans la plus grande discrétion, quitte l'Élysée en voiture banalisée pour se rendre à l'hôpital. Un soir de janvier 1971 dans le bureau présidentiel, Vignalou lui révèle qu'il souffre d'une maladie rare, une forme de leucémie à évolution lente, la maladie de Waldenström. Le seul traitement connu est à base de cortisone. L'espérance de vie des malades n'excède pas une dizaine d'années et les facultés intellectuelles ne sont pas altérées. Pompidou sait la vérité. Dans quelques jours, il part en Afrique. Il est très seul. Il prend trois résolutions. Protéger Claude en ne lui disant rien, se battre pour remplir son mandat jusqu'à son terme et garder le secret tant que la maladie ne se voit pas et n'entrave pas son action.

La maladie est canalisée en 1972. Des signes ne trompent pourtant pas sur son évolution lente mais inéluctable : quelques épisodes de grippes, un traitement plus fort à base de gluco-corticoïdes, des massages en fin de journée, les visites quotidiennes du docteur Vignalou. Tous les rendez-vous médicaux ont lieu à l'Élysée dans la plus grande discrétion vis-à-vis du personnel et avec la volonté de tenir à l'écart Claude. Sur le front politique, l'année est difficile. *Le Canard Enchaîné* lance l'affaire des impôts de Chaban en janvier 1972 qui apprend à la France que son Premier ministre tout en appliquant la loi ne paie pas plus d'impôt qu'un simple cadre supérieur. La fonction gouvernementale est touchée. Le 5 juillet 1972, le président nomme à Matignon Pierre Messmer. En août 1972, à Brégançon, il rédige son testament. Le film sur la visite à la Fondation Maeght à Vence en août 1972 le montre contemplant les toiles de Nicolas de Staël, le visage triste, les traits marqués, la démarche lourde. Un hélicoptère médical est discrètement affrété dans les environs. En septembre, il semble parfois las à ses collaborateurs, « À son retour, je sus que les vacances n'avaient pas été bonnes[1] », écrit Michel Jobert. En novembre 1972, avec la grave acuité de celui qui se sait atteint d'un mal incurable, il prend la plus lourde et solitaire décision du chef de l'État jusqu'en 1981, le refus de sa grâce présidentielle à Buffet et à Bontems qui montent sur l'échafaud.

Le 6 décembre 1972, à l'arbre de Noël de l'Élysée, le président est souffrant. Il assiste au spectacle de Mireille Mathieu et Henri Salvador avant de s'éclipser rapidement avec une plaisanterie : « Si le travail c'est la santé, il faut croire que je ne travaille pas beaucoup car je suis grippé ». Georges parti, Claude distribue les cadeaux. Le 31 décembre 1972, Pompidou apparaît très bouffi lorsqu'il prononce ses vœux à la télévision. La maladie est visible. Les rumeurs s'emballent.

La presse est obnubilée par l'état de santé du président. La France s'interroge. En janvier 1973, Pompidou,

1. *Mémoires d'avenir*, *op. cit.*

à nouveau grippé, ne peut pas recevoir les vœux du personnel de l'Élysée. En février, il rechute. Le 24 mai, Pompidou annule ses engagements en raison d'un refroidissement. Les images de la rencontre à Reykjavik avec Nixon, les 30 mai et 1er juin 1973 marquent les esprits. Le président français est en très mauvaise forme, le visage gonflé et la démarche hésitante. Plusieurs hypothèses sont évoquées, des médecins interrogés par les journalistes diagnostiquent la maladie de Waldenström ou la maladie de Kalher. Pompidou est observé, épié. Il s'agace et prévient ses visiteurs : « Chaque fois qu'on me serre la main, j'ai l'impression qu'on me prend le pouls ». Claude, inquiète, interroge l'infirmière de l'Élysée qui ne dit rien. Les sommités françaises consultées par Pompidou, le professeur Jean Bernard, le professeur Aboulker, le professeur Schramm le patron d'Alain se disent impuissants. Bernard donne en 1973 un conseil au président, passer la main pour mieux se soigner. Pompidou semble acquiescer mais n'en fait rien. Le 8 juin 1973, Claude adresse une lettre de protestation à Marcel Haedrich, chroniqueur à Europe 1 : « Il ne servirait à rien de signaler des rechutes de grippe qui ne se seraient pas produites si le président avait eu le temps de se reposer. » C'est l'hallali. Le 11 juin 1973, Cabu signe dans *Charlie Hebdo*, une série de cruelles caricatures illustrant « les aventures de la veuve Pompidou ». Jacques Chirac assiste, choqué, « aux préparatifs indécents » des « prétendants de tous bords[1] ». Le clan Chaban croit à une issue rapide, le clan Giscard parie que le président tiendra jusqu'en

1. *Chaque pas doit être un but, op. cit.*

1976. Pierre Juillet et Marie-France Garaud encouragent le Premier ministre, Pierre Messmer, à se tenir prêt au cas où... En septembre 1973, Pompidou maintient son voyage en Chine ; il est le premier président de la République à s'y rendre officiellement. Il donne des consignes au protocole : limiter au maximum les parcours à pied, prévoir la présence d'un médecin et d'une infirmière. Ce serait peu de temps avant son départ qu'il révèle la vérité à Claude. Il n'a pas souhaité sa présence pendant le voyage pour lui éviter le spectacle de ses souffrances. À Claude, il dit sa confiance dans les médecins et dans son traitement. Il est certain d'aller mieux. Elle veut le croire. Sur place, il renonce à la traditionnelle excursion sur la muraille de Chine en déclarant crânement à ses ministres : « Je ne suis pas ici pour faire du tourisme ». Au retour, il s'arrête à Téhéran et tient malgré la douleur et la fatigue une conférence de presse.

Claude ne veut pas peser sur Georges. Elle respecte son choix de poursuivre sa tâche sans se démettre. Il ne parle jamais de sa maladie. Elle s'y conforme. Lors des hémorragies et des hématomes à l'œil, elle donne le change comme elle peut en affirmant bravement à son entourage : « Mon mari s'est cogné ». Pierre-Christian Taittinger, Madeleine Malraux, François Gall sont formels : Claude fait preuve d'une très grande pudeur et ne parle jamais de la maladie.

Les mois qui suivent sont terribles. Pompidou est observé, scruté. Il est furieux de voir publier les photographies de face ou de bas en haut qui accentuent l'aspect gonflé de son visage. Le président vit dans la hantise des coups de froid et des courants d'air. Au journaliste Raymond Tournoux qu'il reçoit dans son bureau, il se force à l'ironie en parlant de son cancer hebdomadaire : « On a voulu m'enterrer trop tôt ! Ils en voulaient à ma place[1] ! » Ses amis constatent les effets de la maladie, Pompidou se raidit et s'isole. Guy de Rothschild écrit à ce propos : « Je crois que les premières atteintes de sa maladie ont faussé les rapports de Georges avec ses intimes. À une soirée de l'Opéra, j'avais été frappé de le trouver si changé, si gêné, fuyant presque comme s'il voulait cacher la maladie qui l'avait frappé, avant même qu'on en parlât[2]. »

En janvier 1974, l'état de Pompidou s'aggrave. Lors d'un déplacement à Poitiers le 24, le président apparaît le visage tuméfié et méconnaissable, il fait un malaise après un long discours. *Minute* publie des photos et affirme que le président a les bras paralysés. Denis Baudouin, chargé de la communication à l'Élysée, ne lui remet plus les numéros du journal le matin. C'est Claude qui se charge de l'avertir. Il est en colère. Le 7 février, un communiqué de Vignalou indique que le président souffre de fièvre et d'une infection grippale et « qu'il devra garder sa chambre quelques jours ». À peine remis, le 11 février, Pompidou préside le dîner du gouvernement à l'Élysée et assiste stoïquement au spectacle de Thierry Le Luron qui imite Chaban-Delmas s'imaginant déjà à l'Élysée. Le président porte un toast sarcastique : « Je lève un verre à votre santé… À ma propre santé étant donné que j'ai été profondément touché de l'intérêt que lui ont manifesté certains ». Le dernier voyage se déroule à Pitsounda, en Géorgie, du 11 au 13 mars où il doit rencontrer Brejnev.

1. Raymond Tournoux, *Journal secret*, Plon, 1975.
2. *Contre bonne fortune…, op. cit.*

Pompidou souffre terriblement et peut difficilement le dissimuler. La conférence de presse est remplacée par une courte communication. Assis dans un fauteuil près d'un radiateur électrique, le président français parle dix minutes d'une voix sourde mais l'esprit clair. Il garde la tête haute pour dissimuler la rondeur de son visage bouffi et se lève difficilement. Le dîner prévu avec les Soviétiques est annulé.

Le 21 mars 1974, se tient à l'Élysée le dîner diplomatique, une des plus importantes réceptions de l'année. Deux cents invités en robes longues et habits foulent le tapis rouge du perron. Au même moment, le président, quai de Béthune souffre le martyr, une infirmière à ses côtés. Claude arrive à l'Élysée seule, en mousseline de soie à imprimés fleuris, affichant une assurance sereine, et reçoit en compagnie du Premier ministre, Pierre Messmer. Après le dîner et le spectacle « Divette et diva » avec Régine Crespin et Mady Mesplé du Palais-Royal, les ambassadeurs se pressent de la saluer pour envoyer des télégrammes alarmants sur l'état de santé du président français à leurs gouvernements. Claude vient d'accomplir son ultime devoir, elle ne reviendra jamais à l'Élysée. Quai de Béthune, Georges l'attend, épuisé de douleur.

À vingt et une heures quinze, alors que les diplomates sont à table à l'Élysée, le professeur Jean Vignalou a pris la décision de publier un communiqué : « Le président de la République souffre actuellement d'une lésion bénigne d'origine vasculaire, située dans la région anorectale et hyperalgique par intermittence ». La presse s'en empare, les jugements sont cruels ou de mauvais goût. Dans *Le Monde*, Philippe de Saint-Robert qui évoque la fistule de Louis XIV et le cancer du général de Gaulle écrit : « On a vu de grands hommes d'État accomplir leur tâche quoiqu'ils fussent atrocement atteints dans leur corps ». *Charlie Hebdo* titre : « Quand Louis XIV avait mal au cul, l'Europe entière prenait des bains de siège. Quand Pompidou a mal au cul, l'Europe pouffe... » Rien n'est épargné à Pompidou.

Le lendemain, le président passe deux heures à l'Élysée, il reçoit le Premier ministre Messmer et le nouvel ambassadeur de Corée du Sud qui lui présente ses lettres de créances, il signe son courrier et rentre chez lui. Les Pompidou décident de rester le week-end quai de Béthune. Claude est triste et désemparée. Georges souffre et marche péniblement, il fume cigarette sur cigarette et rejette les journaux : « À les en croire, j'ai déjà un pied dans la tombe ».

Le mardi 26 mars, Pompidou retourne à l'Élysée, le temps de recevoir les lettres de créances de l'ambassadeur de la RDA. Il se force à sourire aux photographes. Le mercredi 27 mars, il préside son dernier Conseil des ministres. Olivier Guichard assis à sa gauche remarque que l'on a matelassé le fauteuil présidentiel d'un épais édredon. Pompidou a les traits crispés, il parle pour la première fois de son état : « C'est vrai je suis fatigué. On exagère beaucoup. On raconte trop de choses fausses. Évidemment pour le moment je ne gambade pas ! J'irai mieux. » À l'issue du Conseil, Édouard Balladur, secrétaire général de l'Élysée, l'entretient de la fronde des barons gaullistes qui s'apprêtent à lui demander sa démission, Pompidou réplique : « Ils n'oseront pas ! » Le 29 mars, Pompidou reçoit dans son bureau son ministre des Affaires étrangères, Michel Jobert, pour une réunion sur la situation internationale. Il lui annonce qu'il part se reposer à Cajarc quinze jours pour les vacances. C'est la dernière fois qu'il quitte l'Élysée. Le soir, il demande à sa secrétaire Madeleine Negrel de lui rendre visite quai de Béthune, il lui dicte une petite lettre et en partant, lui rappelle le petit Villon qu'il vient d'acquérir et qu'il faut aller chercher chez l'encadreur.

Le samedi après-midi, les Pompidou décident de partir pour Orvilliers dans une DS aux vitres fumées sans escorte. Vignalou, qui passe depuis un an à l'Élysée ou quai de Béthune matin et soir les rejoint, précédé par l'infirmière qui ne quitte plus le président. Georges se sent mieux, il fait quelques pas dans le jardin avec Claude. La nuit du dimanche à lundi est un calvaire, la fièvre remonte et les hémorragies redoublent. Le lundi matin, une ambulance de l'Élysée arrive pour faire le trajet du retour quai de Béthune. Pompidou ne peut plus bouger, il arrive enfin dans sa chambre en début d'après-midi. Le transport a été affreusement douloureux. Claude se reproche l'escapade à Orvilliers. Vignalou envoie un coursier chercher des médicaments. Balladur et Juillet font une discrète visite, Chirac passera dans la nuit. Mardi 2 avril, Claude est épuisée par les veillées et l'inquiétude. À l'Élysée, on attend le président. Georges réussit à faire quelques pas dans sa chambre. Un communiqué annonce l'annulation de la réception prévue avec le président du Rwanda. En fin d'après-midi, les douleurs reprennent toujours plus fortes, les médecins sont rappelés. Pierre Juillet est le dernier visiteur à dix-huit heures. Tout est fini à dix-neuf heures vingt. Pompidou a soixante-deux ans. Il est mort d'une septicémie foudroyante, complication secondaire de sa maladie de sang. Les médecins ne s'attendaient pas à ce que les choses aillent si vite. Claude est frappée de stupeur. On lui a caché trop longtemps la vérité. Pour la protéger et conformément à la volonté de Georges. Alain savait, il a gardé le secret. La douleur l'emporte sur les reproches.

Un flash de l'AFP à 21 h 58 annonce la mort du président. Devant l'Élysée où le drapeau est en berne, mais aussi quai de Béthune se presse une foule de Parisiens. À minuit des camions arrivent à l'Élysée pour emporter les archives et les affaires personnelles du président. Les télégrammes affluent du monde entier.

À la surprise générale, la famille ne communique pas sur le décès. Selon le professeur Jean Bernard, Claude Pompidou elle-même a tenu à ce que la mention « maladie de Waldenström » soit retirée du communiqué officiel.

Pompidou a refusé de parler de sa maladie, son entourage en a ignoré la gravité. À l'Élysée, personne n'osait aborder la question. Jacques Chirac dans le chapitre de ses Mémoires intitulé « La mort d'un père » écrit : « Longtemps j'ai refusé de me rendre à l'évidence ». Édouard Balladur, secrétaire général de l'Élysée depuis mars 1973, a protégé avec discrétion et efficacité son patron, repoussé les visiteurs envahissants et assuré dans les derniers moments du président la continuité de l'État. Seul Pierre Juillet semblait savoir la vérité et se permettait quelques indiscrétions, notamment pour légitimer ses manœuvres auprès de Pierre Messmer. Claude lui reprochera longtemps ce qu'elle estime être de l'infidélité et une manière de suggérer qu'à la fin de sa vie, Georges n'était plus capable de gouverner. Pour les amis médecins de Pompidou, la tension nerveuse accumulée en mai 1968 et pendant l'affaire Markovic a déclenché la maladie. Ensuite, ce sont les responsabilités suprêmes qui ont accéléré le processus et l'ont empêché de se soigner comme il aurait fallu. En dix ans, trois autres chefs d'État ou de gouvernement ont été victimes de la maladie de Waldenström : le Shah d'Iran, le président Boumediene et Golda Meir.

Pompidou a remis à la fin 1973 à Édouard Balladur ses dernières volontés : « Je veux être enterré à Orvilliers. Je ne veux ni fleurs, ni couronnes, ni monument funéraire bien sûr. Une simple dalle de pierre de taille avec mon nom et les dates de ma naissance et de ma mort. Une messe sera dite à Saint-Louis-en-l'Île. Elle sera chantée en grégorien ».

La messe voulue par Pompidou se tiendra le 4 avril en présence de Pierre Messmer et des membres du gouvernement, des amis et de la famille. Claude en strict tailleur, chapeau et voile de crêpe noir frappe par sa dignité. L'inhumation dans le cimetière d'Orvilliers se tient dans la stricte intimité. Le lendemain, Claude se réfugie à Cajarc.

Le samedi 6 avril, le service solennel à la mémoire du président de la République est célébré à Notre Dame. Le président des États-Unis, Richard Nixon et le président du præsidium du Soviet suprême, Nicolas Podgorny, ainsi que cinquante chefs d'État et de gouvernement sont présents. Le cardinal Marty ordonne la messe. L'heure est au recueillement et la foule est nombreuse sur le parvis. Le deuil national a été décrété, les drapeaux sont en berne, les écoles et les administrations sont fermées, les commerces ont tiré leurs stores. Fontanet, le ministre de l'Éducation nationale fait lire aux petits Français dans les écoles, le 4 avril, un hommage : « La France est en deuil. Georges Pompidou qui, depuis cinq années, présidait aux destinées de la République, a succombé brutalement des suites d'une cruelle maladie. Pour aller jusqu'au bout de sa mission, il avait affronté l'épreuve avec un courage et un sens du devoir qui constituent pour tous un haut exemple ».

Aux titres calomniateurs et cruels succède un déluge de louanges. *Paris Match* titre : « Le drame du président courageux » (13 avril), *France Soir* : « Jusqu'au bout de ses forces » (4 avril), *Le Figaro* : « Georges Pompidou est mort. Un artisan de l'unité nationale » (2 avril), *Le Monde* : « La mort subite du président de la République. Un drame, un destin » (3 avril). Les hommages sont rendus de partout, y compris de la part de ses adversaires politiques notamment François Mitterrand et Louis Vallon.

La médiocrité humaine ne tarde pourtant pas à resurgir. Le 5 avril, Chaban-Delmas déclare qu'il est candidat à la présidence de la République avant même la fin du deuil national. Beaucoup de Français jugeront cette attitude indécente. Le 6 avril, Jean Mauriac fait parvenir à l'AFP le récit du dernier Conseil des ministres du 27 mars rédigé à partir des témoignages anonymes de ministres. Il raconte les portes et les fenêtres calfeutrées pour éviter les courants d'air, les rideaux tirés sur les glaces des portes qui font face au président, les traces de coton hydrophile sur sa veste après des soins du nez. Il décrit le président épuisé, brisé, tassé. Chirac est ulcéré et exige d'intervenir par téléphone sur Europe 1, le 7 avril, pour dire sa colère : « Je juge scandaleux qu'on veuille faire peser une sorte de suspicion sur la façon dont le président conduisait les affaires ». Autre récit impudique et blessant, celui du père Bruckberger dans le *Paris Match* du 20 avril 1974 au titre racoleur « Le père Bruckberger, leur ami intime, nous révèle derrière leur vie officielle, la vie cachée du couple présidentiel ». Il dresse un portrait caricatural, réducteur et faux de Claude : furieuse en 1962, elle aurait catégoriquement refusé de s'installer à Matignon ; en 1969, elle aurait menacé de divorcer pour faire renoncer Georges à la présidence ; elle avait horreur de la vie publique. Le père Bruckberger la décrit en ces termes : « C'est une femme au caractère ombrageux », « difficile ». Bel hommage rendu à la veuve ! Rempli d'humilité, il s'attribue le rôle d'éminence grise et se vante d'avoir conseillé à Pompidou de refuser les Finances en 1961 ! Ce serait encore grâce à lui que le président aurait trouvé le chemin de la foi à l'Élysée. Il est vrai que Claude en a lu d'autres sur son compte et sur Georges. Trahisons et déceptions ne l'atteignent plus.

Les Français garderont une profonde nostalgie des années Pompidou devenues dans la mémoire collective les années heureuses. La mort du président coïncide avec la fin des Trente glorieuses, la crise du Proche-Orient et le premier choc pétrolier en 1973. Une page d'histoire se tourne. Claude, elle, se retire du monde.

Chapitre 10

La grande dame

Après deux mois de recueillement et de retraite loin de Paris, entourée de sa sœur Jacqueline et de ses proches, Claude réserve sa première sortie à sa Fondation. Elle mobilise son énergie par fidélité à ceux qui lui ont fait confiance et ont besoin de son aide, mais également en souvenir de Georges et des projets qui leur tenaient à cœur à leur arrivée à l'Élysée. Elle confiera des années plus tard à Jacques Chancel : « La Fondation m'a sauvée lorsque mon mari a disparu[1]. » Sur l'initiative de Jacques Chirac, un conseil d'administration se tient le 10 juin 1974, à quinze heures rue du Louvre pour la nommer présidente. Désormais, Claude est pleinement et officiellement responsable de l'institution. Pour la soutenir, Chirac, malgré son emploi du temps de Premier ministre, tient à respecter son engagement vis-à-vis de Pompidou et poursuit sa tâche de trésorier. La séance est levée à seize heures trente.

1. *Figures*, 14 juin 1989, Antenne 2.

Le 8 décembre 1974, la présidente effectue son retour sur la scène publique en inaugurant une résidence pour personnes âgées à Belfort. La presse couvre l'événement, les jugements ont bien changé. Oubliés les critiques et les sarcasmes, Claude est désormais encensée et acquiert le statut de « grande dame ». Ces revirements la laissent indifférente.

Une présidente engagée

Attachée à sa Fondation, Claude passe tous les après-midi à partir de seize heures dans son bureau aménagé spécialement pour elle en 1974 par le designer Pierre Paulin. Tapissé dans les tons gris taupe, avec sa table ovale en marbre blanc, ses sièges tulipe et ses canapés aux formes rondes et minérales en jersey crème, elle s'y sent bien. D'une de ses fenêtres, elle voit se dresser le Centre Pompidou. Le directeur et le secrétaire général lui rendent compte chaque jour de l'évolution des dossiers. Directe, ses questions sont précises et claires. Intuitive, elle perçoit immédiatement les problèmes. Perfectionniste, elle exige la qualité et la modernité pour chaque nouvel établissement. Ce qui l'agace au plus haut point, la perte de temps due à la routine bureaucratique et aux blocages administratifs. La présidente n'est pas toujours commode, Richard Hutin, rentré un jour un peu vivement dans son bureau avec un dossier urgent se souvient : « Je l'ai senti se raidir puis elle a planté son regard dans le mien en disant : "Ne bousculez pas le pot de fleurs !" » La formule et l'humour sont efficaces. Le directeur n'oubliera pas la leçon.

Claude vibre pour sa Fondation, parfois douloureusement. En 1993, l'équilibre financier est menacé, un rééquilibrage des activités s'impose. Il est décidé en conseil d'administration de transférer les clubs de loisirs pour personnes âgées aux municipalités. Ces clubs dont elle avait conçu le principe totalement novateur en 1970, elle y tient particulièrement et les connaît tous. Les adhérents qui sont très attachés à la qualité des activités proposées notamment dans le domaine culturel s'estiment abandonnés et envoient quai de Béthune un volumineux courrier de protestation. Un après-midi dans son bureau, elle jette la liasse de lettres au directeur de la Fondation avec ces mots « Vous avez l'art mais pas la manière » qui en disent long sur sa tristesse et son indignation d'être rendu responsable d'une décision nécessaire mais qu'elle accepte difficilement. Quinze ans plus tard, quelques semaines avant de mourir, le souvenir de cet épisode lui est toujours aussi amer[1].

La collecte des fonds

La responsabilité principale de la présidente est le recueil des fonds. Claude, qui n'aime pas demander, y réussit pourtant avec succès trente-sept années de suite. Les besoins de financement sont considérables et constants. En 2007, non seulement la Fondation a créé et gère quinze structures pour personnes âgées et enfants handicapés de trois à vingt ans ainsi qu'une maison pour adolescents dotée d'une école hôtelière, mais elle a

1. Henry-Jean Servat, interview mai 2007.

également lancé un ambitieux projet d'établissement à Nice pour les malades d'Alzheimer. Comment y réussit-elle ? En mettant à profit ses réseaux qui couvrent les grands noms de l'aristocratie, de la finance et de l'industrie depuis les années Rothschild, mais aussi le monde artistique et culturel ainsi que la sphère politique. Très présente dans la vie parisienne parce que c'est utile pour sa Fondation, Claude n'est jamais dupe des jeux mondains et ne cache pas à ses proches avec esprit à quel point elle considère certaines personnes ridicules ou telle manifestation « barbante ».

Claude reçoit beaucoup quai de Béthune et sait, de l'avis de ses amis et relations, les fidéliser en choisissant avec délicatesse le bon moment pour évoquer sa Fondation. Elle écrit quantité de courriers, toujours personnels et à la main, afin de mobiliser les énergies et de présenter les projets qui lui tiennent à cœur. Lorsque la présidente rencontre une personne susceptible de devenir un donateur, elle lui fait visiter les locaux de la rue du Louvre et relaye très rapidement sa demande avec l'envoi d'un dossier complet et précis sur la Fondation accompagné d'un petit mot.

Afin de collecter de manière régulière et conséquente des fonds, Claude décide d'organiser des galas. Une fois encore, elle fait appel à son réseau amical et mondain. Le premier événement a lieu en mars 1977 à la salle Pleyel grâce à Rostropovitch qui, par amitié, se produit au profit de la Fondation. C'est un triomphe. Les concerts seront abandonnés dans les années quatre-vingt au profit d'une nouvelle formule programmée début septembre qui se déroule avenue des Champs-Élysées et constitue un temps fort de la vie parisienne. Badauds et touristes ébahis devant le ballet des limousines, le tapis rouge et les crépitements des flashs assistent au défilé de stars, mannequins, ministres et personnalités du Tout-Paris qui se pressent à la projection d'un film en avant-première. Un grand dîner placé est ensuite donné au profit de la Fondation chez Ledoyen ou au Four Seasons. Avec une forme d'autorité timide, Claude prononce un petit discours de remerciement. Chaque année, la soirée permet de récolter une somme importante, en moyenne 300 000 euros. Le choix du film est parfois délicat, et laisse un souvenir mitigé à Jean-Paul Bolufer, secrétaire général de la Fondation qui en a été longtemps chargé, Claude Pompidou détestant les scènes de sexe et de violence, et Jacques Chirac, président de la République qui a fidèlement présidé la soirée de 1995 à 2007, souhaitant promouvoir le cinéma français.

Le gala le plus spectaculaire de la Fondation a lieu le 10 novembre 1987, organisé avec le concours de Françoise Dumas, la reine de l'événementiel. Claude, qui a eu un véritable coup de foudre pour la Chine lors d'un récent voyage, obtient à force de persuasion *Le dernier empereur* de Bertolucci en avant-première. Après la projection salle Pleyel, les invités se rendent à l'hôtel de ville de Paris dans la salle des Fêtes que Jacques Chirac, maire et Premier ministre, a mis à leur disposition. Le décor est grandiose, la salle a été transformée par Alberto Pinto en rue chinoise avec banderoles, lampions et bouddhas. Gaston Lenôtre est l'ordonnateur du dîner, quatre cents couverts à 1 500 francs. La soirée est un événement diplomatique. Non seulement M. Li Xian Nian président de la République populaire de Chine qui, coïncidence heureuse, est en voyage officiel à Paris y délègue sa femme, mais une demi-douzaine de ministres chinois ainsi que l'ambassadeur de la République populaire de Chine font partie des convives. Les Chirac accueillent la foule chic des grands soirs : André et Liliane Bettencourt, Hélène Rochas, les Balladur, François Léotard, Simone et Antoine Veil, Jean-Claude Brialy, Jacques Chazot, Guy et Marie-Hélène de Rothschild, Line Renaud, Jacqueline de Ribes, Ira de Furstenberg, Farah Diba, Hélène et Bernard Arnault, Philippine de Rothschild, Bernard Kouchner et Christine Ockrent, les Ricard, les Michel David-Weill, Patrick Poivre d'Arvor, Jean-Luc Lagardère, François Pinault, Mouna Ayoub, les Ernest-Antoine Sellières et bien d'autres encore. Toute la presse s'en fait l'écho. Lorsqu'il s'agit de la bonne cause, personne ne se choque du mélange des genres ni du luxe affiché. Claude, soixante-quinze ans, longiligne dans une robe fourreau en soie drapé crème prononce quelques mots simples pour remercier les donateurs et les bénévoles en évoquant la générosité, la solidarité et la dignité humaine. La soirée a permis de récolter un million huit cent mille francs. La présidente a rempli son objectif.

Son réseau permet également à Claude de récolter des dons importants. En octobre 1997, son ami Pierre Cardin lui réserve le fruit de la vente aux enchères de sept cents bouteilles de chez Maxim's. En 1998, à Monaco, un dîner présidé par le prince Rainier à l'hôtel de Paris, en présence de Claude, est offert au bénéfice de la Fondation pour l'aide à la recherche sur la maladie d'Alzheimer. En octobre 1999, la présidente reçoit 10 % du produit de la vente de bijoux organisée par Cartier à l'hôtel Marriott, soit un million de francs. En octobre 2002, à New York, une soirée est organisée au

Guggenheim. En présence de trois cents personnes dont la princesse Lee Radziwill, sœur de Jackie Kennedy, les Lang et les Juppé, Philippine de Rothschild, la propriétaire de Mouton-Rothschild, présente la cuvée 2000. Les bénéfices du dîner de gala et de la vente aux enchères du précieux millésime vont à l'Association American friends of the Claude Pompidou Fondation.

Au milieu des années quatre-vingt, Claude fait la connaissance de Bernard Arnault, le nouveau propriétaire de Dior. C'est le début d'une relation sincère et confiante. Le patron de LVMH, qui décide d'engager à cette époque son groupe dans une politique de mécénat axée sur l'art et l'humanitaire, va apporter un soutien important et régulier à la Fondation, lui permettant d'entreprendre des projets sur le long terme. En septembre 1995, LVMH, mécène de l'exposition Paul Cézanne, reçoit pour l'inauguration au Grand Palais lady Diana et donne un dîner au Petit Palais au profit de la Fondation. Un million de francs est ainsi récolté. En octobre 1997, le groupe de luxe, mécène cette fois de l'exposition Georges de La Tour, organise à l'occasion du vernissage en présence de Caroline de Monaco et de Jacques Chirac, le président de la République, un grand dîner dans le salon d'honneur du musée de l'Armée en faveur de la Fondation. Claude pose pour les photographes en pantalon tailleur crème auprès des Arnault.

Malgré le souvenir désagréable de son voyage présidentiel en 1970, Claude a de nombreux amis et relations aux États-Unis. Elle s'y rend régulièrement au moins une fois par an, souvent avec Bernadette Chirac. C'est l'occasion pour elle de retrouver son petit-fils Thomas qui travaille à New York chez Lazard. En 1990, afin de recueillir les dons américains et d'organiser des manifestations au bénéfice de la Fondation, The American friends of Claude Pompidou Fondation est créée. Tout d'abord placée sous la houlette de l'architecte IM Pei, l'association est aujourd'hui présidée par un avocat Allan Chapin.

Jacques Chirac, un soutien indéfectible

Par fidélité quasi filiale aux Pompidou, Jacques Chirac reste trésorier de la Fondation jusqu'en 1995, date de son accession à la présidence de la République. Il assume ensuite les responsabilités de vice-président. Son aide est précieuse pour Claude et sa Fondation.

Chirac place en détachement rue du Louvre quelques énarques qui appartiennent à son équipe à la mairie de Paris et à Matignon. Jacques Toubon devient ainsi le premier directeur de la Fondation. Michel Boutinard Rouelle est nommé secrétaire général en 1975. Il sera remplacé en 1980 par Jean-Paul Bolufer qui se rendra à la Fondation deux ou trois après-midis par semaine pendant vingt ans. Chirac, qui a repéré Richard Hutin, chargé de mission au cabinet de la ministre de la Santé, Michèle Barzach, puis conseiller technique au cabinet du maire de Paris lui propose en 1993 de devenir directeur général de la Fondation, il s'agit cette fois-ci d'un poste à plein temps et salarié. Les impétrants sont présentés par Jacques Chirac lui-même à la présidente dans son bureau, rue du Louvre.

Le maire de Paris reçoit régulièrement des manifestations pour la Fondation. Chaque année les adhérents des clubs sont conviés un après-midi sous les ors de l'Hôtel de Ville. L'événement est intitulé « la fête des clubs ». Les personnes âgées flattées de l'invitation et du décorum sont très attachées à cette tradition. Après le spectacle, Jacques Chirac et Claude prennent la parole devant l'assistance conquise et endimanchée avant le coup d'envoi pour un somptueux goûter. D'autres réceptions sont données à l'Hôtel de Ville : en juin 1979, l'ensemble des bénévoles est convié à un cocktail ; en novembre 1980, pour les dix ans de la Fondation, une cérémonie est organisée au cours de laquelle le maire remet une médaille gravée aux invités.

Une véritable affection lie Claude à Jacques Chirac. Maire de Paris, Premier ministre ou président de la République, quand il se rend à la Fondation pour le conseil d'administration, il passe toujours quelques minutes seul avec Claude qui l'attend dans son bureau avant d'entrer en réunion. Ils ne se tutoient pas mais s'embrassent et s'appellent par leur prénom. Chirac fait preuve d'une grande déférence à l'égard de la présidente. À la sortie du conseil d'administration, il ne manque jamais le petit cocktail dressé pour l'occasion puis la raccompagne lui-même à son bureau avant de se retirer. Président de la République, il accorde fidèlement son haut patronage aux galas de la Fondation et assiste aux côtés de Claude à chaque avant-première même s'il lui arrive de s'éclipser après le film. De la même manière qu'à l'Hôtel de Ville, il reçoit les bénévoles de la Fondation dans les jardins de l'Élysée le 14 juillet 2004.

L'affaire de Bity

Cet appui indéfectible n'est pas sans danger pour la Fondation en l'exposant aux attaques politiques. Le 1er août 2001, *Le Canard Enchaîné* accuse la Fondation d'avoir acquis en 1978 à un prix exorbitant, 500 000 francs, un terrain de cinq hectares resté en friche et situé près du château de Bity, propriété des Chirac. Le 8 août, l'hebdomadaire poursuit son attaque, le terrain a été acheté avec la subvention que la Ville de Paris verse à la Fondation et que le nouveau maire Jacques Chirac a fait tripler au moment de l'acquisition pour atteindre 500 000 francs annuels. La semaine suivante, c'est l'estocade avec la publication du compte-rendu du conseil d'administration de la Fondation de mai 1977 révélant que c'est bien son trésorier qui a proposé l'achat du terrain dans le but, affirme le journal, de faire échouer un projet de construction de colonie de vacances et permettre aux Chirac de préserver leur tranquillité.

La presse de tout bord reprend l'information et en fait sa manchette pendant un mois. *Le Monde*, *Libération*, *Le Figaro* critiquent le montant de la subvention que la Ville de Paris attribue à la Fondation beaucoup plus élevée que pour d'autres associations, et déplorent le mélange des genres pratiqué par la mairie de Paris. L'organigramme politique de la Fondation est dénoncé, notamment son conseil d'administration : outre la présence du président Jacques Chirac, on souligne celle d'Arthur Dehaine, député RPR de l'Oise, de Simone Veil, membre du Conseil constitutionnel, de Jean Chérioux, conseiller de Paris RPR, et de Roland Pozzo di

Borgo, président depuis 1986 du comité des Champs-Élysées, qui regroupe les commerçants de la célèbre avenue. Le secrétaire général Bolufer, ancien préfet, directeur adjoint du cabinet de Chirac à la mairie de Paris de 1979 à 1984 et directeur du *Journal officiel*, est également visé. La presse ne manque pas de brocarder les galas et le réseau mondain de la Fondation.

Rue du Louvre, le coup est rude. Les bénévoles découragés ne se reconnaissent pas dans l'image d'une Fondation politique et mondaine. La confiance est atteinte chez les donateurs qui s'interrogent sur l'utilisation des fonds. La crainte est grande que l'étiquette chiraquienne galvaudée dans la presse gêne à l'avenir le lancement en province de certains projets.

La présidente « blessée et meurtrie » prend la parole dans *Paris Match* le 23 août. « Cette prétendue affaire est montée de toutes pièces à quelques mois de l'élection présidentielle », dénonce-t-elle avant de revenir sur les accusations. Le terrain est situé à huit cent cinquante mètres de Bity et ne jouxte pas la propriété des Chirac. Il a été acheté à son juste prix « mais il a fallu ajouter une somme pour l'utilisation d'un petit barrage hydraulique » et « il a été payé sur nos fonds propres grâce à un don de 500 000 francs fait par quelqu'un qui a tenu à rester dans l'anonymat ». Interrogée sur l'intervention de Chirac, elle rétorque : « Tout le monde sait bien comment est Jacques Chirac. Il prend toujours tout le monde dans ses grands bras et ses grosses mains. Alors c'est probable que l'actuel chef d'État ait voulu faire plaisir à l'ancien propriétaire du terrain, Henri Joly aujourd'hui décédé. » Le propos n'est ni aimable, ni secourable pour le président de la République ! Agacée par le silence de l'Élysée depuis le début de l'affaire, si Claude monte au créneau, c'est avant tout pour défendre sa Fondation.

Jean-Paul Bolufer, le secrétaire général qui a toute la confiance de la présidente, prend à son tour la parole sur RTL. De nouvelles précisions sont données. Le terrain était destiné à la construction d'un centre d'aide par le travail pour jeunes handicapés à vocation horticole et piscicole mais la Fondation n'a finalement pas obtenu le permis de construire car les cinq hectares sont en zone inondable ; quant aux subventions de la Ville de Paris, non seulement elles ne représentent que 9 % des ressources de la Fondation entre 1976 et 1982 mais elles ont été intégralement affectées aux clubs de loisirs de la capitale.

L'affaire laisse des traces. En novembre 2002, Bertrand Delanoë ordonne un audit sur les comptes de la Fondation et décide une baisse draconienne de ses subventions. L'indemnité compensatrice pour la rue du Louvre qui appartient à la Ville de Paris passe de 58 000 euros à 20 000 euros car la mairie estime que les locaux de la Fondation ne sont pas affectés dans leur totalité à des activités destinées aux Parisiens. La subvention de fonctionnement sera également revue à la baisse pour atteindre en 2009, 35 000 euros. L'audit a eu au moins un mérite, il a permis de prouver que la gestion de la Fondation était saine. Quant au fameux terrain, il est toujours en friche en 2010.

Sur le terrain

Depuis la création de la Fondation, Claude tient à se rendre sur place pour se rendre compte par elle-même et avoir un contact direct avec les bénévoles et les résidents. Elle connaît personnellement chaque responsable, chaque directeur d'établissement. Deux à trois déplacements en province sont prévus dans l'année à l'occasion des inaugurations, des extensions et des anniversaires. Sa dernière visite a lieu à Arles en septembre 2003 pour les quarante ans de l'association Les Abeilles destinée aux personnes handicapées, Claude a quatre-vingt-dix ans.

Sur place, elle a droit aux égards dus à son rang de veuve de président de la République. Elle est accueillie sur le quai de la gare ou aux frontières du département sur l'autoroute par le préfet en uniforme qui met à sa disposition une voiture et deux motards pour lui éviter les encombrements ainsi qu'un logement à la préfecture. Lors de la visite de l'établissement, le préfet, le maire, les notables et la presse locale l'entourent avec déférence. Les élus se montrent particulièrement courtois et accueillants y compris dans les villes socialistes. En mars 1996, à Lille, lorsqu'elle vient fêter les vingt-cinq ans du club Henri-Kolb, Pierre Mauroy l'accompagne et organise en son honneur un déjeuner pour lui remettre la médaille de la ville ; en avril 1999, à Belfort, tout au long de l'inauguration d'une résidence pour personnes âgées, Jean-Pierre Chevènement se tient à ses côtés, chaleureux et attentionné. Sans être dupe des jeux politiques, la grande dame avance altière, animée par l'intérêt de sa Fondation.

Dans les établissements, sa visite est une fête. Le personnel, les familles et les résidents l'attendent fébrilement. Ils se préparent longtemps à l'avance, décorent les salles, font des petits cadeaux, répètent chants et compliments, organisent un goûter. En Bretagne, à Ker Sioul, un jeune adulte polyhandicapé offre à Claude à chacune de ses visites un dessin, elle le sait et l'embrasse en arrivant. Sur place, elle prend toujours la parole. Richard Hutin, qui l'accompagne dans ses déplacements, raconte : « Elle prenait un malin plaisir à se détacher du petit discours que je lui avais préparé. Elle improvisait, elle était drôle parce qu'elle disait ce qu'elle pensait, c'était toujours percutant, simple, de bon goût et très apprécié ». Très attentive lors de ses visites, ses remarques sont justes et efficaces, « On avait l'impression qu'elle avait passé six mois dans la structure » se souvient le directeur général.

Autre temps fort auquel la présidente est très attachée, le Noël que la Fondation organise chaque année pour les enfants handicapés de Paris et de la région parisienne. Simone Veil, membre du conseil d'administration, et ses amies Bernadette Chirac et Madeleine Malraux l'accompagnent fidèlement chaque année. Dans la grande salle de l'UNESCO décorée pour l'occasion, Claude chante et applaudit avec les enfants le petit spectacle qu'un artiste produit gracieusement. Elle monte ensuite sur scène, remercie les bénévoles, dit son affection aux familles et aux jeunes handicapés avant de distribuer les cadeaux. Françoise Demoulin, responsable du bénévolat à la Fondation, se souvient : « Claude Pompidou ne se comportait pas du tout comme une dame d'œuvres. Elle n'était pas dans une dimension paternaliste. Elle était profondément touchée, capable, même très âgée de se pencher vers un enfant handicapé, de l'embrasser en lui caressant le visage. Elle le faisait spontanément, sans aucune réticence. Elle était elle-même ». Alain Turban, son chauffeur décrit la présidente ce jour-là : « Quand arrivait l'heure de partir à l'UNESCO, elle était tendue et un peu nerveuse. Elle prenait sur elle. Elle ne s'est jamais habituée à cette souffrance. Cela la touchait profondément. Elle avait une force pour ne pas montrer son émotion mais elle était très émue. »

Sujet de prédilection de Claude, le recrutement et la formation des bénévoles. Malgré ses réticences à l'égard des journalistes, elle accepte une campagne de presse qui se tient à la Fondation le 20 octobre 1976 sous sa présidence et en présence de Jacques Chirac pour lancer un appel aux candidatures. Une série de reportages dans la presse écrite, à la télévision et à la radio permet de recruter une centaine de bénévoles. Méfiante à l'égard des médias, elle se résignera de manière très épisodique à ce genre d'exercice. En octobre 2000, à l'occasion de ses trente ans, la Fondation organise un colloque à la Pitié-Salpêtrière qui réunit professionnels et bénévoles sur le thème « Des bénévoles au cœur de l'hôpital ». La présidente réalise combien son idée novatrice s'est développée en France. « On a bien travaillé », dit-elle simplement.

Alzheimer, une priorité

En 1970, Claude lance trois nouveaux concepts qui ont bousculé les habitudes, le bénévolat formé, organisé et neutre politiquement et religieusement, les clubs de loisirs pour les personnes âgées et la prise en charge des enfants handicapés dès trois ans. En 1991, bien avant que cela ne devienne une priorité nationale, la présidente lance à nouveau un projet en avance sur son temps. Elle veut ouvrir des établissements exclusivement consacrés aux malades d'Alzheimer disposant d'un personnel jeune et spécialisé, offrant les soins aussi pointus que complets. Comme elle l'avait fait pour le bénévolat, elle commande une étude sur le sujet. Le constat est alarmant : les besoins des malades et des familles sont considérables. Commence alors un long combat. Alzheimer ne correspond à aucune typologie pour l'administration qui rend des avis négatifs au projet d'un centre spécialisé. Il faudra dix ans pour obtenir l'agrément.

Claude se bat avec obstination. Chaque jour, elle exige de faire le point sur l'avancement du dossier, réclame des explications, des comptes-rendus. Elle se met en colère. Cette maladie et sa prise en compte spécifique sont une urgence selon la présidente qui, à plus de quatre-vingts ans, ne renonce pas. Avec détermination et tact, elle fait appel à son réseau politique par courrier et par téléphone en suivant quelques règles d'or, ne jamais déranger un ministre ni lui demander un passe-droit mais expliquer et solliciter une aide précise.

C'est Bernard Kouchner qui va enfin débloquer la situation. Claude le connaît depuis ses débuts à Médecins sans Frontières où il était venu animer une conférence pour les bénévoles rue du Louvre, et elle s'adresse directement à celui qui est devenu ministre de la Santé du gouvernement Jospin. Après de longs mois, Kouchner décide enfin de passer outre l'avis de son administration et permet la création de quarante lits Alzheimer en Bretagne. En 2001, Claude, qui a demandé à Bernadette Chirac de l'accompagner, inaugure le Centre Barr Héol dans le Morbihan. C'est un grand jour pour la présidente. Lors de son dernier conseil d'administration en 2007, elle fait adopter le principe d'une extension du centre breton. À partir de 2004, Claude consacre toute son énergie à la réalisation d'un nouvel établissement Alzheimer de cent places à Nice. En partenariat avec le centre hospitalier (CHU), le projet est original. Tous les types de soin, ainsi que les différents modes de prise en charge seront proposés aux patients. Ouvert sur la ville, le lieu offrira de nombreuses activités artistiques à vocation thérapeutique. Unique en France et voulu ainsi par Claude Pompidou, il comprendra un centre de recherche sur la maladie ainsi qu'un centre d'information et de formation destiné au personnel soignant et aux familles. Le coût est à la mesure des ambitions : vingt-trois millions d'euros.

Claude se lance dans la recherche de fonds pour la création des établissements Alzheimer. Daniel Moquay, qui s'occupe de l'œuvre d'Yves Klein dont il a épousé la veuve Rotraut, propose de monter une vente d'œuvres d'art contemporain. Un an de préparation est nécessaire pour que la vente « L'art pour la vie » voit le jour le 26 mai 1998 devant cinq cents personnes dans les salons de l'Automobile Club, place de la Concorde. Maîtres Binoche, Cornette de Saint Cyr et Briest avec le soutien de Sotheby's tiennent gracieusement le marteau.

Cent cinquante-sept œuvres d'art du XXe siècle sont proposées, cadeaux des artistes et des collectionneurs, mais aussi des galeries. Zao Wou Ki, Pierre Soulages, Gunther Uecker et Niki de Saint Phalle ont fait un don. Robert Raushenberg, Munoz et Daniel Buren ont créé une œuvre pour l'occasion. Sont également présents Matisse, Picasso, Chagall, Rouault, Malévitch et des dessins des architectes Renzo Piano, Jean Nouvel et Jean-Michel Wilmotte. Hubert de Givenchy offre un photophore en bronze de Giacometti. Claude se sépare d'une *Nana*. La vente rapportera la somme de 7,5 millions de francs, le montant le plus important jamais atteint en France par une vente caritative. On en parle dans les gazettes d'art et la presse glamour. Une telle réussite, qui a su marier l'art et l'humanitaire, les deux piliers de sa vie, étonne et émeut Claude.

Pour aider à financer le projet de Nice, Daniel Moquay a une autre idée qui va séduire la présidente, décliner sur le thème du miroir les œuvres d'artistes contemporains qui seront vendues au profit du futur établissement de Nice. Ils sont nombreux comme Robert Combaz, Soulages, Zao Wu Ki, Othoniel, Soto, Günther Uecker et Yaoi Kusama à offrir leurs créations à la Fondation qui seront exposées à la galerie « Tête à Tête Arts », mais aussi à la FIAC. Le reste du temps, les miroirs sont visibles à la Fondation.

Le combat précurseur que Claude a mené a largement contribué à la prise de conscience nationale et à la décision ministérielle. À sa grande satisfaction, un premier plan Alzheimer est enfin annoncé en 2001 par Bernard Kouchner destiné à accélérer la recherche, à améliorer la prise en charge des malades et l'aide aux familles.

Le 26 septembre 2008, Bernadette Chirac, avec émotion, pose la première pierre du futur Institut Claude Pompidou à Nice qui verra le jour en 2010. Une belle victoire posthume pour une grande dame.

Chapitre 11

La gardienne du temple

Le sauvetage du Centre

Au cours du mois de juin 1974, une étonnante scène se déroule quai de Béthune que relate un témoin : « Nous avons eu un dîner d'une petite dizaine en l'honneur du nouveau président de la République chez Claude Pompidou. Ce fut très désagréable. Valéry Giscard d'Estaing n'a pas cessé de critiquer le futur Centre en déclarant que c'était un horrible projet ». La maîtresse de maison fait bonne figure et dissimule comme elle peut son émotion. Le chantier est à l'arrêt et Beaubourg est un trou béant. L'Élysée peut aisément tout annuler. L'œuvre posthume de Georges, son rêve d'homme de culture est en péril. Pour Claude, ce serait une deuxième mort, c'est inacceptable. Elle est déterminée à se battre.

Les relations entre Georges Pompidou et Valéry Giscard d'Estaing n'ont jamais été cordiales. Excepté l'intelligence hors norme et les attaches auvergnates, les deux hommes ont bien peu de points communs. Le fils d'instituteur s'oppose au fils de famille, le normalien humaniste au technocrate froid, l'ambitieux malgré lui à l'ambitieux calculateur, le style grand bourgeois épicurien au style aristocratique guindé. Une des premières décisions du nouveau locataire de l'Élysée, grand amateur du XVIIIe siècle, est de faire démonter les appartements de l'aile Jules Grévy et de renvoyer au Mobilier national les canapés design, les bibliothèques fumées et les toiles d'artistes contemporains. Le salon Agam entamera de longues années d'errance dans les caves des châteaux républicains avant d'être restauré et exposé au Centre Pompidou en 2000. Seule la salle à manger est préservée, elle est aujourd'hui utilisée par Nicolas Sarkozy.

Jacques Chirac, par fidélité à Georges Pompidou, son père spirituel et son maître en politique, téléphone tous les jours quai de Béthune. Une intimité se crée qui favorise un échange confiant et précieux pour Claude à cette période délicate de sa vie. Elle l'encourage avec passion à défendre le Centre. Le Premier ministre tiendra bon, jusqu'à l'affrontement avec le président de la République : « Un jour, Giscard me convoque en présence du secrétaire d'État à la Culture, Michel Guy, pour me faire part de ses grands projets. “Je vais arrêter cette monstruosité qu'est le Centre Beaubourg” me déclare-t-il tout net. Mon sang ne fait qu'un tour : “Monsieur le Président, cette décision implique que vous changiez aussi de Premier ministre. Car je n'accepterai pas qu'on puisse remettre en cause ce qui a été la dernière œuvre de M. Pompidou[1].” »

1. *Chaque pas doit être un but*, *op. cit.*

Fort de sa menace, Jacques Chirac décide un conseil restreint en août 1974 qui entérine la poursuite des travaux. Un projet de loi portant la création du « Centre Georges Pompidou » est adopté le 3 décembre 1974 et promulgué en janvier 1975. En octobre 1974, la construction de la charpente métallique peut enfin commencer. Il est désormais impossible de revenir en arrière. Le Premier ministre, de manière ostensible, visite régulièrement le chantier en bottes et casque sur la tête. Il pose devant les photographes le 20 juin 1975 en compagnie de Claude, de sa femme Bernadette, de Michel Guy, de Pontus Hulten, le directeur du futur musée, et de Robert Bordaz, le premier président du Centre.

Si la construction de l'édifice semble acquise, le contenu du futur musée suscite de vives polémiques. Installé depuis 1947 au Palais de Tokyo, le Musée national d'art moderne refuse le transfert de ses collections à Beaubourg. La Société des amis du Mnam et les donateurs du musée soutenus par André Malraux, sont outrés de se voir dépouillés de leurs plus belles pièces, notamment des Braque, Matisse, Picasso, Maillol, Delaunay et Bonnard. Pour contrer la fronde du Palais de Tokyo et soutenir le Centre dans les discussions budgétaires qui s'avèrent délicates Édouard Balladur, l'ancien secrétaire général de l'Élysée, crée l'association des amis du Centre Georges Pompidou dont il expose les grands principes à Claude : « L'objectif de cette association est de défendre le projet, de l'accompagner dans ses premiers développements, et ensuite de favoriser des actions de mécénat ». Un difficile compromis est défini. Les œuvres postérieures à 1905 et les artistes nés après 1870 quitteront le musée de l'avenue du président Wilson pour le Centre Pompidou.

L'inauguration

À peine sorti de terre, le Centre est l'objet de toutes les critiques. « C'est atroce, on dirait une usine, un paquebot, une raffinerie. Une espèce d'écorché monstrueux et multicolore avec ses tripes à l'air », écrit *Le Figaro* ; « Un coup de force, un viol, une sorte de King-Kong architectural », titre *Le Monde* ; « Beaubourg est pour la première fois à l'échelle de la culture ce que l'hypermarché est à l'échelle de la marchandise », dénonce Jean Baudrillard[1].

Le nouveau gouvernement, après la démission fracassante de Jacques Chirac en août 1976, paraît bien réservé. Françoise Giroud, à peine nommée secrétaire d'État à la Culture, relance les incertitudes en déclarant : « Le Centre Beaubourg ne sera pas rentable, comme d'ailleurs toute activité culturelle. »

Envers et contre tout, le grand jour arrive. L'inauguration a lieu le 31 janvier 1977. Claude, très émue, en tailleur blanc, col lavallière et gants blancs, attend quai de Béthune le président de la République, Valéry Giscard d'Estaing, qui vient la chercher. Les propos sont froids et formels. Ils arrivent ensemble au Centre vers 20 h 45. La cohue est indescriptible dans le forum bondé de monde. Claude reconnaît les visages familiers de Robert Bordaz

---

1. Jacques BAUDRILLARD, *L'effet Beaubourg, Implosion et dissuasion*, Galilée, 1977.

et Pontus Hulten qui l'accueillent. Tous les deux nommés par Georges, alliés fidèles et efficaces, ils se sont battus à ses côtés. Gilbert Paris[1], devenu responsable des relations publiques du Centre, l'escorte avec empressement.

Claude gagne sa chaise sur la tribune d'honneur dressée pour l'occasion. Quelques personnalités conviées et placées par l'Elysée l'y attendent. À côté des officiels prévus par le protocole, Anne-Aymone Giscard d'Estaing, Raymond Barre, Simone Veil, Michel Poniatowski, Olivier Guichard, Edgar Faure, Françoise Giroud, quelques personnalités qui lui sont chères sont également présentes, le roi Baudouin et la reine Fabiola, Grace de Monaco, le grand duc et la grande duchesse de Luxembourg sans oublier Léopold Senghor, l'ami de jeunesse de Georges. Plus étonnante, la présence des dignitaires africains Mobutu et Houphouët Boigny. Sans doute le bon vouloir du prince. La foule d'invités debout est tenue à l'écart par des barrières de protection.

Le président commence son discours d'un ton docte : « Ainsi l'art et la culture contemporaine porteront-ils désormais à Paris, Madame, le nom de votre mari. De même qu'on dressait autrefois dans la capitale, lors des obsèques de ceux qui gouvernaient la France, des catafalques pour y déposer leur corps, de même ce soir [...] surgit ce monument éclairé comme un vaisseau en témoignage de la volonté du président Pompidou ». Les accents grandiloquents ne trompent personne, le message est clair. Valéry Giscard d'Estaing rejette l'entière

1. Gilbert Paris était chargé des relations avec la presse de la première dame de France de 1970 à 1974.

responsabilité du Centre sur son prédécesseur. Claude se tient très droite, visiblement triste, les yeux au plafond, comme si elle cherchait à s'évader.

Elle songe aux derniers rebondissements. La bataille a été rude pour que le Centre porte le nom de Georges Pompidou. Giscard d'Estaing tenait à l'appellation neutre « Beaubourg ». Jacques Chirac a tenu bon en s'appuyant sur la décision gouvernementale de Pierre Messmer qui, peu après la disparition du président, avait donné au futur établissement son nom. Claude s'est également battue pour que le portrait de Georges par Vasarely soit accroché dans le forum. Denise Esnous relate cet épisode : « L'idée de mettre son portrait dans le hall du Centre Pompidou vient d'elle. Elle est montée au créneau. Giscard estimait que c'était du culte de la personnalité. Elle l'a obtenu en insistant et Chirac a finalement obtenu gain de cause. » Claude est une veuve tenace.

L'entourage de Pompidou est scandalisé le soir de l'inauguration. Anne-Marie Dupuy se souvient : « Nous sommes partis pour nous remonter le moral dans un bistrot tellement nous étions affligés de la manière dont Giscard inaugurait le Centre en le démolissant[1]. » Denise Esnous insiste : « Une partie de l'équipe de Pompidou s'est mise à pleurer et est partie avant le cocktail. Madame Pompidou m'a dit qu'elle avait souffert toute la soirée ».

Le lendemain, la foule impatiente se presse aux portes du musée. Dès son ouverture, le Centre compte 25 000 visiteurs par jour, cinq fois plus que les prévisions

1. Archives orales, Association Georges Pompidou.

les plus optimistes. Les deux premières expositions, Dali (840 000 visiteurs sur 104 jours) et Paris-Moscou (425 000 visiteurs en 136 jours) remportent un énorme succès. Un démenti cinglant aux détracteurs.

La défense du Centre

Sans rôle officiel, Claude veille. Les susceptibilités de la gardienne du temple sont ménagées par les gouvernements successifs de droite comme de gauche. Une tradition s'instaure. Le futur président du Centre doit se présenter quai de Béthune avant sa nomination officielle. « Elle ne se serait pas permis politiquement de récuser. Mais elle n'aurait pas apprécié que l'on ne fasse pas le geste », observe Renaud Donnedieu de Vabres, ministre de la Culture[1], qui relate une anecdote révélatrice : « Elle avait lu dans la presse que Bruno Racine était chargé d'une mission et elle avait cru qu'il allait quitter la présidence du Centre Pompidou et que je ne l'avais pas informée. Elle m'a envoyé un mot au vitriol, je l'ai rappelée aussitôt pour la rassurer ». Subtil équilibre. Pour Claude, il s'agit d'être vigilante avec le sens des limites, en sachant résister à la tentation d'ingérence. Du côté institutionnel, il s'agit d'informer avec les égards dus à la veuve du président de la République et à celle qui est devenue l'icône de l'art contemporain tout en préservant l'indépendance et le pré carré décisionnel de l'État.

---

1. Renaud Donnedieu de Vabres est ministre de la Culture de mars 2004 à mai 2007.

Une fois, Claude tente d'empêcher la nomination d'un président qu'elle ne juge pas suffisamment ouvert à la création contemporaine. Elle organise un dîner chez elle avec le ministre de la Culture, Jack Lang, Robert Bordaz, Pierre Boulez et Henri Domerg, son beau-frère[1] pour vanter les mérites de son candidat, un Américain. Sans succès. Les limites d'une femme d'influence sont atteintes, et celui qu'elle n'apprécie pas sera nommé pour deux ans à la tête du Centre.

Les présidents du Centre ont tout intérêt à ce que les relations soient cordiales et confiantes avec madame Georges Pompidou. Ils lui rendent régulièrement visite, invités à déjeuner quai de Béthune ou conviés rue du Louvre s'il est besoin d'évoquer un point particulier. Quelques-uns entrent dans le cercle des proches, c'est le cas notamment de Jean-Jacques Aillagon. Claude leur apporte une aide précieuse. Grâce à son réseau auprès des mécènes et des collectionneurs du monde entier, sa parfaite maîtrise des arcanes du pouvoir et ses liens privilégiés avec les hommes politiques de premier plan. Ils sont quasi filiaux avec Jacques Chirac, proches et confiants avec Édouard Balladur, mais aussi très cordiaux avec Jack Lang, grand amateur d'art contemporain. Avec culot et savoir-faire, tact et ténacité, un certain entêtement aussi, si elle juge que le projet le mérite, elle monte au créneau. Bruno Racine[2], qui se rend au moins une fois par trimestre dans son bureau de la Fondation, se souvient de son appui efficace auprès de Jacques Chirac

1. Le mari de Madeleine Pompidou, la sœur de Georges. Agrégé, il a suivi le dossier du Centre Pompidou à l'Élysée de 1969 à 1974.
2. Bruno Racine est président du Centre Pompidou de 2002 à 2007.

pour le développement international du Centre, notamment en Chine. Elle soutient avec énergie le projet du futur Centre Pompidou de Metz et assiste aux côtés du ministre de la Culture, Renaud Donnedieu de Vabres, et de Bruno Racine le 7 novembre 2006, à la pose de sa première pierre. Jean-Jacques Aillagon[1] se souvient : « Elle s'est toujours montrée vigilante pour que la pérennité de l'engagement financier soit respectée. On l'entendait quand l'essentiel était menacé[2] ». En 1981, le Centre Pompidou est à un moment critique de son existence. Ses crédits sont maintenus en chiffres mais en raison de la forte inflation, son budget diminue de 8 %. Il n'a pas les moyens de son ambition culturelle. L'ancienne première dame, pragmatique et au-dessus des partis, décide d'alerter le nouveau président de la République, François Mitterrand dans une lettre personnelle. Elle demande à Alain Briottet, dont elle a apprécié les talents à l'Élysée, de l'aider à rédiger la requête : « L'été 1981, nous avons travaillé très sérieusement. Madame Pompidou m'avait envoyé des documents et demandé de faire un projet. Je lui ai soumis. Nous en avons discuté et nous avons décidé de ramasser le texte qui était trop long. Elle voulait qu'il y ait des chiffres et une demande bien précise. » Claude obtient gain de cause. En février 1982, la subvention accordée pour les acquisitions du musée double et passe de neuf à dix-huit millions de francs.

Inquiète de l'état des bâtiments, Claude alerte régulièrement ses interlocuteurs. La construction est victime

1. Jean-Jacques Aillagon est président du Centre Pompidou de 1996 à 2002.
2. *Le Monde*, 5 juillet 2007.

de son succès, elle n'a pas été prévue pour une telle fréquentation et s'use rapidement. Édouard Balladur, fondateur de l'association des amis du Centre et habitué du quai de Béthune, est conscient du problème. Premier ministre de 1993 à 1995, il décide l'octroi de crédits importants, 450 millions de francs pour permettre une rénovation quasi générale du Centre qui fermera ses portes en septembre 1997. Le chantier durera vingt-sept mois. Son coût s'élèvera finalement à 900 millions de francs. 70 000 m^2 seront rénovés et 8 000 m^2 autrefois occupés par des bureaux seront libérés pour les expositions. Le musée rouvrira en janvier 2000. Claude est enthousiasmée par la restauration et le réaménagement conçus par Jean-Jacques Aillagon. Désormais, l'accrochage change tous les deux ans.

En 1990, des menaces pèsent sur l'avenir de la bibliothèque. Pour agrandir les capacités du musée, il est envisagé de la délocaliser. Claude, résolument opposée à de tels projets, monte au créneau et publie une lettre dans *Le Monde* le 5 juillet « Préserver le Centre Pompidou ». Détacher la bibliothèque est tout à fait contraire au projet initial de Georges Pompidou, affirme-t-elle avec vigueur. Elle refuse de voir la pensée de son mari dénaturée : « Si l'évolution du Centre Georges Pompidou est une obligation, je ne puis imaginer qu'elle ait pour conséquence de donner à un établissement qui porte le nom de son fondateur une activité contraire à celle qu'il lui avait assignée ». Le rappel à l'ordre de la légataire morale est entendu. La bibliothèque ne quittera pas le Centre.

Rien ne l'agace plus que de lire ou d'entendre dire « le Centre Beaubourg ». Claude s'en plaint régulièrement à Jack Lang, ministre de la Culture, grand amateur d'art contemporain. Le ministre sensible à l'appel de la veuve de la République agit selon ses désirs. Un communiqué de la rue de Valois rappellera aux journalistes que le Centre porte le nom de Georges Pompidou. Fort susceptible sur le sujet, elle prévient régulièrement Denise Esnous : « Chaque fois que vous entendez quelqu'un dire Centre Beaubourg, vous me téléphonez ! »

À la demande de l'Élysée, aussi bien de la part de François Mitterrand que de Jacques Chirac, Claude remplit au Centre Pompidou une mission particulière qui s'inscrit dans la continuité de son rôle de première dame. Elle y reçoit régulièrement les personnalités étrangères. Hôtesse mi-royale, mi-républicaine, la papesse de l'art contemporain fait les honneurs du musée. François Gall raconte : « La femme du président américain, la reine du Danemark, tous les souverains qui viennent à Paris en visite privée sont accueillis au Centre par Claude. Je me souviens de la visite de Farah Diba. Claude a prié quelques amis, six ou sept, de l'accompagner, l'épouse d'un ancien président de la République ne peut pas recevoir l'impératrice d'Iran seule ! Question d'usage et de protocole ! La visite a eu lieu un jour de fermeture et a été suivie d'un dîner quai de Béthune. » En 1976, avec Jacques Chirac, elle présente le chantier au président du Mexique, José Lopez Portillo, puis au Premier ministre iranien, Amir Abbas Hoveyda. En 1981, elle reçoit avec Jack Lang le Premier ministre de l'Inde, madame Indira Gandhi pour l'exposition Jean Dubuffet. En 1978, très élégante, habillée en Chanel d'un tailleur crème et bottes de cuir assorties, elle guide dans le musée Jimmy Carter en tenue de cowboy.

Le 16 mars 1983, la fontaine Stravinsky est inaugurée. C'est une petite victoire pour Claude. Elle a porté le projet de ses amis Jean Tinguely et Niki de Saint Phalle depuis de longues années. Au départ, non seulement Valéry Giscard d'Estaing et Jean Millier, le président du Centre, n'y étaient pas favorables mais les obstacles administratifs semblaient insurmontables. L'accession au pouvoir de la gauche et les aléas de la vie politique jouent en sa faveur. Elle obtiendra du maire RPR Jacques Chirac que la Ville de Paris cède l'emplacement de la future place au Centre et du ministre socialiste Jack Lang que la Culture finance la fontaine. Bel et précurseur exemple de cohabitation autour de l'art ! Claude se tient aux côtés de Bernadette. Tout en écoutant d'une oreille distraite les discours d'inauguration, elle admire les sculptures métalliques et colorées en mouvement que ses amis artistes ont composées pour le bassin. Placée à l'entrée de l'IRCAM, l'œuvre *in situ* symbolise la musique avec les bruits de l'écoulement d'eau et des mécanismes.

Claude aime se rendre seule au Centre, parfois à l'improviste : « J'éprouve le même plaisir à revoir les mêmes tableaux. Il m'arrive de découvrir des choses nouvelles, c'est-à-dire quelque chose de soi-même qu'on ne connaissait pas », explique-t-elle[1]. Alain Turban, son chauffeur aime se rappeler ces moments privilégiés : « Elle allait souvent au Centre Pompidou le mardi lors de la fermeture hebdomadaire. Elle était tranquille. Elle pouvait rester des heures. Elle y était heureuse, elle disait : “Je

1. Henry-Jean Servat, interview mai 2007.

suis chez moi ici". Même le dimanche après-midi, quand elle ne savait pas quoi faire, elle allait y faire un tour. »

Claude et les mécènes

Le Centre, qui bute sur les difficultés budgétaires, recourt dès ses débuts au mécénat. Une fois encore, le réseau de Claude est un formidable atout. Depuis son voyage aux États-Unis avec Guy et Marie-Hélène de Rothschild, elle voit régulièrement Dominique de Ménil, née Schlumberger, dont la Fondation à Huston abrite une des plus belles collections d'art moderne et contemporain au monde. Authentique et engagée, liant le spirituel à l'art dans le sillage du père Couturier dont elle a été très proche, la collectionneuse est invitée à plusieurs reprises à l'Élysée et quai de Béthune lors de ses passages à Paris. En 1976, Dominique de Ménil soutient activement le Centre en annonçant le don d'une trentaine d'œuvres par les associations, la Menil Foundation et la Scaler Foundation, qu'elle et son mari ont fondées. Grâce à son action et son enthousiasme, certaines toiles majeures comme *New York City I* (1942) de Mondrian, *Greta Prozor* et *Portrait d'A. Pellerin* de Matisse, *En rythme* de Klee, *Après la sieste*, *L'addition* et *Le Bleu II* de Miro, *Figure 5* (1960) de Jasper Johns, *In Lovely Blueness* (1955-1957) de Sam Francis, *The Deep* de Pollock rejoignent la collection du Centre.

La sœur de Dominique de Ménil, Sylvie Boissonnas, s'investit également en prenant la tête de l'association des amis du Mnam. Le temps de la fronde du Palais de Tokyo est oublié, désormais l'association joue un rôle actif d'acquisitions à destination du Centre en organisant des voyages dans le monde entier à la rencontre d'artistes et de mécènes. En 1985, Hélène David-Weill prend la succession de Sylvie Boissonnas et fusionne l'association avec celle d'Édouard Balladur. La présidente se souvient de la discrétion de son amie Claude qui, en gardienne du temple, assiste aux conseils d'administration tout en se gardant bien d'interférer dans la moindre décision. Sa présence prouve son intérêt et sa reconnaissance aux mécènes dont beaucoup sont des amis ou des relations. Citons quelques dons récents de l'association : *Sans titre 2008*, *Fibre de verre et peinture* d'Anish Kapoor, *L'adoration du veau 1941-1942* de Francis Picabia, *Le baiser* de Wang Du, *Slave Auction* de Jean-Michel Basquiat.

Jean-Jacques Aillagon puis Bruno Racine développent le mécénat d'entreprises. Une fois encore, l'influence, les réseaux et la stature morale de Claude sont décisifs. Le groupe LVMH, qui soutient sa Fondation, devient un partenaire précieux du Centre. Il est le mécène des expositions Klein et Giacometti présentées en 2006 et 2007. Jean-Paul Claverie[1] se souvient : « Madame Pompidou avait dans son salon plusieurs œuvres de Klein ; elle aimait également beaucoup Giacometti. Le fait que le Centre Pompidou envisage de consacrer une rétrospective à ces deux artistes lui tenait à cœur. Elle nous a vivement encouragés, Bernard Arnault et moi-même, à engager LVMH à être mécène de ces deux grandes expositions ».

1. Jean-Paul Claverie est le conseiller de Bernard Arnault.

La protectrice de l'IRCAM

L'IRCAM est menacé en 1974. Valéry Giscard d'Estaing, hermétique à la musique contemporaine, s'inquiète du coût de l'opération. Claude insiste auprès de Jacques Chirac pour sauver le projet auquel elle est très attachée et qui est le garant de la pluridisciplinarité du Centre. En 1978, elle inaugure, en petit comité, avec Robert Bordaz et Pierre Boulez, ce lieu unique consacré à la recherche et à la création en réunissant des ingénieurs et des compositeurs. Univers futuriste et souterrain, l'IRCAM abrite un révolutionnaire espace de projection exclusivement dédié aux séances d'animations électroacoustiques, une chambre anéchoïque tapie de mousse du sol au plafond pour absorber toutes les ondes sonores et plusieurs laboratoires expérimentaux équipés d'ordinateurs sophistiqués.

Pierre Boulez est un ami très cher. Claude ne tarit pas d'éloges : « Autant que musicien, il est poète et philosophe... C'est l'homme d'une alchimie constante entre intuition et réflexion... Il représente pour moi l'image de l'homme moderne, rapide, toujours en avance sur son temps, épris de liberté et citoyen du monde. » Pour Pierre Boulez, « Claude était originale et elle assumait son originalité. Sa rigueur faisait partie de son originalité. Elle avait une grande rectitude. Elle était très cultivée ».

Militante de la musique contemporaine, elle le soutient dans chacun de ses combats. Fidèle, elle assiste à tous ses concerts et s'excuse les rares fois où elle ne peut s'y rendre. Sa présence est une preuve d'amitié mais aussi de solidarité vis-à-vis des chercheurs et des musiciens.

Claude est l'invitée d'honneur du Festival de Bayreuth en 1976. Avec son ami Pierre Cardin, Madeleine Malraux et Hugues Gall, secrétaire général de l'Opéra de Paris, elle assiste au *Ring* de Wagner que Pierre Boulez dirige dans la mise en scène de Patrice Chéreau. L'interprétation novatrice et révolutionnaire de l'opéra suscite la polémique. Sifflets et ovations ponctuent chaque représentation. Claude, la non-conformiste, la passionnée, est éblouie. La même année, elle appuie fortement auprès de Jacques Chirac la création de l'ensemble intercontemporain qui, dirigé par Pierre Boulez, se consacrera à la musique du XXe siècle. À partir de 1976, Claude suit avec assiduité les conférences du maestro au Collège de France, on la voit au premier rang prendre des notes.

Pour Pierre Boulez, « Claude Pompidou était une exception, car dans sa classe sociale, peu de gens ont la curiosité de s'intéresser à la musique contemporaine. Aux concerts, elle avait ses propres jugements sur les œuvres. Elle réagissait et pouvait dire : "Tiens, cette œuvre n'est pas très intéressante". Je lui répondais : "Si, mais elle n'est peut-être pas abouti." »

Pierre Boulez, qui insiste sur la discrétion et le tact de Claude Pompidou, rappelle qu'elle se chargeait des liens avec les mécènes : « Elle a fait faire une commande par Jacques Chirac. Il y a eu aussi plusieurs commandes par madame de Ménil, mais surtout par Paul Sacher, un suisse, chef d'orchestre, qui avait des liens avec les milieux industriels pharmaceutiques. Il emmenait une fois par an un groupe de Suisses. Nous leur faisions une démonstration à l'IRCAM, nous leur jouions les œuvres les plus récentes. Ils remettaient ensuite très discrètement une enveloppe à Claude Pompidou qui pour les remercier les recevait quai de Béthune, ce qui était pour ces gens une attention appréciée. Elle s'est investie dans l'IRCAM jusqu'à la fin de sa vie. » Auprès des mécènes, elle défend et vante le talent de jeunes compositeurs dont elle suit le travail comme Alain Louvier, Jonathan Harvey, Tristan Murail et Philippe Manoury.

Sans la passion et la ténacité de Claude Pompidou, Paris n'aurait certainement pas eu sa place dans la musique contemporaine.

La bonne fée du fonds Kandinsky

Arrivés à Paris en 1934, les Kandinsky obtiennent la nationalité française en 1939. Vassily meurt en 1944. Excentrique et attachante, Nina, sa veuve et son unique héritière, qui ne quitte pas son sac rempli de bijoux, est une proie facile et convoitée. Les Pompidou décident de la protéger. Elle devient une habituée du quai de Béthune et une amie de Claude. Un tableau de Kandinsky est acheté en 1974 pour l'Élysée. Édouard Balladur, président de l'Association des amis du Centre, veille également sur Nina, il raconte : « Nina avait avec madame Pompidou, et j'ose dire un peu avec moi, des liens d'amitié et de proximité. Nous sommes allés dîner chez elle à plusieurs reprises à Neuilly dans son petit appartement. À côté du salon-salle à manger où nous mangions le bœuf Strogonoff qu'elle avait préparé elle-même, il y avait une pièce où s'entassaient des Kandinsky les uns sur les autres ». Scène pittoresque et étonnant mélange des tempéraments.

Nina est indécise sur l'avenir de son fabuleux héritage. En 1976, dans ses souvenirs publiés en allemand, elle donne pour la première fois quelques indications, elle souhaite qu'il ne soit pas dispersé mais elle reconnaît ne pas avoir encore décidé « son refuge définitif ». Claude et Pontus Hulten lui soufflent l'idée d'une donation au Centre. Claude obtient de Jacques Chirac l'assurance que Kandinsky, pourtant né en 1866, ne figure pas au musée d'Orsay mais soit bien reconnu comme un peintre du XXe siècle et rejoigne le Musée national d'art moderne. Rassurée sur ce point, Nina réalise un premier don au Centre en 1976 : quinze tableaux de toutes les époques dont le magnifique *Impression V* ainsi que quinze aquarelles. Cinq maquettes réalisées au Bahaus par le peintre pour le salon de la Juryfreie à Berlin en 1922 sont également remises, qui permettront sa reconstitution à l'entrée du futur musée. Nina se fait désormais appeler la marraine du Centre. À sa demande sont réalisées deux expositions qui rencontrent un vif succès auprès du public, « Kandinsky, trente tableaux des Musées soviétiques » (1er au 26 mars 1979) et Paris-Moscou (31 mai-5 novembre 1979). Tout est fait pour la convaincre de se déterminer en faveur du Centre.

Mais Nina est superstitieuse, et se montre très réticente à l'idée de signer un document. Claude l'encourage, insiste avec délicatesse et organise un dîner quai de Béthune, le 6 décembre 1979, en son honneur, en présence de Madeleine Malraux, des Balladur, de Pontus Hulten, de son ami galeriste Karl Flinker et de Christian Derouet[1]. Nina, sur la table Klein, dans un climat de

1. Jeune conservateur du Mnam.

confiance, remet à Pontus Hulten une lettre où elle décide qu'après sa mort toutes les œuvres de son mari, ses archives ainsi que leur collection personnelle constitueraient un fonds Kandinsky au Musée national d'art moderne du Centre Pompidou. Cette lettre stipule également la création de la Société Kandinsky chargée de veiller à la sauvegarde et à la promotion de l'œuvre et de la mémoire du peintre. Nina est la présidente, Claude la vice-présidente.

Ces dispositions sont reprises dans un testament du 12 janvier 1980. Le 2 septembre 1980, Nina meurt tragiquement dans son chalet de Gstaad, assassinée et dépouillée de ses bijoux. Le Centre entrera en possession du legs en octobre 1981.

Le fonds Kandinsky est exceptionnel, quatre-vingt-dix-huit peintures à l'huile dont deux chefs-d'œuvre *Avec l'arc noir* (1912) et *Dans le gris* (1919), cent seize aquarelles et gouaches, quatre cent dix dessins. Claude devient la présidente de la Société Kandinsky au sein de laquelle siègent les directeurs des deux autres musées en possession d'un fonds important du peintre, la Städtische Galerie im Lenbachhaus à Munich et le Solomon R. Guggenheim Museum à New York. À ce titre, elle effectue de nombreux voyages qui contribuent au rayonnement international du Centre. Citons les plus marquants. À New York en 1982, 1983 et 1985, Claude inaugure au Guggenheim les expositions « Kandinsky in Munich, 1896-1914 », « Kandinsky : Russian and Bauhaus Years, 1915-1933 », et « Kandinsky in Paris, 1934-1944 ». Elle se rend régulièrement à Munich à la Städtische Galerie im Lenbachhaus. Un mémorable voyage a lieu à Odessa en 1991 avec Bernadette Chirac.

Les deux amies partent sur les traces de Kandinsky pour retrouver des tableaux et des personnes qui l'ont connu. Sans grand résultat. En mai 1989, Claude rentre de Moscou où elle a assisté à l'inauguration de la première grande rétrospective de Kandinsky. Les toiles séparées par des milliers de kilomètres ont été rassemblées et accrochées à la galerie Tretiakoff, « C'est formidable car on suit depuis les premières œuvres figuratives dans la couleur et les formes l'évolution du peintre », s'enthousiasme-t-elle dans les colonnes de *France Soir*. Le projet de la grande exposition Kandinsky prévue pour 2009 au Centre lui tient particulièrement à cœur, elle en soutient avec passion les premiers développements.

Claude est une présidente attentive et enthousiaste. À sa grande satisfaction, la Société réalise à partir de 2001 sa première acquisition, trois aquarelles et un dessin ayant appartenu au neveu du peintre, le philosophe Alexandre Kojève. Suivront l'achat d'aquarelles réalisées par les collègues du Bahaus à l'héritier de Karl Flinker, ce qui permet la reconstitution du portfolio offert en 1926 à l'occasion des soixante ans du peintre, ainsi que l'acquisition d'archives, notes, carnets et correspondance à des tiers.

En janvier 2007, le Centre célèbre ses trente ans. Claude tient à être présente à la fête prévue pour le personnel et les anciens. Elle assiste également le lendemain, le jour anniversaire, le 31 janvier, à la cérémonie officielle avec le président Jacques Chirac. Les discours vantent le succès, 180 millions de visiteurs en trente ans, 65 000 œuvres de 1905 à nos jours, 14 000 m^2 sur deux niveaux d'exposition, 350 000 ouvrages à la bibliothèque. Le musée du Centre est le plus grand musée du XXe siècle. Claude qui trouve, malgré ses quatre-vingt-quatorze ans, la force d'accorder des interviews, rappelle sans cesse le grand dessein de Georges, homme d'État et de culture : « Mon mari voulait sortir la France de ses archaïsmes ».

Âgée, fatiguée, sa longue silhouette amaigrie, mais toujours droite et élégante, elle se promène longuement dans le musée et confie devant les œuvres qu'elle aime : « Je ne me vois pas avec une autre vie. Je suis seule, c'est vrai, mais j'ai tout cela dans ma tête et dans mon cœur[1] ».

1. *Les Premières Dames*, France 3.

Chapitre 12

La douairière de la République

À son amie Bernadette Chirac, Claude confie sa douleur en quelques mots : « Je n'ai jamais admis la mort de Georges. » Les années passent, mais la blessure demeure vive. Elle n'assistera pas aux messes annuelles de mémoire à l'église Saint-Louis et refusera de retourner à l'Élysée.

Claude s'investit d'une mission : perpétuer le souvenir de Georges. Durant trente-trois ans, énergique et entière, elle se bat contre l'oubli. Avec son franc-parler et sans s'attarder sur ses contradictions. La femme meurtrie qui rejette le souvenir des années à l'Élysée défend avec acharnement le bilan de Georges ; la première dame, à contre-cœur, occupe une fonction inédite et à part entière de veuve de président ; l'observatrice critique des mœurs politiques est une personnalité influente de la République.

La gardienne de la mémoire

Claude lance régulièrement un cri du cœur : « J'en veux aux hommes politiques de droite comme de gauche qui ont gommé le nom de mon mari[1] », « Ce silence me rend triste et même me blesse[2] ». *L'élan du cœur* publié en 1997 évoque davantage l'action de Georges qu'il ne livre de confidences et de souvenirs personnels. À quatre-vingt-quatorze ans, quelques semaines avant sa disparition, sa détermination est intacte : « Je suis très acharnée sur l'idée que le nom de Georges Pompidou reste dans l'histoire », déclare-t-elle à Henry-Jean Servat.

Ses reproches n'épargnent pas les plus fidèles. Jacques Chirac en fait les frais. Après son échec aux élections présidentielles de mai 1988, Claude enfonce le clou et critique la campagne du candidat RPR qui, selon elle, n'a pas su faire référence à l'héritage de Pompidou : « Il a eu tort, parce que ça lui aurait été utile. Cela m'aurait fait plaisir à moi, mais surtout ça l'aurait servi[3] ». La grande dame est parfois ingrate.

Gardienne de la mémoire, elle veille et réagit vertement. Elle dément les « révélations » de Michel Jobert[4] sur le projet de Pompidou de quitter la capitale le 29 mai 1968 : « Cela ne tient pas debout. Ces déclarations sont totalement fausses. Elles sont en contradiction totale avec l'attitude de mon mari pendant toute cette période.

1. *Figaro Madame*, 20 octobre 1990.
2. *L'Express* , 24 novembre 1989.
3. *Le Monde*, 30 novembre 1989.
4. Michel JOBERT, *Ni Dieu, ni diable*. Albin Michel, 1987.

Aucun de ses autres collaborateurs n'a d'ailleurs jamais parlé d'une hypothèse pareille qui aurait été une stupidité[1] ». À René Marcellin, ancien ministre de l'Intérieur qui affirme que Pompidou a songé à l'Élysée dès 1965, Claude rétorque : « Marcellin dit n'importe quoi. Il a rêvé. C'est absolument faux et je le lui dirai[2]. » Quand Alain, dans un article au *Quotidien de Paris*[3], assure : « L'idée de succéder à de Gaulle a commencé à s'imposer à mon père le 8 janvier 1959 », elle désapprouve son fils par voie de presse d'une formule lapidaire : « Il n'a pas su s'exprimer[4] ». Le message de Claude à la postérité est clair. Georges s'est présenté en 1969 par devoir et non par ambition ni goût du pouvoir.

En 1982, conformément à une demande formulée dans son testament, les mémoires posthumes de Georges, *Pour rétablir une vérité* sont publiées. À propos de mai 1968 et de l'affaire Markovic, les mots sont durs et le jugement sévère pour le général de Gaulle, ce qui choque certains gaullistes et ravive des tensions. Claude minimise et tempère. Elle répond inlassablement aux journalistes qui l'interrogent sur les deux hommes, quitte à contredire les écrits de son époux : « On a raconté beaucoup de bêtises. Il y a dû avoir des petites frictions mais rien de sérieux[5]. » Pour clore le débat, elle s'autoproclame « une gaulliste pompidolienne », la synthèse politique idéale à ses yeux.

Claude se plait à donner une version simpliste de sa vie. Avec un brin de mauvaise foi et un certain goût de la

1. *Le Monde*, 20 février 1993.
2. *Le Monde*, 30 novembre 1989.
3. *Le Quotidien de Paris,* 22 novembre 1989.
4. *Le Monde*, 30 novembre 1989.
5. *Le Figaro,* 2 avril 2004.

provocation. Elle a épousé un professeur et elle s'est réveillée avec un président de la République. Elle aurait préféré une vie tranquille. Elle exagère le sacrifice consenti en déclarant avoir vécu à l'Élysée et en se gardant bien de révéler les allers-retours quai de Béthune. Revenant sur les années de présidence, elle s'est terriblement ennuyée, elle ne s'est jamais intéressée à la politique et ne connaissait même pas les noms des ministres de son mari. Les formules à l'emporte-pièce servent le propos, l'accent est vengeur : « La politique, c'est l'horreur », « Vivre à l'Élysée, je ne souhaite cela à personne », « L'Élysée, c'est pour moi la maison du malheur ». Pourquoi cette vision réductrice alors que Claude n'a pas subi le destin de son mari mais qu'elle a su l'accompagner en s'adaptant à chaque étape ? Pourquoi minimiser son rôle et son influence alors qu'elle a modernisé la fonction de première dame ? Pourquoi omettre qu'ils ont porté en arrivant à l'Élysée des projets qui les enthousiasmaient ? Les déclarations de Claude marquées par le chagrin visent implicitement le pouvoir suprême qu'elle rend responsable de la fin tragique de Georges et appuient son message à la postérité. Le moteur de son mari n'a pas été l'ambition mais le sens du devoir et la fidélité au général de Gaulle. Les Pompidou ont assumé leur destin, tout simplement.

Claude encourage et soutient les projets qui perpétuent le souvenir de Georges. À l'initiative d'Édouard Balladur, l'association Georges Pompidou est créée en 1989 qui doit étudier tous les aspects de la politique de l'ancien président de 1958 à 1974. Pour soutenir le lancement de l'association, la veuve du président répond à de nombreuses interviews et prend la plume dans *Le Monde* le 1er avril 1989, elle met en avant l'héritage pompidolien dans le domaine industriel et européen. La gardienne de la mémoire suit les travaux et assiste aux colloques annuels. Elle est touchée qu'Édouard Balladur, Premier ministre, décide d'appeler le futur centre hospitalier du 15e arrondissement, l'hôpital européen Georges Pompidou et que son ami Pierre-Christian Taittinger, député-maire du 16e arrondissement, obtienne que la voie expresse porte le nom de son mari.

À Cajarc, Claude crée la maison des Arts Georges Pompidou qu'elle inaugure en 1989. Elle convainc ses amis artistes d'y exposer et certains ministres de la Culture d'honorer de leur présence les vernissages. Jacques Toubon, Philippe Douste-Blazy, Jean-Jacques Aillagon et Renaud Donnedieu de Vabres, plein d'égards envers la grande dame, se rendront à l'invitation. Le résultat n'est pourtant pas à la hauteur des ambitions initiales ni de l'énergie dépensée. Les visiteurs se font rares.

À la mémoire de Georges, Claude initie deux expositions à Paris. En avril 1987, elle inaugure entourée de ses trois petits-fils à la galerie Artcurial, la rétrospective « Georges Pompidou, un homme de culture » qui présente la collection du quai de Béthune ainsi que des tableaux qui seront vendus au profit de sa Fondation. En 1999, à la galerie du jeu de Paume, « Georges Pompidou et la modernité » expose les œuvres des artistes proches du président ainsi que deux pièces des appartements de l'Élysée reconstituées pour l'occasion, le Salon Agam et le grand salon meublé par Paulin. Certaines toiles appartenant aux Pompidou sont également présentées. Les créations de Pierre Boulez sont diffusées dans un salon de musique ainsi que les ballets de Béjart. Aux côtés de Jacques Chirac, président de la République, qui prononce le discours d'inauguration, Claude est satisfaite.

Veuve d'État

Avec Valéry Giscard d'Estaing, les relations sont froides et strictement protocolaires. Soucieux des formes, le président, le jour de son installation à l'Élysée, présente ses hommages à madame Georges Pompidou quai de Béthune en fin d'après-midi. Il est reçu peu de temps après à dîner avec son épouse. Giscard, qui se veut jeune et moderne, tourné vers l'avenir, ne fait jamais référence à son prédécesseur. En août 1976, Jacques Chirac démissionne et les liens entre Claude et l'Élysée se distendent encore davantage.

L'élection de François Mitterrand à la magistrature suprême marque un tournant inattendu. Tout juste installé à l'Élysée, le président socialiste, qui a un certain goût de la mise en scène, choisit une date emblématique pour les gaullistes, le 18 juin, pour faire porter quai de Béthune une lettre dont il soigne la forme. Il évoque sa visite récente du Centre Georges Pompidou : « Bien sûr mes pensées en arrivant au Centre sont allées vers celui qui en a été le créateur ; je sais combien le président de la République avait voulu durant son mandat renouer avec la tradition des Chefs de l'État, protecteurs des Arts et des Lettres et combien vous l'aviez soutenu et aidé dans cette tâche. Me permettez-vous de vous dire que je compte en cela m'inspirer de votre exemple et donner comme lui à la création artistique et intellectuelle le soutien qu'elle attend de la France ? » L'hommage, au-delà des clivages et des jeux politiques, va droit au cœur de Claude. L'émotion passée, le réalisme et la détermination prennent le dessus. L'occasion est trop belle et Claude la saisit. Quelques semaines plus tard, elle mettra à profit la bienveillance présidentielle pour solliciter une augmentation de la subvention allouée au Centre.

Sensible à son succès auprès des jeunes et à son rayonnement international, François Mitterrand honore régulièrement et en grandes pompes le Centre de sa présence. Un faste particulier entoure le dixième anniversaire, le 31 janvier 1987 ; dans son discours, le président socialiste insiste, il a été partisan du projet dès ses débuts controversés. Unanimisme ou récupération politique, dans l'assistance certains ne peuvent s'empêcher de sourire. Des clichés montrent le président lors de ses visites, souriant et majestueux aux côtés de Claude, élégante dans des robes structurées des années quatre-vingt. En haut de l'escalator, escortés d'une suite de ministres qui changent au gré des aléas politiques, ils sont assaillis par les photographes.

La mémoire du président Pompidou est un sujet qui intéresse particulièrement le président Mitterrand, il suit le dossier et donne des instructions précises. Espère-t-il que ses successeurs auront l'élégance de faire de même pour lui ? Est-il troublé par les similitudes avec l'ancien locataire de l'Élysée ? Les points communs sont nombreux : même génération, des racines provinciales, une vaste culture littéraire et philosophique, une personnalité complexe et l'approche intellectuelle du pouvoir. Plus que tout, un drame les unit, la lutte secrète à l'Élysée contre un mal incurable. En avril 1984, Mitterrand ordonne que soit accroché dans le vestibule d'honneur de l'Élysée à côté de celui du général de Gaulle, le portrait du président Pompidou qu'il fait rechercher et encadrer. Chaque année, à la messe du souvenir à l'église Saint-Louis-en-l'Île, il désigne un conseiller technique pour le représenter. À partir de 1987, ce sera son directeur de cabinet. Au dixième anniversaire de la mort de Pompidou, l'Élysée décide d'organiser une cérémonie sobre et solennelle. À huit heures quarante-cinq, une gerbe au nom du chef de l'État est déposée sur la tombe du cimetière d'Orvilliers en présence du général Saulnier, chef de l'état-major particulier du président de la République et du préfet en grand uniforme, avec une minute de silence et une sonnerie aux morts. Jacques Chirac, lui, n'arrivera qu'à onze heures.

François Mitterrand améliore sensiblement la situation financière de Claude. En 1974, le statut inédit de veuve d'un président en exercice n'intéresse nullement Valéry Giscard d'Estaing qui décide l'application stricte de la loi d'avril 1955 prévue pour madame Auriol. L'indemnité perçue s'élève à la moitié du traitement brut de Conseiller d'État en service ordinaire, complétée par la prise en charge du logement et la mise à disposition d'une voiture et d'un chauffeur. Claude, qui ne s'en plaindra jamais, est la moins bien lotie des veuves de la République, les maréchales de France (la maréchale Leclerc, la maréchale Juin et la maréchale de Lattre) perçoivent une pension supérieure à la sienne de 50 à 60 %.

Désireux de réparer cette injustice et de garantir un statut digne à une ancienne première dame, songeant sans doute également à l'avenir de Danielle, le président suit avec attention le dossier. Fin janvier 1983, il décide que la pension des veuves de président sera doublée et leurs frais de secrétariat pris en charge. Afin d'éviter que la mesure n'apparaisse « comme une mesure de bienveillance à l'égard de madame Pompidou », François Mitterrand choisit la discrétion. Le décret du 9 mars 1983 ne sera pas publié.

La dame du quai de Béthune

Pour rendre hommage à Georges, perpétuer sa mémoire, protéger le Centre et sa Fondation, Claude occupe un espace inédit dans la République en recevant les présidents de la République, les Premiers ministres, les ministres de la Culture ainsi que toutes les personnalités politiques qui comptent. Dans le salon, la photo du général de Gaulle et de Georges Pompidou, prise de dos, accueille les visiteurs.

À deux reprises le président socialiste est invité à dîner quai de Béthune. Le choix des convives est savamment composé. Claude opte pour une simple table. Les Balladur, Léopold Senghor, Patrice Chéreau, François Gall, Madeleine Malraux sont à ses côtés. Cette dernière se souvient : « J'ai parlé à madame Mitterrand qui n'était pas très aimable. Elle devait trouver que c'était trop bourgeois pour elle. Elle restait dans son coin. » Quant au président, il se montre particulièrement affable. De lui, Claude dira qu'il est un grand homme de culture et qu'elle apprécie son calme. Deux points communs avec Georges...

Les Chirac sont des habitués. D'autant plus qu'à partir de 1995, Claude refuse toujours de se rendre à l'Élysée et que le quai de Béthune est un des rares endroits où le président accepte de dîner en ville. Ils y fêteront quelques réveillons du 31 décembre.

Claude convie également tous les Premiers ministres, de gauche comme de droite, avec leur épouse peu de temps après leur nomination. Les personnalités influentes du moment fréquentent son salon, comme Jacques Attali. Les Balladur font partie du cercle des proches ; l'ancien secrétaire général de l'Élysée est particulièrement actif au Centre Pompidou et à l'association Georges Pompidou. Claude lui en est très reconnaissante. Lorsque les deux poulains de son mari, Édouard Balladur et Jacques Chirac s'affrontent aux présidentielles de 1995, elle est affectée mais ne se prononcera pas. Elle les recevra désormais séparément et n'abordera pas le sujet.

Les ministres de la Culture sont invités régulièrement. Claude s'entend très bien avec Jack Lang, « Enfin un ministre de la Culture légitime, qui sait de quoi il parle », commente-t-elle. Elle soutient publiquement les grands projets novateurs du ministre socialiste, notamment l'Opéra Bastille, la pyramide de Pei, son ami, l'emballement du Pont-Neuf par Christo et même les *Colonnes* de Buren qui ne lui plaisent pourtant qu'à moitié.

À Jean-Jacques Aillagon, Claude témoigne une réelle affection. Son action à la tête du Centre Pompidou, de 1996 à 2002, l'a enthousiasmée ; il devient son protégé à qui elle ouvre son carnet d'adresses. Elle loue son action au ministère de la Culture, notamment sa loi sur le mécénat. Sa démission en 2004 et son départ pour le Palazzo Grassi à Venise l'affecteront.

Avec Renaud Donnedieu de Vabres, les relations sont également très confiantes. Claude se fait l'avocate passionnée de la Philharmonie de Paris, projet défendu par Pierre Boulez depuis des années pour la Villette. Quand le ministre décide la création de la salle et lance le concours d'architecture, elle le met en garde : « Vous allez tenir votre engagement Renaud, et je le surveillerai moi-même ! » Autre souhait ardent de Claude, l'organisation d'un hommage national à Maurice Béjart à l'Opéra, « À chaque fois elle m'en parlait, considérant que je ne m'en étais pas vraiment occupé. Elle ne comprenait pas que les exigences de Béjart étaient insurmontables sur le plan financier », regrette l'ancien ministre de la rue de Valois.

Tous les milieux, les cercles et les professions se côtoient quai de Béthune. Artistes, mondains, hommes d'affaires, mécènes, cinéastes et acteurs, politiques de Paris et du monde entier. En petit comité, jamais plus de deux tables de dix. L'ambiance est détendue et gaie. Avec une règle d'or, ne pas se pousser ni se prendre au sérieux. Femme d'influence, Claude règne sur son salon, elle présente les gens, introduit ses protégés, favorise quelques carrières, ménage habilement inimitiés et susceptibilités, permet aux projets qui lui tiennent à cœur de voir le jour…

Claude n'oublie pas les fidèles collaboratrices de Georges en qui elle a toute confiance. Madeleine Negrel se souvient : « J'allais souvent déjeuner quai de Béthune avec Denise Esnous et Josette de Martini. Il pouvait y avoir Guy Béart avec sa guitare, Jacques Chazot toujours plein d'humour, Gilbert Paris ou un de ses petits fils… » La gaieté est un art de vivre qui se cultive.

La dame du quai de Béthune séduit par sa force de caractère, son énergie et sa volonté. Elle ne dit pas son âge, ne se plaint jamais et en attend autant de ses amis. Elle a horreur des gens qui se lamentent et s'épanchent. À la fois pudique et naturelle, réservée et spontanée, elle est toujours elle-même mais avec de la rigueur.

Ce qui étonne ses interlocuteurs souvent beaucoup plus jeunes, c'est sa curiosité. Son intérêt pour son époque. Dans tous les domaines, art bien sûr mais aussi religion, société, politique. Si elle devient la gardienne de la mémoire de Georges, c'est par fidélité et certainement pas par nostalgie. Claude ne vit pas dans le passé. C'est la création qui la passionne. Hugues Gall, directeur de l'Opéra national de Paris de 1995 à 2004 se souvient : « Elle venait à mes premières à l'Opéra Bastille ou au palais Garnier. Parfois, elle me disait : “Cela, ce n'est pas très moderne !” C'était devenu une plaisanterie entre nous. Quand c'était très moderne et que cela décoiffait, elle aimait. »

Elle juge les gens très rapidement et les met parfois mal à l'aise avec son « œil » qu'elle dit avoir hérité de son père. Elle observe avec un vrai regard critique. Claude Pompidou choisit les gens. Elle apprécie les passionnés, les entreprenants, les non-conformistes, les créatifs. Sa confiance accordée, elle sait être drôle, impertinente. Son humour déstabilise. Toujours avec le sourire et une maîtrise parfaite de la forme. Bernadette Chirac précise : « Quand on ne lui plaisait pas, ce n'était plus la peine de revenir ». La dame de cœur pour les plus faibles sait être dure et ironique pour ses pareils ; elle a la carapace et le recul des personnages publics.

Alain Turban, son chauffeur à partir de 1993, évoque une particularité de sa personnalité : « Lorsque nous marchions dans la rue, elle me parlait plus que d'habitude, sans doute pour bien montrer aux personnes que nous croisions, qu'elle était accompagnée et ne souhaitait pas être dérangée. Quai de Béthune, quand elle sortait de son appartement, elle évitait de croiser les gens de son immeuble ». Claude refuse de se rendre au restaurant de crainte d'être reconnue ou dévisagée. Indépendante, sauvage, un brin misanthrope, elle se protège.

Autre particularité de Claude, son refus d'être décorée de la Légion d'honneur. Contrairement aux autres premières dames. Suprême orgueil ou indépendance d'esprit ? Sans doute, un peu des deux. Elle déclare volontiers : « J'estime avoir acquis la liberté de mon comportement ! »

Le ministre de la Culture Renaud Donnedieu de Vabres ne se résigne pas. Il veut lui rendre hommage et décide d'organiser en son honneur un grand dîner de deux cents personnes rue de Valois avec ses artistes préférés, ses amis personnels et quelques membres de sa famille le 20 février 2005. Tous les ministres de la Culture sont conviés. Quelques heures avant leur impression, les projets de cartons d'invitation sont soumis à Claude qui barre la mention « Dîner en l'honneur de madame Claude Pompidou » et la remplace par : « Dîner en l'honneur de madame Georges Pompidou ». Une manière de rappeler que si elle assume son destin, c'est pour son mari. À sa table, sont placés Bernadette Chirac, Renaud Donnedieu de Vabres, Simone Veil, Édouard

Balladur et Pierre Messmer. Claude et Bernadette prennent chacune la parole dissertant sur le rôle délicat de première dame. L'ambiance est à la gaieté et au raffinement. La soirée s'achève avec la remise d'un bijou digne d'une décoration, un sautoir en cristal de Murano à plusieurs rangs de petites perles ceint d'un anneau. L'œuvre est signée de Jean-Michel Othoniel.

Cette soirée en son honneur l'a-t-elle rendue heureuse ? Certains proches en doutent.

Bernadette Chirac

Peu de temps après la disparition de Georges, le couple Chirac entre dans sa vie. Jacques, qu'elle considérait comme un jeune et loyal collaborateur de son mari, devient son principal soutien. Au début de l'été 1974, Claude téléphone à Bernadette dans ses appartements privés de Matignon pour les inviter à dîner le soir-même, avec ces mots : « J'ai besoin de vous voir, j'ai besoin de votre affection ». L'appel est entendu, les Chirac l'entoureront d'une sollicitude quasi filiale. C'est avec eux, au Sénégal, que Claude passera son premier Noël sans Georges.

Les deux femmes deviennent très proches. Elles s'appellent par leur prénom et se vouvoient. Bernadette admire Claude, son aînée de vingt ans dont l'élégance et les goûts avant-gardistes l'ont éblouie à Matignon et à l'Élysée. C'est en s'inspirant de son amie, son modèle, qu'elle crée en 1977 à l'Hôtel de Ville une association pour la promotion des arts et préside à partir de 1991 le Festival international de danse. Claude, qui ne manque aucune des manifestations culturelles de Bernadette, lui conseille parfois un jeune artiste à promouvoir, l'initie aux arts plastiques du XXe siècle, l'entraîne aux concerts de l'IRCAM et aux ballets de Béjart à Bruxelles puis à Lausanne. « Elle me formait et disait de moi que je m'y mettais », confie Bernadette dont les goûts sont plus traditionnels.

Claude lance le couple Chirac dans les milieux mondains et artistiques. Très souvent invités quai de Béthune, ils deviennent de grands amis aussi bien de plusieurs membres de la famille Rothschild que de Slava Rostropovitch ou de Niki de Saint Phalle. Ils y rencontrent Maurice Druon, Patrice Chéreau, Jean-Claude Brialy, Farah Diba, les Bettencourt, Maurice Béjart, les Arnault, Pierre Soulages, le sculpteur César, les Maeght, l'architecte Pei. Ils font la connaissance d'hommes d'affaires et de mécènes du monde entier. Par amitié, mais aussi parce qu'elle estime qu'une ancienne épouse de président de la République ne doit pas sortir seule, Claude demande à Bernadette de l'accompagner. Le duo que forment les deux amies devient familier du Tout-Paris. Aux concerts, à l'opéra, aux expositions, dans les dîners chics, lors des visites d'établissement de la Fondation, aux défilés haute couture, en Provence pour quelques jours à Beaumanière ou à bord d'une croisière musicale en Méditerranée avec Yehudi Menuhin, elles sont inséparables et de tous les événements.

Un rite annuel s'établit à partir de 1977, le séjour d'une semaine à New York. Au programme, visites d'ateliers et de galeries, dîners de mécènes pour la Fondation ou le Centre Pompidou, réceptions chez les nombreux amis américains de Claude, et passage obligé au New

York City Ballet. Au Guggenheim, dont Claude est membre du board, et au Moma, elles sont reçues par les conservateurs qui les invitent à déjeuner. Elles y retournent incognito le lendemain pour être tranquilles. Claude passe quelques heures précieuses avec son très cher petit-fils Thomas, banquier à New York qu'elle a en partie élevé à la séparation de ses parents. Ce qui a marqué Jean-Paul Bolufer, le secrétaire général de la Fondation, qui les a accompagnées à plusieurs reprises Outre-Manche, c'est la gaieté et la complicité des deux amies, arpentant la Cinquième avenue, protégées derrière de grosses lunettes noires.

Mai 1995, Bernadette entre à l'Élysée. Par discrétion et dignité, Claude s'interdira de l'appeler. Désormais, c'est la première dame en exercice qui téléphonera quai de Béthune tous les matins, vers onze heures. Lors de leurs déplacements, Bernadette ne se résout pas au protocole et souhaite laisser la préséance à Claude qui s'y refuse. Le jeu peut durer quelques longues minutes devant une porte et retarder un cortège.

Contrairement à son amie, Bernadette est une maîtresse de maison heureuse à l'Élysée. En 1995, elle fait raccrocher dans le salon les trois cyprès de Marx Ernst, œuvre chère aux Pompidou. La nouvelle ne troublera pas Claude qui ne souhaite pas évoquer ses souvenirs et maintient sa position, elle ne retournera pas à l'Élysée. Elle refusera également de se rendre à Brégançon. « Il ne faut jamais retourner sur les lieux où on ne doit pas aller », répète-t-elle. Un sujet lui tient néanmoins à cœur, la recherche du mobilier des appartements modernes dont Valéry Giscard d'Estaing s'était débarrassé dès son arrivée à l'Élysée. Avec Bernadette, elle insiste auprès des différents ministres de la Culture afin qu'ils mènent l'enquête. Les meubles, éparpillés, en grande partie entreposés dans les sous-sols du château de Compiègne sont enfin retrouvés mais en très mauvais état. Le salon Agam et le grand salon, reconstitués et restaurés seront présentés au public à l'exposition « Georges Pompidou et la modernité » en 1999 avant de rejoindre les collections du Centre Pompidou.

Claude, qui n'aime ni dominer, ni donner de conseils, s'autorise quelques remarques dans deux domaines. Elle met en garde Bernadette contre certaines personnes qui lui tournent autour et elle ne peut s'empêcher de commenter quelques tenues. Parfois, elle tente de faire passer le message par Françoise Dumas, leur amie commune : « Écoutez, dites-lui que sa robe, ce n'était pas possible ! »

À Henry-Jean Servat, en mai 1997, Claude confie : « Je considère que Bernadette est ma meilleure amie. Elle est d'une fidélité irréprochable. » Preuve de sa confiance et de son estime, elle lui confie sa Fondation.

La vie de Claude

Tous les matins, Claude s'astreint à dix minutes de culture physique et s'équipe à quatre-vingt-cinq ans d'un stepper. Les deux dernières années, le sentiment d'être limitée physiquement l'irrite.

À son secrétaire dans son petit salon, elle passe ses matinées à son courrier. Elle reçoit des sollicitations et des invitations du monde entier. De sa longue et haute écriture acquise chez les sœurs, elle répond, remercie, convie. Chaque jour, elle lit *Le Monde* et *Libération* pour ses pages consacrées à l'art mais elle refuse d'avoir la télévision. La musique est sa compagne indispensable.

Jacqueline, sa sœur, sa confidente, meurt d'un cancer en 1988 et laisse un grand vide dans sa vie. Claude est une femme très entourée, très occupée mais aussi très seule.

Elle passe ses après-midi à son bureau de la rue du Louvre. Vers dix-neuf heures, Claude, qui est de tous les événements culturels et mondains, se prépare à sortir. Avec le temps, elle devient une mondaine contrainte motivée essentiellement par le Centre et sa Fondation.

Son intérêt pour la haute couture ne fléchit pas. Elle ne manque jamais les défilés et les couturiers continuent de l'habiller gratuitement notamment Chanel et Dior. Elle n'appelle jamais pour prendre rendez-vous, ce sont les directrices haute couture qui l'invitent à venir faire son choix. Catherine Riviere[1] se souvient de ses visites et de ses goûts : « Elle ne mettait pas de fanfreluches et adoptait toujours des lignes nettes et pures. Elle était très contemporaine et ne voulait pas ressembler à une femme conventionnelle. Je la vois encore avec un long manteau près du corps, en tweed violet ou en tailleur pantalon masculin mais toujours avec un *twist* original et créatif. »

Claude est une grande lectrice qui a toujours plusieurs livres sous la main. Avec une prédilection pour les grands classiques qu'elle ne se lasse pas de relire : Shakespeare, Claudel, Proust, la *Correspondance* de Diderot

1. Catherine Riviere est Directrice Dior Haute Couture.

avec Sophie Volland, Tocqueville, Saint-Simon. Elle se passionne pour les grandes sagas comme celle d'Axionov et les journaux d'auteurs ou d'artistes : Delacroix, Kafka, Musil. Chaque jour, elle est fidèle à un rendez-vous secret. Dans le silence, lentement, les yeux fermés, pour elle et pour Georges, elle se récite par cœur un poème de l'Anthologie.

Claude, qui n'a pas particulièrement apprécié les voyages officiels, parcourt le monde. Présidente ou membre d'une vingtaine de fondations, sociétés ou associations, pour la plupart artistiques (Société Kandinsky, le Board of Trustries du Salomon Guggenheim Collection de Venise, le Guggenheim à New York, l'International Council of the museum of Modern Art de New York, le Palazzo Grassi de Venise, la Fondation Niki de Saint Phalle et Jean Tinguely...), elle saisit les nombreuses opportunités qui s'offrent à elle et qui lui permettent de développer des contacts pour le Centre mais aussi pour sa Fondation.

Alain Briottet se souvient qu'à partir de 1976, Claude lui demande de prévenir l'ambassadeur à Washington et de prévoir son hébergement au Consulat de New York. Comme à l'Élysée, mais à titre privé, il lui prépare ses voyages et l'accompagne. En 1980, ils iront à Rome où elle est reçue par Jean-Paul II et logée au Palais Farnèse. En 1983, ce sera Munich et Bayreuth pour le centenaire de la mort de Wagner, en 1984, Jérusalem avec la Nativité à Bethléem et en 1985, Boston pour deux concerts de Pierre Boulez. Peu de temps après la disparition de Georges, elle se rend en Inde, invitée trois semaines par madame Gandhi. En novembre 1985, elle découvre la Chine, « une révélation, un coup de foudre » et, au début des années quatre-vingt-dix, elle est éblouie par la Syrie. Elle voyage dans des conditions exceptionnelles, en Concorde lorsqu'elle se rend à New York, logée dans les ambassades, reçue par les grands de ce monde, découvrant les sites et les musées loin de la foule. Elle bénéficie des avantages réservés à une première dame, mais sans les contraintes. Claude sait apprécier.

En France, elle ne se lasse pas de sillonner les routes. Le compteur de la voiture marque 60 000 kilomètres par an se souvient Alain Turban, son chauffeur : « On pouvait faire un détour d'une heure pour voir un site ou un monument, même tard le soir ». Claude décide à l'improviste de se rendre à Sète chez son ami Pierre Soulages et de rentrer le soir-même à Cajarc. Bernadette Chirac aime se rappeler ces moments : « Avec son chauffeur, on faisait des excursions, elle voulait revoir des choses qu'elle connaissait par cœur. Elle m'a emmenée aux Aliscans près d'Arles. C'est un vieux cimetière qui date de l'Antiquité. Il n'y pas de pierre tombale mais des arbres extraordinaires. Elle récitait au soleil couchant le poème que son mari avait choisi pour cet endroit dans l'Anthologie. » De Cajarc, Claude se rend chaque année, au mois d'août à l'abbaye de Sylvanès pour le Festival de musique sacrée organisé par le père André Gouzes. Compositeur original, érudit, il fait partie du cercle de ses proches.

Depuis toujours, Cajarc est son refuge. Rien n'a bougé depuis la mort de Georges. Chaque objet est à sa place. Au mois d'août, la maison est ouverte. L'infrastructure s'alourdit, la cuisinière vient de Paris et elle est secondée d'un cuisinier prêté par Matignon. Le couple de gardiens et le chauffeur donnent un coup de main. Les invités, les mêmes que ceux du quai de Béthune, passent trois ou quatre jours, découvrent la région, visitent le musée Georges Pompidou, étape obligée par la maîtresse de maison, et profitent de la piscine. Claude y retourne souvent, seule ou en petit comité. Elle s'y ressource. Bernadette la rejoint pour de courts séjours. Elle retrouve son amie et voisine, Suzanne Defforey. Madeleine Malraux se souvient d'une visite mémorable : « Il y a eu un week-end avec Rostropovitch. Il est arrivé en hélicoptère avec son violoncelle et sa femme suivait avec une petite valise. Rostro et Claude s'entendaient très bien. Rostro était un homme extrêmement chaleureux à la russe. C'était sans protocole. Nous avons passé le séjour au bord de la piscine. Nous n'avons pas du tout fait de musique. »

L'année 2007

Le dernier voyage à New York

À quatre-vingt-quatorze ans, Claude, accompagnée de ses amies Françoise Dumas et Bernadette Chirac, est l'invitée d'honneur le 11 janvier 2007 du dîner « The american friends of the Claude Pompidou Foundation », donné par Ronald S. Lauder, le fils d'Estée Lauder. Le magnat des cosmétiques reçoit dans son musée, la Neue Galerie, consacré à l'art germano-autrichien du début du XXe siècle. Claude et Bernadette posent avec leur hôte devant sa dernière acquisition, le célèbre portrait d'Adèle Bloch-Bauer de Klimt. Fidèle à sa réputation d'élégance, elle a choisi chez Dior une robe longue et veste en panne de velours bordée de tulle fuchsia. Au cours du dîner, placée à la droite de Ronald S. Lauder, usant de son charme discret et déterminé, elle suggère au maître de maison de prêter « La composition V », une des plus belles pièces de sa collection au Centre Georges Pompidou pour l'exposition Kandinsky prévue en 2009. Il lui promet. Malheureusement, quelques mois plus tard, il fera savoir qu'il ne peut se résoudre à la séparation, la toile ayant la place d'honneur dans son salon new-yorkais. Insister serait aussi inutile qu'indélicat, il faut savoir se plier au bon vouloir des princes d'aujourd'hui.

Les trois amies visitent l'atelier d'Arman en compagnie de sa veuve Corice. Un film montre Claude heureuse, l'œil attentif, commentant longuement certaines œuvres. Elles sont également accueillies par Jeff Koons que Claude considère comme « le Klimt de notre temps » ; l'artiste leur présente son atelier. Il promet une œuvre pour sa Fondation. De retour à Paris, elle écrit à l'artiste une lettre de remerciement chaleureuse et pleine d'admiration, et évoque avec élégance le futur don : « Si vous avez l'idée d'un miroir pour ma Fondation ce serait un rêve… » L'artiste honorera sa promesse en 2009 en offrant un miroir rose, nommé *Elephant* qui sera vendu 400 000 euros aux enchères par Sotheby's à Paris le 7 décembre.

Les quatre-vingts ans de Maurice Béjart

Maurice Béjart dit de Claude qu'elle est sa plus grande amie. Avec Pierre Boulez, ils passent tous les trois des heures à bavarder philosophie, religion et art dans le salon du quai de Béthune. Le célèbre chorégraphe a apporté une aide précieuse à Bernadette Chirac pour le Festival international de danse de la Ville de Paris. La première dame décide d'organiser un dîner le 13 février 2007 en son honneur pour ses quatre-vingts ans à l'hôtel Marigny, la résidence destinée aux hôtes étrangers en visite officielle à Paris, que Claude avait fait restaurer lorsqu'elle était première dame. Le bâtiment se situe à deux pas de l'Élysée. En montant dans sa voiture, la dame du quai de Béthune n'ayant pas compris l'adresse demande à son chauffeur de la conduire au théâtre Marigny. Arrivée en retard en raison de ce crochet involontaire, elle lance agacée à Bernadette : « Si j'avais su que c'était à Marigny, je ne serais pas venue ! » La soirée se déroule ensuite sous le signe de l'harmonie, en petit comité, avec les danseurs de la troupe et quelques proches, Alain Seban[1], Hugues Gall, Brigitte Lefèvre[2] et Françoise Dumas. Chacun prend le temps de goûter ce moment heureux et si fragile.

La visite de Nicolas Sarkozy

En mai 2007, Claude appelle quelques proches : « Nicolas Sarkozy veut absolument me rencontrer. Je n'en ai pas envie. Je ne sais pas quoi faire. Que cherche-t-il ? La semaine avant les élections, il va s'en servir. Il n'a jamais fait la moindre référence à mon mari ». La visite se tiendra le vendredi 4 mai, la veille du deuxième tour des présidentielles, à la Fondation. Claude, en proie à des

1. Alain Seban est président du Centre Pompidou depuis 2007.
2. Brigitte Lefèvre est directrice de la Danse de l'Opéra de Paris.

sentiments mitigés, attend dans son bureau, habillée d'un tailleur gris clair, très droite. À ses côtés, Jean-Pierre Bolufer, Alain Seban, Catherine Riviere et Richard Hutin détendent l'atmosphère. Seize heures, Nicolas Sarkozy, ponctuel, arrive. La présidente, impériale, l'accueille. Elle a préparé l'entretien et engage la conversation sur Alzheimer. Son visiteur lui promet d'en faire une priorité de santé publique s'il est élu. Puis il rend ensuite hommage au président Georges Pompidou, à son action d'homme de culture et d'homme d'État. Claude est touchée. Ils posent devant la fenêtre qui donne sur le Centre Pompidou. Le lendemain et les jours suivants, les clichés ne sortent pas dans la presse. La visite était désintéressée. Claude apprécie.

Les dernières obligations

Jusqu'au bout, Claude remplit ses engagements. Elle préside la société Kandinsky le 27 avril et paraît contrariée par l'absence d'Édouard Balladur qui n'a pu se déplacer. Le 20 juin 2007 à quinze heures trente, elle préside le conseil d'administration de la Fondation. Tout le monde se retrouve ensuite pour un petit cocktail dans son bureau et s'assoit sans protocole. Jacques Chirac et Simone Veil entourent Claude, Bernadette Chirac s'assoit en face devant le bureau. Les autres membres du conseil prennent place dans les canapés Paulin. Un grand calme règne. Chacun prend son temps, retardant le moment du départ. Pour la dernière fois, la présidente quitte son bureau. Le visage serein malgré la fatigue, elle glisse à son directeur : « Ce que l'on fait est bien ».

Deux semaines plus tard, le mardi 3 juillet 2007, chez elle, au milieu des siens, Claude s'éteint en quelques heures.

Le samedi 7 juillet, celle qui aimait la discrétion et se méfiait des politiques, a droit à une messe d'enterrement à Saint-Louis-en-l'Île en présence du président de la République, Nicolas Sarkozy, du Premier ministre, François Fillon, du président de l'Assemblée nationale, Bernard Accoyer, et de nombreux ministres nouvellement nommés. Ils viennent rendre un dernier hommage à celle qui est devenue, par fidélité à l'homme qu'elle aimait, la douairière de la République. Dans l'intimité, le convoi gagne le cimetière d'Orvilliers. Claude rejoint Georges pour l'éternité.

FIN

Bibliographie sommaire

Œuvres de Claude et Georges Pompidou

POMPIDOU Claude, *L'élan du cœur*, Plon, 1997.

POMPIDOU Georges, *Anthologie de la poésie française*, Hachette, Livre de poche

Le Nœud Gordien, Plon, 1974.

Pour rétablir une vérité, Flammarion, 1982.

Les biographies consultées

ABADIE Frédéric, CORCELETTE Jean-Pierre, *Georges Pompidou*, Éditions Balland, 1994.

BROMBERGER Merry, *Le destin secret de Georges Pompidou*, Fayard, 1965

FREREJEAN Alain, *C'était Georges Pompidou*, Fayard, 2007.

ROUANET Pierre, *Pompidou*, Grasset, 1969.

ROUSSEL Eric, *Georges Pompidou*, Jean-Claude Lattès, 1994.

Les ouvrages consultés

BALLADUR Édouard, *L'Arbre de mai*, Jullian, 1979.

BERNSTEIN Serge, *La France de l'Expansion I. La République gaullienne 1958-1969*, Seuil, 1989.

BERNSTEIN Serge, RIOUX Jean-Pierre, *La France de l'Expansion II. L'apogée Pompidou*, Seuil 1995.

BORDAZ Robert, *Le Centre Pompidou, une nouvelle culture,* Ramsay, 1977.

BUISSON Patrick, *1940-1945 Années érotiques*, tome 1, Albin Michel, 2008.

CHABAN-DELMAS Jacques, *L'Ardeur*, Stock, 1975.

Mémoires pour demain, Flammarion, 1997.

CHALMET Véronique, *Peggy Guggenheim Un fantasme d'éternité*, Payot, 2009.

CHAZAL Claire, *Balladur*, Flammarion, 1993.

CHAZOT Jacques, *Chazot Jacques*, Stock, 1975.

CHIRAC Bernadette avec CAROLIS Patrick de, *Conversation*, Plon, 2001.

CHIRAC Jacques, *Chaque pas doit être un but*, Mémoires tome I, Nil 2009.

CLERC Christine, *Tigres et Tigresses, Histoire intime des couples présidentiels sous la Vème République*, Plon, 2006.

COTTA Michèle, *Cahiers secrets de la Vème République*, tome I, 1965-1977, Fayard, 2007 et tome II, 1977-1986, Fayard, 2008.

COURRIERE Yves, *Pierre Lazareff*, Gallimard, 1995.

DAVID-WEILL Michel, *L'esprit en fête*, Robert Laffont, 2007.

DEBRE Michel, *Gouverner autrement 1962-1970*, Mémoires tome III et IV, Albin Michel, 1993 et 1994.

DELASSEIN Sophie, *Les dimanches de Louveciennes chez Hélène et Pierre Lazareff*, Grasset 2009.

DUBOIS-JALLAIS, *La tsarine, Hélène Lazareff et l'aventure de « ELLE »*, Robert Laffont, 1984.

DULONG Claude, *La vie quotidienne à l'Élysée au temps de Charles de Gaulle*, Hachette, 1974.

DUMAS Roland, *Le fil et la pelote*, Mémoires, Plon, 1996.

DUPUY Anne-Marie, *Le destin et la volonté*, Mémoires, La Table Ronde, 1996.

FOCCART Jacques, *Journal de l'Élysée*, tome I à tome V, Fayard, 2001.

GARAUD Marie-France, *La fête des fous*, Plon, 2006.

DE GAULLE Charles, *Mémoires d'espoir. Le Renouveau,* tome I, Plon, 1970.

Mémoires d'espoir. L'Effort, tome II, Plon, 1971.

DE GAULLE Philippe, *De Gaulle mon père*, Entretiens avec Michel Tauriac, tome I, Plon, 2003 et tome II, Plon 2004.

Mémoires accessoires 1947-1979, Plon, 1999.

Georges Pompidou, Hier et aujourd'hui, Colloque du 30 novembre et 1er décembre 1989, Breet, 1990.

GIROUD Françoise, *Si je mens…* Stock, 1972.

Le bon plaisir, Éditions Mazarine, 1983.

GISCARD D'ESTAING, *Le Pouvoir et la vie*, tome 1 : La rencontre, Compagnie 12, 1988.

GRIMAUD Maurice, *En mai fais ce qu'il te plaît*, Stock, 1977.

Je ne suis pas né en mai 1968. Souvenirs et carnets 1934-1992. Tallandier, 2007.

Hommage au Président Georges Pompidou, un homme de culture, Artcurial, avril 1987.

JOBERT Michel, *Mémoires d'avenir*, Grasset, 1974.

LELIEVRE Marie-Dominique, *Sagan à toute allure*, Denoël, 2008.

Lire l'IRCAM, Numéro spécial, Les Cahiers de l'IRCAM, 1996.

MALRAUX André, *Les chênes qu'on abat...*, Gallimard, 1971.

Anti-mémoires, Gallimard, 1972.

Martin et Karl Flinker, De Vienne à Paris, Catalogue réalisé à l'occasion de l'exposition « Hommage à Martin et Karl Flinker » présentée au Musée d'art et d'histoire du Judaïsme, Paris, 2002.

MAURIAC Jean, *Mort du général de Gaulle*, Grasset, 1972.

L'après de Gaulle, notes confidentielles, 1969-1989, Fayard, 2006.

MEFRET Jean-Pax, *Une sale affaire*, Pygmalion, 2007.

PEYREFITTE Alain, *C'était de Gaulle*, tome I, Fayard, 1994, tome II, Fayard, 1997 et tome III, Fayard, 2000.

RIOUX Jean-Pierre, *La France et la IVème République*, tome II – L'expansion et l'impuissance, Le Seuil, 1983.

ROTHSCHILD Guy de, *Contre bonne fortune...*, Belfond, 1983.

SAMET Janie, *Chère Haute Couture*, Plon, 2006.

TODD Olivier, *André Malraux*, Une vie, Gallimard, 2001.

TOURNOUX Raymond, *Le tourment et la fatalité*, Plon, 1974.

Journal secret, une année pas comme les autres, Plon, 1975.

VIANSSON-PONTE Pierre, *Les gaullistes, annuaire et rituel*, Le Seuil, 1963.

VIATTE Germain, *Le Centre Pompidou, Les années Beaubourg*, Découvertes Gallimard, 2007.
WAGENER Françoise, *Je suis née inconsolable, Louise de Vilmorin, 1902-1969*, Albin Michel, 2008.
ZAMPONI Francis, *69, année politique*, Seuil, 2009.

Sur les Premières dames de France

LE BRAS-CHOPARD Armelle, *Première dame, second rôle*, Seuil, 2009.
MEYER-STABLEY Bertrand, *Première Dame, Les femmes de président*, Bartillat, 2007.
SERVAT Henry-Jean, *Les Premières dames de France*, Albin Michel, 2007.

Archives

Association Georges Pompidou

1. Archives orales
   Ont été auditionnés, les témoignages de :
   Maurice Béjart, Michel Bongrand, Pierre Boulez, Jean Charbonnel, François Gall, Anne-Marie Dupuy, Maurice Druon, Henri Domerg, Jean-Louis Prat, Michel David-Weill, Jean-Philippe Lecat, Raymond Polin, Jean Donnedieu de Vabres.

2. Agendas de Georges Pompidou à Matignon et à l'Élysée (informations concernant Madame Pompidou et sorties privées).

Archives nationales

Par dérogation exceptionnelle, l'auteur a pu travailler aux Archives nationales sur le fonds 5 AG 2 « Archives du

Président Georges Pompidou » et sur quelques extraits du fonds 5 AG4 « Archives du Président François Mitterrand ».

Ont été notamment consultés les cartons suivants :

5 AG2/631 (demandes d'interviews) ;
5 AG2/642 (photos Élysée) ;
5 AG2/645-646-649 (voyage aux États-Unis, en URSS et en Allemagne) ;
5 AG2/651 (photographies Madame Pompidou) ;
5 AG2/682-683 (visite de la reine Elisabeth II mai 1972) ;
5 AG2/749 (spectacles donnés à l'Élysée) ;
5 AG2/752 à 755 (voyages et déplacements, cadeaux offerts et reçus ; arbre de Noël) ;
5 AG2/777-778 (visites et déplacements en France de Madame Pompidou) ;
5 AG2/785-786 (déplacements des Pompidou à l'étranger) ;
5 AG2/787-788 (déroulement des réceptions) ;
5 AG2/830 à 834 (chasses) ;
5 AG2/863 (aménagement Élysée et Brégançon) ;
5 AG2/966 (télégrammes de condoléances) ;
5 AG2/977 à 986 (reportages photographiques et planning des activités de Madame Pompidou, réceptions de chefs d'État étrangers) ;
5 AG2/1102-1103-1116 (interviews des Pompidou, reportages photo) ;
5 AG2/1216 (investiture présidentielle) et 1219.
5 AG4/28 83 (extraits) et 5 AG4/31 96 (extraits)

Presse

Le Figaro 1962-1974
Le Monde 1962, 1965, 1968, 1969-1974
Le Canard Enchaîné 1962-1974,
Minute 1968-1974,
L'Aurore 1968-1969
Paris-Match 1962, 1965, 1968, 1969-1974

Remerciements

Ma reconnaissance va d'abord à Hélène Szuszkin (Éditions du Toucan) qui m'a fait confiance et soutenue et à Pauline Dreyfus qui a permis ce livre et en a eu la primeur.

Je remercie tout particulièrement Alain Briottet, Françoise Dreyfus, Françoise Dumas, Denise Esnous et Richard Hutin qui ont su si bien ouvrir les portes.

J'adresse un immense merci à ceux qui m'ont confié leurs souvenirs de Claude Pompidou : Bernadette Chirac ; Pierre Boulez ; Madeleine Malraux ; Hélène et Michel David-Weill ; Pierre-Christian Taittinger (+) ; François Gall ; Jean-Paul Giroud ; Henri Domerg ; Edouard Balladur ; Françoise Dumas ; Richard Hutin ; Jean-Paul Bolufer ; Françoise Demoulin ; Alain Briottet ; Denise Esnous ; Madeleine Negrel ; Nicole Salinger ; Jean-Paul Claverie ; Hugues Gall ; Marie-Louise de Clermont-Tonnerre ;

Catherine Riviere ; Renaud Donnedieu de Vabres ; Bruno Racine ; Patrick Alès ; Alain Turban.

Mes remerciements vont également à Pascal Geneste (Archives nationales), à François Dubasque, Sabine Tricaud et Emilie Willaert (Association Georges Pompidou), à Joseph Lebrec (service des Archives de Hôtel de Ville de Château-Gontier), à Loïc Bouillé (Laval), à la bibliothèque municipale de Château-Gontier, à Christian Derouet, Henri de Langles et Gilles Bion (Centre Pompidou), à Henry-Jean Servat qui m'a confié la transcription de la dernière interview de Claude Pompidou, à Charles Jaigu et Isabelle Blondel (*Le Figaro*), à Barbara Lambert (*Point de Vue*), à Gisèle Peres (*Elle*).

Table des matières

Imprimé en France
FRHW011928170723
35627FR00006BA/81

9 782810 003808